民事執行
実務マニュアル

飯沼総合法律事務所：編集

ぎょうせい

はしがき

　本書は、これから民事執行の実務に携わろうとする弁護士、司法書士あるいは、金融機関の管理担当者等の方々のために、民事執行の基本的な流れをわかりやすく解説するとともに、執行手続を進めていくにあたって実務上問題となる論点を網羅的にまとめたものである。

　民事執行手続に関しては、既に多くの優れた書物が存在し、個々の制度や判例についての理論的分析が試みられ、あるいは、裁判所等の執行関係機関からも、個別の論点に関する実務上の解釈や取扱事例等が多く報告、出版されているところである。

　しかしながら、これらはいずれもその書物の性質上、専門的であったり、また、詳細に過ぎる傾向にあり、実際に執行実務を担当する者が日々直面する実務上の諸問題に対して、必ずしも簡潔に解決に導いてくれるものではない。

　そこで、当事務所では、長年にわたり民事執行の実務に携わってきた経験と平成15年、平成16年改正後の民事執行法の実務の運用を踏まえ、実際に債権者として執行手続を行なうにあたっていかなる点に留意すればよいのか、債務者として自己の財産に差押えを受けた場合その後の手続はどのように進んでいくのか等、実務家の皆様が執行実務を行なうにあたって直面する具体的な問題や疑問に対して簡潔に回答することを企図し、本書を刊行する次第である。

　かかる観点から、本書では、簡潔さや検索のしやすさを第一とし、目次や索引等のわかりやすさに配慮するほか、その内容についても、あえて詳細な判例法理の展開や瑣末な論点に関する学説の紹介等は避け、実務でとられる結論や判例を指摘するにとどめている。その意味で、本書は日常的な疑問や問題を迅速に解決するツールとして利用していただき、さらに踏み込んで、当該論点に関する理解を深めたい場合には、本文中に掲記する参考文献等を御覧頂ければ幸いである。

最後に、本書を刊行する機会を与えてくださった株式会社ぎょうせいの皆様には本書作成にあたって資料等の収集や原稿のやりとりでお世話になった。深く感謝の意を表したい。

　平成20年3月

飯 沼 総 合 法 律 事 務 所
所 長　弁 護 士　飯 沼 春 樹

凡　例

1　根拠法令

本文（　）内に示した根拠法令の条・項・号の表示は、条をアラビア数字、項はローマ字、号は○付きアラビア数字で示した。

　例　民事執行法第27条第3項第1号→（民執27Ⅲ①）

2　法令名略語

本文中の法令名は原則としてフルネームで記したが、本文（　）中の法令名は次に掲げる略語を用いた。

会　更	会社更生法	航　空	航空法
会　社	会社法	航空機抵当	航空機抵当法
家　審	家事審判法	工場抵当	工場低当法
家審規	家事審判規則	小型船舶	小型船舶の登録等に関する法律
仮登記担保	仮登記担保契約に関する法律	国　徴	国税徴収法
旧建物保護	旧建物保護ニ関スル法律	国　通	国税通則法
旧　有	旧有限会社法	雇　保	雇用保険法
漁業財団抵当	漁業財団抵当法	採　石	採石法
刑	刑法	執行官	執行官法
刑　訴	刑事訴訟法	自動車抵当	自動車抵当法
憲	憲法	借地借家	借地借家法
建設機械抵当	建設機械抵当法	商	商法
建設機械登記	建設機械登記法	税　徴	国税徴収法
建設機械登記令	建設機械登記令	滞　調	滞納処分と強制執行等との手続の調整に関する法律
鉱　業	鉱業法		
鉱業抵当	鉱業抵当法		

滞調規	滞納処分と強制執行等との手続の調整に関する規則	暴対	暴力団員による不当な行為の防止等に関する法律
立　木	立木ニ関スル法律	民	民法
地　税	地方税法	民　再	民事再生法
仲　裁	仲裁法	民　執	民事執行法
抵　証	抵当証券法	民執規	民事執行規則
道路運送車両	道路運送車両法	民執令	民事執行法施行令
特　調	特定調停法	民　訴	民事訴訟法
特　許	特許法	民　調	民事調停法
年　金	国民年金法	民調規	民事調停規則
農　地	農地法	民　保	民事保全法
非　訟	非訟事件手続法	破	破産法
不　登	不動産登記法	労　基	労働基準法
不登令	不動産登記法施行令		

3　判　例

判例を示す場合、「判決」→「判」、「決定」→「決」、「審判」→「審」と略した。また、本文中の判例の表示方法及び裁判所名並びに判例の出典については、次のア〜ウに掲げる略語とした。

　ア　判例の表示方法

例　最高裁判所判決平成5年10月19日最高裁判所民事判例集47巻8号5099頁→最判平成5年10月19日民集47巻8号5009頁

　　東京高等裁判所決定昭和60年12月26日判例時報1180号60頁→東京高決昭和60年12月26日判時1180号60頁

　　大阪家庭裁判所審判昭和48年6月30日家庭裁判所月報26巻3号51頁→大阪家審昭和48年6月30日家月26巻3号51頁

イ　裁判所名略語

最→最高裁判所　　　　　　　　　　　　○○高→○○高等裁判所

○○地→○○地方裁判所　　　　　　　　○○家→○○家庭裁判所

　　ウ　判例集出典略語

民　集→最高裁判所民事判例集　　　　　判　時→判例時報

高民集→高等裁判所民事判例集　　　　　判　タ→判例タイムズ

下民集→下級裁判所民事判例集　　　　　金　法→金融法務事情

訟　月→訟務月報　　　　　　　　　　　金　商→金融商事判例

家　月→家庭裁判月報

4　文献略語

岩松ほか・注解強制執行(1)	岩松三郎・岩野徹「注解強制執行法〈1〉総則§§497-563」—岩松三郎先生喜寿記念（第一法規、1974年）
鈴木、三ヶ月・注釈民事執行	鈴木忠一・三ケ月章「注解民事執行法(2)不動産執行　上」（第一法規、1984年）
中野・民事執行（上）	中野貞一郎「民事執行法〈上〉」（青林書院、1983年）
中野・民事執行（下）	中野貞一郎「民事執行法〈下〉」（青林書院、1983年）
改訂不動産執行（上）	東京地裁民事執行実務研究会「不動産執行の理論と実務」上（改訂）（法曹会、1999年）
改訂不動産執行（下）	東京地裁民事執行実務研究会「不動産執行の理論と実務」下（改訂）（法曹会、1999年）
民事執行の実務（上）	東京地方裁判所民事執行センター実務研究会編著「民事執行の実務－不動産執行編（上）〔第2版〕」（金融財政事情研究会、2007年）

民事執行の実務（下）	東京地方裁判所民事執行センター実務研究会編著「民事執行の実務―不動産執行編（下）〔第2版〕」（金融財政事情研究会、2007年）
中野・民事執行新訂4版	中野貞一郎「民事執行法　新訂四版」（青林書院、2000年）
林・注釈民法	中川善之助ほか編集　林　良平編集「注釈民法(8)物権(3)」（有斐閣、1965年）

目　次

第1章　総　説

I　民事執行の手続の総説…………………………………………………………1
　1　全体のイメージ……………………………………………………………1
　　ア　金銭執行………………………………………………………………1
　　イ　非金銭執行……………………………………………………………3
　2　民事執行の種類と概要……………………………………………………4
　　ア　担保不動産競売………………………………………………………4
　　イ　抵当権に基づく物上代位……………………………………………4
　　ウ　担保不動産収益執行（民執180②）…………………………………4
　　エ　金銭執行………………………………………………………………4
　　　　a　不動産強制競売／b　不動産の強制管理／c　動産執行／d　債権執行
　　オ　非金銭執行……………………………………………………………5
　　　　a　直接強制としての物の引渡しの強制執行の概略／b　作為・不作為義務の強制執行としての代替執行と間接強制の概略／c　意思表示義務の強制執行として意思表示の擬制の概略
II　民事執行法の改正……………………………………………………………6
　1　平成15年改正………………………………………………………………6
　2　平成16年改正……………………………………………………………12
III　債務名義……………………………………………………………………13
　1　債務名義とは……………………………………………………………13
　2　債務名義の内容（給付請求権に関する問題）………………………15
　　ア　債権者・債務者の特定及び範囲…………………………………15
　　　　a　執行証書以外の債務名義の場合／b　執行証書の場合
　　イ　給付命令等の明示…………………………………………………16

目次

　　　　a　給付の対象が不動産である場合／b　金銭の場合
　　ウ　債務名義と現状との不一致の場合……………………………………17
Ⅳ　執　行　文………………………………………………………………………17
　1　執行文とは…………………………………………………………………17
　2　執行文の種類………………………………………………………………18
　　ア　単純執行文……………………………………………………………18
　　イ　条件成就執行文………………………………………………………18
　　　　a　債権者の先給付／引換給付／b　解除権留保／失権約款／c　不確定期限／確定期限の到来又は経過
　　ウ　承継執行文……………………………………………………………19
　　　　a　承継執行文付与の事由／b　承継の基準時／c　承継等の事実の証明／d　強制執行開始後の承継
　　エ　意思表示擬制のための執行文………………………………………21
　3　承継執行文の諸論点………………………………………………………21
　　ア　承継の標準時…………………………………………………………22
　　イ　承継人の範囲…………………………………………………………22
　　　　a　一般承継／b　特定承継
　　ウ　権利承継と義務承継…………………………………………………23
　　　　a　権利承継の場合／b　義務の承継の場合
　　エ　相続の場合……………………………………………………………24
　　　　a　債権者に相続が生じた場合／b　債務者に相続が生じた場合／c　相続人が不明の場合
　　オ　強制執行開始後の承継………………………………………………25
　　　　a　債権者の承継／b　債務者の承継
　4　執行文付与の手続…………………………………………………………26
　　ア　付与機関………………………………………………………………26
　　イ　申立て…………………………………………………………………27
　　　　a　債権者及び債務者並びに代理人の表示（1号）／b　債務名義

の表示（2号）／c　条件成就執行文若しくは承継執行文又は執行文の数通付与等を求める場合には、その旨及びその事由（3号）
　5　執行文の再度付与・数通付与………………………………………28

第2章　不動産執行・担保権実行

Ⅰ　不動産執行・担保権実行総論……………………………………………33
　1　不動産執行・担保権実行総論………………………………………33
　2　手続の概略……………………………………………………………33
　3　申立て及び差押え……………………………………………………34
　　ア　競売の対象物………………………………………………………34
　　イ　管　轄………………………………………………………………34
Ⅱ　担保権実行…………………………………………………………………35
　1　担保不動産競売………………………………………………………35
　　ア　担保不動産競売の要件……………………………………………35
　　イ　申立書に記載すべき事項・概要…………………………………35
　　ウ　添付書類……………………………………………………………36
　　エ　費用関係……………………………………………………………40
　　　a　申立手数料／b　書類の作成及び提出の費用／c　予納郵券／d　執行予納金／e　登録免許税
　　オ　申立書を作成する前提として留意すべき事項…………………41
　　　a　期限の利益の問題／b　相続登記のない不動産の場合（抵当権設定者の死亡）／c　債務者が死亡している場合／d　抵当証券の場合／e　抵当権の承継の場合／f　転抵当権者による申立てを行う場合／g　競合手続／h　一括競売／i　地代不払いの有無の確認（地代代払許可）
　　カ　実際の申立書の作成………………………………………………49
　　　a　不動産競売申立書／b　当事者目録／c　担保権・被担保債権・請求債権目録／d　物件目録

目次

  キ 滞納処分と強制執行の調整に関する法律……………………55
   a 滞納処分と競売との競合／b 滞納処分手続が先行している場合／c 競売手続が先行している場合
  ク 不動産競売開始決定と差押えの効力……………………………58
   a 競売開始決定／b 差押えの効力
  ケ 二重開始決定………………………………………………………61
   a 意　義／b 申立手続／c 効　果
  コ 不動産執行における異議申立制度、手続の停止及び取消………62
   a 民事執行の一般的手続としての執行抗告と執行異議／b 執行停止書面の提出による執行の取消し及び停止
  サ 売却準備手続………………………………………………………69
   a 概　要／b 現況調査／c 評　価／d 売却基準価額の決定／e 無剰余取消制度／f 物件明細書の作成
  シ 用益権等の処遇……………………………………………………75
   a 総　論／b 用益権／c 担保権の処遇／d 仮差押え、仮処分
  ス 一括売却……………………………………………………………81
  セ 内覧手続（書式2―6：内覧実施命令の申立書）………………81
   a 制度の概要／b 申立権者及び申立時期／c 申立ての方式／d 占有者の同意／e 内覧実施命令の発令／f 参加申出／g 内覧の実施／h 実施困難による取消し
  ソ 売却手続……………………………………………………………85
   a 売却方法の種類／b 期間入札の流れ
  タ 債権回収……………………………………………………………88
   a 配当要求／b 配当手続
 2 担保不動産収益執行…………………………………………………99
  ア 改正の経緯…………………………………………………………99
   a 改正の概要／b 改正の経緯

イ　手続の概要……………………………………………………… 100
　　　　　a　申立手続／b　開始決定／c　差押えの効力／d　管理人／e　配当／f　その他の手続との競合・優劣関係／g　取消事由／h　手続の終了
　　　ウ　物上代位との関係……………………………………………… 110
　　　エ　民法371条の改正 ……………………………………………… 113
　Ⅲ　不動産執行………………………………………………………… 113
　　1　強制競売……………………………………………………… 113
　　　ア　強制競売の要件………………………………………………… 113
　　　イ　強制競売開始の要件…………………………………………… 113
　　　ウ　申立書に記載すべき事項・概要……………………………… 114
　　　エ　添付書類 ………………………………………………………… 114
　　　オ　費用関係………………………………………………………… 115
　　　カ　申立書を作成する前提として留意すべき事項……………… 115
　　　　　a　相続登記が為されていない不動産の場合／b　未登記の不動産の場合／c　滞納処分による差押えがなされている不動産の場合／d　所有権移転の仮登記がなされている不動産の場合／e　競合手続
　　　キ　実際の申立書の作成…………………………………………… 118
　　　ク　強制競売開始決定と差押えの効力について………………… 118
　　　　　a　強制競売開始決定の発令／b　差押えの効力／c　処分禁止効に反する債務者の行為
　　　ケ　二重開始決定…………………………………………………… 120
　　　コ　強制競売における異議申立制度、手続の停止及び取消…… 120
　　　サ　売却準備手続…………………………………………………… 123
　　　シ　配当要求………………………………………………………… 123
　　　　　a　意　義／b　配当要求をすることができる債権者の範囲／c　申立手続

5

目次

  ス 売却の手続……………………………………………………… 124
  セ 代金納付………………………………………………………… 124
    a 代金の納付／b 代金不納付の効果／c 代金の納付の効果
  ソ 引渡命令………………………………………………………… 125
    a 意　義／b 申立人／c 相手方／d 申立手続
  タ 配当等の実施…………………………………………………… 126
    a 配当を受けるべき債権者／b 配当等の実施
  チ 配当異議………………………………………………………… 126
    a 配当異議の申出／b 申出手続／c 効　果／d 配当異議の訴え
 2 強制管理…………………………………………………………… 128
  ア 意　義…………………………………………………………… 128
  イ 申立手続………………………………………………………… 128
    a 強制管理申立書／b 貼用印紙／c 添付書類／d 目録・予納郵券・予納金・登録免許税
  ウ 強制管理開始決定と差押えの効力について………………… 129
    a 強制管理開始決定の発令／b 差押えの効力／c 処分禁止効に反する債務者の行為／d 二重開始決定
  エ 管理人…………………………………………………………… 133
    a 管理人の選任／b 管理人の権限
  オ 配当等の実施…………………………………………………… 134
    a 配当実施の期間／b 配当を受けるべき債権者／c 配当等の実施

第3章　物上代位に基づく賃料差押え

Ⅰ 総　説………………………………………………………………… 136
 1 はじめに…………………………………………………………… 136
 2 物上代位のメリット・デメリット……………………………… 137

3　担保不動産収益執行の新設による物上代位制度の位置づけ……… 137
　　4　申立ての手続の具体的な流れ……………………………………… 138
Ⅱ　物上代位に基づく賃料債権差押えの手続…………………………… 139
　1　管　　轄……………………………………………………………… 139
　2　申立書の記載内容と概略の説明（書式3−1）…………………… 139
　　ア　当事者の表示…………………………………………………… 139
　　イ　担保権及び被担保債権の表示………………………………… 140
　　ウ　差押債権の表示………………………………………………… 141
　　エ　目的不動産の表示……………………………………………… 141
　3　申立書の添付書類、印紙・郵券、目録等………………………… 141
　　ア　申立書の添付書類……………………………………………… 141
　　　　a　不動産登記事項証明書／b　資格証明書／c　委任状／d　その他
　　イ　申立ての際の印紙・郵券、目録等…………………………… 146
　　　　a　収入印紙／b　郵　券／c　目　録
　4　第三債務者に対する陳述催告の申立て…………………………… 147
　　ア　総　　説………………………………………………………… 147
　　イ　手　　続………………………………………………………… 147
　5　差押命令の発令と送達……………………………………………… 147
　　ア　債権差押命令の発令…………………………………………… 147
　　イ　債権差押命令の送達…………………………………………… 148
　　ウ　債権差押えの効力の発生時期………………………………… 149
Ⅲ　賃借人からの賃料の回収方法………………………………………… 149
　1　総　　説……………………………………………………………… 149
　2　直接の取立て………………………………………………………… 149
　3　取立訴訟……………………………………………………………… 150
　4　賃料が供託された場合の手続……………………………………… 150
　　ア　供託と事情届けの提出………………………………………… 150

イ　配当又は弁済金の交付の手続……………………………………152
　　　　　a　配当期日及び弁済金交付日の指定／b　配当期日等の呼出し／
　　　　　c　債権計算書の提出の催告
　　　ウ　配当期日等の手続…………………………………………………154
　　　エ　法務局での供託金の払渡し………………………………………154
　Ⅳ　物上代位に基づく賃料差押えの実務上の問題点……………………154
　　1　不動産競売との選択的な申立ての可否……………………………154
　　　ア　総　説……………………………………………………………154
　　　イ　極度額との関係…………………………………………………154
　　2　管理費、共益費の問題………………………………………………155
　　3　賃料相当損害金に対する物上代位の可否…………………………155
　　4　倒産法制と物上代位…………………………………………………156
　　　ア　破産手続等との関係……………………………………………156
　　　イ　民事再生法との関係……………………………………………156
　　　ウ　会社更生法との関係……………………………………………156
　　5　賃借人の反対債権による相殺の主張………………………………156
　　　ア　総　説……………………………………………………………157
　　　イ　一般債権を有する場合…………………………………………157
　　　　　a　最三小判平成13年3月13日／b　合意による相殺
　　　ウ　敷金返還請求権の場合…………………………………………158
　　　　　a　下級審裁判例／b　最一小判平成14年3月28日
　　6　物上代位と債権譲渡との優劣………………………………………159
　　　ア　債権譲渡との優劣関係…………………………………………159
　　　イ　債権質等との関係………………………………………………160
　Ⅴ　物上代位とその他の債権者との差押えの競合………………………161
　　1　総　説…………………………………………………………………161
　　2　差押えの競合と供託手続……………………………………………161
　　　ア　差押えの競合の意義と効果……………………………………161

	イ 裁判所の配当等の手続……………………………………… 162
3	債権者間の優先関係……………………………………………… 162
	ア 一般債権者との優先関係………………………………… 162
	イ 物上代位相互間の優先関係……………………………… 162
	ウ 租税債権者との優先関係………………………………… 162
4	差押えが競合した場合の供託以外の賃料の直接回収…………… 163
Ⅵ 転貸借と物上代位に基づく債権差押……………………………………… 163
1	総　説………………………………………………………………… 163
2	従前の下級審判決の動向と実務………………………………… 164
3	最二小判平成12年4月14日……………………………………… 164
4	転貸賃料に対する物上代位の申立て（書式3―6：物上代位に基づく転貸賃料に対する差押命令申立書）……………………… 164
	ア 転貸賃料に対する物上代位の要件……………………… 165
	イ 転貸賃料に対する物上代位の立証方法………………… 165
Ⅶ 物上代位に基づく債権差押手続の終了…………………………………… 165
1	物上代位の終了原因……………………………………………… 165
2	取下げ手続………………………………………………………… 168
3	取下げの効果……………………………………………………… 169
4	差押命令申立取下げの通知……………………………………… 170

第4章　不動産執行妨害への対処

Ⅰ	総　説………………………………………………………………………… 171
Ⅱ	売却のための保全処分……………………………………………………… 171
1	制度の意義………………………………………………………… 171
2	申立ての主体……………………………………………………… 172
3	申立ての相手方…………………………………………………… 172
4	申立ての時期……………………………………………………… 172
5	管轄裁判所………………………………………………………… 173

目次

  6 保証金等の担保の提供……………………………………… 173
  7 要　件　「価格減少行為（不動産の価格を著しく減少する行為
    をするとき、又はそのおそれがある行為）をするとき」………… 173
  8 保全処分の内容……………………………………………… 177
  9 疎明資料……………………………………………………… 183
  10 保全処分命令とその執行…………………………………… 183
  11 保全処分の効力……………………………………………… 186
   ア 当事者恒定効…………………………………………… 186
   イ 悪意の推定……………………………………………… 187
  12 不服申立……………………………………………………… 187
  13 申立手数料等………………………………………………… 187
  14 売却のための保全処分の費用……………………………… 187
 Ⅲ 担保不動産競売の開始決定前の保全処分…………………… 188
  1 制度の意義…………………………………………………… 188
  2 申立ての主体………………………………………………… 188
  3 申立ての相手方……………………………………………… 188
  4 申立ての時期………………………………………………… 189
  5 管轄裁判所…………………………………………………… 189
  6 保証金等の担保の提供……………………………………… 189
  7 要　件………………………………………………………… 189
  8 手　続（不動産競売の申立て）…………………………… 189
  9 保全処分の内容と執行……………………………………… 189
  10 申立手数料等………………………………………………… 191
  11 担保不動産競売開始決定前の保全処分の費用…………… 191
 Ⅳ 買受の申出をした差押債権者のための保全処分…………… 191
  1 制度の意義…………………………………………………… 191
  2 申立人………………………………………………………… 192
  3 相手方………………………………………………………… 192

4　申立ての時期……………………………………………… 192
　　5　管轄裁判所………………………………………………… 192
　　6　要　件……………………………………………………… 192
　　7　保全処分の内容…………………………………………… 193
　　8　手　続……………………………………………………… 193
　　9　担　保……………………………………………………… 193
　　10　執　行……………………………………………………… 193
　　11　申立手数料等……………………………………………… 193
　　12　差押債権者のための保全処分の費用…………………… 195
Ⅴ　最高価買受申出人又は買受人のための保全処分……………… 195
　　1　制度の意義………………………………………………… 195
　　2　申立ての主体……………………………………………… 196
　　3　申立ての相手方…………………………………………… 196
　　4　申立ての時期……………………………………………… 196
　　5　管轄裁判所………………………………………………… 197
　　6　要　件……………………………………………………… 197
　　7　保全処分の内容と執行…………………………………… 197
　　8　保証金等の担保の提供…………………………………… 199
　　9　申立手数料等……………………………………………… 199
　　10　最高価買受申出人又は買受人のための保全処分の費用…… 199
Ⅵ　引渡命令……………………………………………………………… 199
　　1　制度の意義………………………………………………… 199
　　2　申立ての主体……………………………………………… 202
　　3　相手方……………………………………………………… 202
　　　ア　強制競売の場合の債務者又は担保不動産競売の場合の所有者… 203
　　　イ　アと同視できる者……………………………………… 203
　　　ウ　買受人に対抗できる権原を有しない占有者………… 203
　　4　申立ての時期……………………………………………… 204

5　管轄裁判所………………………………………………………… 204
　　6　申立手数料等……………………………………………………… 204
　　7　審　理…………………………………………………………… 205
　　8　引渡命令の執行…………………………………………………… 205
　　9　執行抗告による執行妨害と保全処分の活用…………………… 205
Ⅶ　刑事告訴等…………………………………………………………… 206
　1　刑事告訴…………………………………………………………… 206
　2　暴力団員による不当な行為の防止等に関する法律…………… 207

第5章　債権・動産・その他の財産権等執行

Ⅰ　債権に対する執行…………………………………………………… 208
　1　債権執行・債権担保権の実行とは……………………………… 208
　2　金銭債権執行……………………………………………………… 208
　　ア　請求債権について……………………………………………… 208
　　　a　請求債権の範囲／b　弁済期の到来の主張
　　イ　差押債権について……………………………………………… 209
　　　a　差押禁止債権／b　差押債権の特定の必要性／c　差押債権の範囲
　　ウ　申立手続………………………………………………………… 218
　　　a　管　轄／b　債権差押命令申立書／c　貼用印紙／d　添付書類／e　目録・予納郵券
　　エ　債権差押命令の効力及び発生時期…………………………… 219
　　　a　差押えの効力／b　効力の発生時期／c　送　達
　　オ　第三債務者に対する陳述の催告……………………………… 224
　　　a　意　義／b　申立手続／c　催告の内容／d　不陳述・不実の陳述の効果
　　カ　配当要求………………………………………………………… 225
　　　a　総　論／b　配当要求のできる債権者／c　配当要求の終期／

　　　　d　申立手続
　　キ　差押債権者による取立て……………………………………226
　　　　a　取立権の発生／b　取立訴訟／c　判決による執行／d　取立ての効果／e　取立届
　　ク　第三債務者による供託……………………………………230
　　　　a　権利供託／b　義務供託／c　混合供託／d　事情届
　　ケ　転付命令……………………………………………………232
　　　　a　意　義／b　要　件／c　効　力／d　申立手続／e　効力の発生時期
　　コ　譲渡命令・売却命令・管理命令…………………………236
　　　　a　意　義／b　譲渡命令／c　売却命令／d　管理命令
　　サ　配当等の実施………………………………………………237
　　　　a　配当等の手続が実施される場合／b　配当等実施の手続
　　シ　担保付債権の差押え………………………………………242
　　　　a　担保権付債権の差押登記の申立て／b　取立権の行使／c　転付命令等の場合の移転登記の申立て／d　債権差押登記の抹消
　　ス　扶養義務等に係る定期金債権を請求債権とする場合の特例等（民執151の2）………………………………………243
　　　　a　総　論／b　申立書作成上の留意点
　　セ　少額訴訟債権執行制度（平成16年度改正）……………244
　　　　a　総　論／b　執行機関等／c　差押処分／d　第三者異議の訴えの管轄裁判所／e　差押禁止債権の範囲の変更／f　配当要求／g　地方裁判所における債権執行の手続への移行
3　金銭債権担保権実行（民執193Ⅰ前段）、物上代位権の行使（民執193Ⅰ後段）………………………………………………253
　ア　総　論………………………………………………………253
　イ　差押禁止債権等……………………………………………254
　ウ　動産売買先取特権による債権差押命令の申立て………255

目次

　　　　　a　総　論／b　申立書記載事項／c　添付書類／d　その他
　　エ　申立手続……………………………………………………………… 260
　　　　　a　申立書記載事項／b　添付書類
　　オ　実体上の不服の申立て方法………………………………………… 263
　4　動産等引渡請求権執行………………………………………………… 264
　　ア　総　論………………………………………………………………… 264
　　イ　申立書………………………………………………………………… 264
　　ウ　貸金庫の内容物に対する執行……………………………………… 266
Ⅱ　動産に対する執行……………………………………………………………… 267
　1　動産執行・動産競売とは……………………………………………… 267
　2　動産執行の手続………………………………………………………… 267
　　ア　動産執行の対象……………………………………………………… 267
　　イ　差押禁止動産………………………………………………………… 268
　　ウ　申立手続……………………………………………………………… 269
　　エ　差押えの方法………………………………………………………… 272
　　オ　差押えの制限………………………………………………………… 272
　　　　　a　超過差押えの禁止／b　無剰余差押えの禁止
　　カ　差押えの効力………………………………………………………… 273
　　キ　引渡命令……………………………………………………………… 273
　　ク　債権者の競合………………………………………………………… 273
　　　　　a　二重差押えの禁止／b　配当要求
　　ケ　売却の方法…………………………………………………………… 274
　　コ　配当等………………………………………………………………… 274
　　　　　a　配当等の実行／b　配当等を受けるべき債権者の範囲／c　執
　　　　　行官による配当等の実施／d　執行裁判所による配当等の実施
　3　動産担保権実行………………………………………………………… 275
Ⅲ　自動車に対する執行…………………………………………………………… 279
　1　自動車執行・自動車競売とは………………………………………… 279

目次

　　2　自動車執行の手続………………………………………………………279
　　　ア　自動車執行の対象……………………………………………………279
　　　イ　申立手続 ……………………………………………………………280
　　　　　a　自動車執行申立書／b　貼用印紙／c　添付書類／d　目録・予納金・予納郵券
　　　ウ　強制競売開始決定……………………………………………………283
　　　　　a　自動車引渡命令／b　強制競売開始決定の送達／c　差押えの登録／d　差押えの効力発生時期
　　　エ　自動車執行申立て前の引渡命令……………………………………284
　　　オ　自動車を第三者が占有する場合……………………………………284
　　　カ　自動車の保管…………………………………………………………286
　　　キ　売却の方法……………………………………………………………286
　　3　自動車競売………………………………………………………………286
Ⅳ　船舶に対する執行……………………………………………………………287
　　1　船舶執行・船舶競売とは………………………………………………287
　　2　船舶執行の手続…………………………………………………………287
　　　ア　船舶執行の対象………………………………………………………287
　　　イ　申立手続 ……………………………………………………………288
　　　　　a　船舶執行申立書／b　貼用印紙／c　添付書類／d　目録・予納金・予納郵券／e　登録免許税
　　　ウ　強制競売開始決定……………………………………………………292
　　　　　a　開始決定の内容／b　強制競売開始決定の送達／c　差押えの登録／d　差押えの効力発生時期
　　　エ　船舶国籍証書等の取上げができない場合…………………………292
　　　オ　船舶執行申立て前の船舶国籍証書等の引渡命令…………………292
　　　カ　保証提供による船舶執行手続の取消し……………………………293
　　　キ　売却・配当手続………………………………………………………293
　　3　船舶競売…………………………………………………………………297

目次

		ア 総 論………………………………………………………………	297
		イ 申立手続………………………………………………………	297
		ウ 所有者以外の占有者に対する船舶国籍証書等の引渡命令………	297
		エ 売却・配当手続………………………………………………	297
Ⅴ	小型船舶に対する執行………………………………………………	299
	1	小型船舶執行・小型船舶競売とは……………………………	299
	2	小型船舶執行の手続……………………………………………	299
		ア 小型船舶執行の対象…………………………………………	299
		イ 申立手続………………………………………………………	299
		ウ 強制競売開始決定……………………………………………	302
		a 引渡命令／b 差押えの登録／c 開始決定による引渡しの執行／d 申立て前の引渡命令／e 売却手続	
	3	小型船舶競売……………………………………………………	303
Ⅵ	航空機に対する執行…………………………………………………	303
	1	航空機執行・航空機競売とは…………………………………	303
	2	航空機執行の手続………………………………………………	304
		ア 航空機執行の対象……………………………………………	304
		イ 申立手続………………………………………………………	304
		ウ 開始決定………………………………………………………	304
		エ 売却手続等……………………………………………………	305
	3	航空機競売………………………………………………………	305
Ⅶ	建設機械に対する執行………………………………………………	306
	1	建設機械執行・建設機械競売とは……………………………	306
	2	建設機械執行……………………………………………………	306
		ア 建設機械執行の対象…………………………………………	306
		イ 建設機械執行の手続…………………………………………	306
	3	建設機械競売……………………………………………………	307
Ⅷ	その他の財産権に対する執行………………………………………	308

1　意　　義………………………………………………………… 308
　　2　特許権に対する強制執行…………………………………………… 308
　　　ア　総　　論………………………………………………………… 308
　　　イ　申立手続………………………………………………………… 308
　　　　　a　管　轄／b　特許権執行申立書／c　貼用印紙／d　添付書類
　　　　　／e　目録・予納郵券／f　登録免許税
　　　ウ　強制競売開始決定……………………………………………… 312
　　　　　a　差押命令／b　登録嘱託／c　差押えの効力発生時期／d　差
　　　　押えの効力について
　　　エ　売却・配当手続………………………………………………… 312
　　3　特許権に対する担保権の実行……………………………………… 313
　　　ア　担保設定の方法………………………………………………… 313
　　　イ　担保権の実行…………………………………………………… 313
　　4　ゴルフ会員権に対する強制執行…………………………………… 313
　　　ア　執行適格………………………………………………………… 313
　　　イ　執行の対象……………………………………………………… 314
　　　ウ　執行手続………………………………………………………… 314
　　　　　a　管　轄／b　ゴルフ会員権差押申立書／c　差押命令／d　換
　　　　価手続
　　5　ゴルフ会員権に対する担保権の実行……………………………… 315
　　6　出資持分に対する執行……………………………………………… 324
　　　ア　総　　論………………………………………………………… 324
　　　イ　差押申立手続…………………………………………………… 324
　　　ウ　換価方法………………………………………………………… 324

第6章　財産開示手続

Ⅰ　概　　要…………………………………………………………… 328
Ⅱ　財産開示手続の内容………………………………………………… 329

目次

　　1　管　轄……………………………………………………… 329
　　2　申立権者…………………………………………………… 329
　　3　開始要件…………………………………………………… 330
　　　ア　一般的開始要件……………………………………… 330
　　　イ　開始要件阻却事由とその例外……………………… 330
　　4　具体的手続………………………………………………… 331
　　　ア　財産開示手続の申立書……………………………… 331
　　　イ　申立て及び開示手続を実施する旨の決定等……… 337
　　　ウ　財産開示期日の指定等……………………………… 337
　　　エ　財産目録の提出……………………………………… 337
　　　オ　開示義務者の財産開示期日における陳述等……… 337
　　　カ　執行裁判所の行う質問等…………………………… 338
　　　キ　調書の作成…………………………………………… 338
　　　ク　財産開示事件の記録の閲覧等……………………… 338
　　5　開示義務の範囲…………………………………………… 338
　　　ア　原　則………………………………………………… 338
　　　イ　開示義務の一部免除………………………………… 339
　　6　罰　則……………………………………………………… 349
　　　ア　不出頭・虚偽陳述等………………………………… 349
　　　イ　情報の目的外利用の制限…………………………… 349
　Ⅲ　その他の手続との関係……………………………………… 350
　　1　破　産……………………………………………………… 350
　　　ア　債務名義を有する破産債権及び一般の先取特権を有する債権
　　　　　に基づく財産開示手続……………………………… 350
　　　イ　債務名義を有する財団債権に基づく財産開示手続…… 350
　　2　民事再生…………………………………………………… 351
　　　ア　債務名義を有する再生債権に基づく財産開示手続…… 351
　　　イ　債務名義を有する開始後債権に基づく財産開示手続…… 351

ウ　一般の先取特権を有する債権に基づく財産開示手続…………… 351
　3　会社更生……………………………………………………………… 351
　　　ア　債務名義を有する更生債権及び一般の先取特権を有する債権
　　　　に基づく財産開示手続………………………………………………… 351
　　　イ　債務名義を有する開始後債権に基づく財産開示手続………… 352
　4　特別清算……………………………………………………………… 352
　　　ア　債務名義を有する債権に基づく財産開示手続………………… 352
　　　イ　一般の先取特権を有する債権に基づく財産開示手続………… 352
　5　相　続………………………………………………………………… 352

第7章　非金銭執行等及び扶養義務等に係る金銭債権についての強制執行の特例

Ⅰ　物の引渡債務の強制執行…………………………………………………… 353
　1　不動産の引渡し又は明渡しの直接強制の方法による執行………… 353
　　　ア　総　論……………………………………………………………… 353
　　　イ　申立て……………………………………………………………… 353
　　　　　a　申立手続／b　添付書類／c　予納金／d　管　轄
　　　ウ　事前打ち合わせ…………………………………………………… 356
　　　エ　執行方法…………………………………………………………… 357
　　　　　a　実務慣行としての明渡しの催告／b　平成15年改正による明渡
　　　　　しの催告の制度化
　　　オ　執行官の権限……………………………………………………… 359
　　　　　a　暴力団構成員がいる場合の執行／b　高齢者がいる場合の執
　　　　　行／c　知的障害者がいる場合の執行
　　　カ　出頭及び立会いを要する者……………………………………… 359
　　　　　a　債権者又はその代理人の出頭／b　目的物を第三者に引き渡す
　　　　　べき場合／c　債務者宅が全戸不在の場合の立会人
　　　キ　執行補助者………………………………………………………… 360

目次

　　　ク　執行対象物…………………………………………………… 361
　　　　　a　目的不動産の一部に対する執行／b　債務名義の主文によって
　　　　　も土地の範囲が特定できない場合／c　不動産の表示と住居表示
　　　ケ　目的外動産の処理…………………………………………… 362
　　　　　a　従来の処理方法／b　即時売却制度の創設／c　処理に注意を
　　　　　要する場面／d　金銭執行としての動産執行の併用／e　目的外動
　　　　　産の現場保管、居抜き執行／f　所有権放棄の和解条項等がある場
　　　　　合／g　差押え又は仮差押え、仮処分の執行にかかる動産の処理
　　　コ　目的不動産の確認と占有の認定…………………………… 365
　　　　　a　会社の占有と会社代表者の占有／b　駐車場使用地の土地明渡
　　　　　執行／c　共同占有に対する執行／d　債務者の家族や雇人その他
　　　　　の同居人がいる場合
　　　サ　占有名義の移転に対する措置……………………………… 368
　　　　　a　占有移転禁止の仮処分／b　承継執行文付与に際しての債務者
　　　　　の特定性の緩和／c　明渡しの催告後の占有の移転に対する措置
　　　シ　執行の停止及び終了………………………………………… 369
　　2　動産の引渡しの直接強制の方法による執行………………… 369
　　　ア　総　論……………………………………………………… 369
　　　イ　執行目的物………………………………………………… 370
　　　ウ　申立て……………………………………………………… 370
　　　　　a　申立手続／b　添付書類／c　管　轄
　　　エ　執行方法…………………………………………………… 371
　　3　物の引渡しの間接強制の方法による執行…………………… 371
　　4　第三者の占有する物の引渡しの強制執行…………………… 372
Ⅱ　作為・不作為義務及び扶養義務等に係る金銭債権についての強制
　　執行………………………………………………………………… 372
　　1　総　論…………………………………………………………… 372
　　　ア　代替執行…………………………………………………… 372

イ　間接強制……………………………………………………… 373
　2　代替執行………………………………………………………… 373
　　　ア　申立て………………………………………………………… 373
　　　　　a　申立手続／b　管轄裁判所
　　　イ　審　理………………………………………………………… 373
　　　ウ　執行方法……………………………………………………… 375
　　　エ　代替執行に要する費用……………………………………… 375
　3　間接強制………………………………………………………… 375
　　　ア　申立て………………………………………………………… 375
　　　　　a　申立手続／b　管轄裁判所
　　　イ　審　理………………………………………………………… 375
　　　ウ　支払を命じる決定…………………………………………… 378
　　　エ　扶養義務等に係る金銭債権についての間接強制の特例………… 378
　　　　　a　間接強制の方法によることが認められない場合／b　債務者が支払うべき金銭の額を定めるにあたり考慮される事情／c　事情の変更があった場合における遡及的取消し／d　定期金債権を請求する場合の特例
Ⅲ　意思表示義務の強制執行………………………………………… 379

第8章　外国判決の承認・執行

Ⅰ　総　説……………………………………………………………… 380
Ⅱ　外国判決の承認…………………………………………………… 380
　1　外国判決の承認制度…………………………………………… 380
　2　民事訴訟法118条各号の要件………………………………… 380
Ⅲ　承認の対象となる外国判決……………………………………… 381
　1　「外国裁判所」の「判決」…………………………………… 381
　2　「確定」………………………………………………………… 381
Ⅳ　承認の要件………………………………………………………… 381

目次

  1 外国裁判所の裁判権が認められること（民訴118①）……………381
  2 訴訟の開始に必要な呼出しの送達または応訴（民訴118②）……382
  3 我が国の公序良俗に反しないこと（民訴118③）………………383
   ア 懲罰的損害賠償…………………………………………………383
   イ 内外判決の抵触…………………………………………………383
   ウ 手続的公序について……………………………………………384
  4 相互の保証があること（民訴118④）………………………………384
 Ⅴ 執行判決を求める訴え……………………………………………………385
  1 管轄………………………………………………………………………385
  2 審理の対象………………………………………………………………385
  3 執行判決…………………………………………………………………385
 Ⅵ 国際商事仲裁………………………………………………………………386
  1 総説………………………………………………………………………386
  2 外国仲裁判断の執行……………………………………………………386
  3 執行拒絶事由（仲裁46Ⅷ・45Ⅱ各号）………………………………387
  4 執行決定とその効力……………………………………………………388

事項別索引………………………………………………………………………389

第1章 総　説

I　民事執行の手続の総説

1　全体のイメージ

ア　金銭執行

　金銭執行とは、金銭債権の満足のためになされる執行である。

　例えば、Xが、Yに対し貸金訴訟を提起し、勝訴判決を得たとする。しかし、判決を得ただけではいわば「紙切れ」であり、そこから実際の回収をしなければならない。もちろん、Yが裁判に負けたことにより、任意に支払えば問題はないが、実際はそのようなことは少ない。そこで、確定した勝訴判決（又は仮執行の宣言を付した判決）をもとに、Yの持っている土地建物を強制的に競売にかけて、その代金から回収しようとする。これが金銭執行（不動産に対する強制競売）である。この場合、債務名義（強制執行によって実現されることが予定されている私法上の給付請求権の存在、範囲、執行当事者を表示した公の文書）が必要となる。

　そこで、上記のように訴訟を提起して判決を得ることが必要となる（確定判決は債務名義の典型例である（民執22①））。

　また、あらかじめ執行受諾文言付きの公正証書を作成しておけば、判決を得なくてもそれによる強制執行が可能である（執行受諾文言付きの公正証書は債務名義となる（執行証書（民執22⑤））。

　金銭執行には対象物を問わず、差押え→換価→交付・配当という共通のパターンがあり、金銭執行の手続の理解に有益であると思われるので以下概略を述べる。

(1)　差押え

　金銭執行は、差押えによって開始される（民執45Ⅰ・93Ⅰ・114Ⅱ・122Ⅰ・143など）。

第1章　総　説

　民事執行上は、差押えは、強制執行において執行機関による換価及び満足を準備すべく特定の財産を国の支配下に拘束することをいう。これは、後の手続における換価・満足の準備としてそれを阻害する行為を防止するためのものである。

　そこで、差押えの方式は目的物に対する債務者の処分を禁止することが基本となるが、同時に取引の安全確保のための公示が図られることになる。

　不動産・準不動産については、裁判所の差押宣言に基づき、その登記・登録がなされることにより公示される。

　動産の差押えは、執行官の占有により（民執123・124・192）、債権その他の財産権の差押えは、裁判所の債務者に対する処分禁止、第三者債務者に対する弁済禁止の命令により、それぞれ行うことになり、この命令を第三債務者にも送達する（民執145Ⅰ・167Ⅰ・193Ⅱ）。

　また、差押えの制限として以下のものがある。
　　①　政策的理由から認められるもの
　（例）動産執行において、生存の保障の見地から債務者などの生活に不可欠な衣服・寝具などの差押えの禁止（民執131①）。
債権執行において、給料債権などについての一定の範囲での差押えの禁止（民執152Ⅰ）。
　　②　超過差押えの禁止　　債権者は、自己の債権回収に必要な限度を超えて差押えをしてはならない（民執128・146Ⅱ。なお、不動産競売等についてはこの規定はない。）。
　　③　無剰余差押えの禁止　　対象財産の価値が低く、換価しても手続費用を賄うだけで、債権者の満足に充て得る剰余を生ずる見込みがない場合には、差押えは許されない（民執129Ⅰ）。

　また、差押えの効力は相対的であり（差押えの効力の相対性）、差押えによって対象財産についての債務者の処分は禁止されるが、その後この処分に反して債務者が行った処分行為（抵触処分）は、執行手続に対する関係においてのみ効力を否定される。

(2) 換　価

差し押さえた財産をもって金銭債権を満足させるには、財産価値を金銭化する必要がある。そのための執行換価の方法は、財産及び手続の種類により異なる。

①　交換価値を把握して売却して対価を取得する方法（最も典型的なものである。不動産・動産はもちろん、債権その他の財産権にも認められる（民執161・167））。

②　目的財産の使用価値に着目して執行上の管理により収益を挙げる方法（不動産の強制管理（民執93）など）。

③　債権その他の財産権に対する執行においては、債権者が債務者に代わって債権などを取り立てる方法（民執155・162・163）、債権などをその券面額ないし評価額で債権者に移転し、金銭的満足に代える方法（民執159・161）がある。

(3) 満　足

債権者の満足は弁済金の交付又は配当による。

①　債権者に弁済金が交付され、剰余金が債務者に交付される場合（民執84Ⅰ・109・121・139Ⅰ・166Ⅱ、188など）。換価金からの満足に与かる債権者が1人であるか、又は債権者が2名以上であるが、換価金で各債権者の債権及び執行費用の全部を弁済できる場合である。

②　上記①以外の場合、執行裁判所が配当手続を実施する（民執84Ⅰ・109・121・142・166Ⅱ・188など）。

なお、換価によって得られた金銭から満足を受けるのは、必ずしも差押債権者に限らない。他の債権者による同一財産に対する差押え、配当要求による執行参加の場合である（第2章89頁以下）。また、差押債権者に対抗できる差押物上の担保権者で、換価の結果その担保権が消滅する者については、差押えや配当要求なしに換価金からの満足を受ける場合がある（民執87Ⅰ④など）。

イ　非金銭執行

第1章 総　説

　非金銭執行とは、金銭の支払を目的としない請求権の満足のための執行である。

　例えば、XがYに賃貸していた建物について、Yに賃料不払いがあったため、XはYに対し賃貸借契約を解除した。ところがYは建物から退去しないため、XはYに対し建物明渡訴訟を提起し勝訴判決を得た。この確定判決に従ってYに対し実際に建物の明渡しを求める手続である。

　非金銭執行においては、金銭執行の場合と異なり、目的に応じて執行手続は様々である。

２　民事執行の種類と概要

　ア　担保不動産競売

　不動産を対象とした強制執行のうち、担保権の実行としての担保不動産競売をいう。強制競売には債務名義が要求されるが、担保不動産競売には要求されない。その代わり、債権者に担保権の存在を証する一定の法定文書の提出を要求している。

　典型例としては、抵当権に基づく不動産競売である。

　イ　抵当権に基づく物上代位

　抵当権者が抵当不動産の賃料債権に対し物上代位権を行使することの可否については争いがあったが、最高裁平成元年10月27日第2小法廷判決により肯定された（なお、転貸賃料に対してその行使を不可とした最高裁平成12年4月14日第2小法廷決定がある）。不動産バブル崩壊後の債権回収手段として活用されてきたが、実務上様々な問題点がある。

　ウ　担保不動産収益執行（民執180②）

　平成15年改正によって創設された、金銭執行の場合の不動産の強制管理類似の執行である。

　エ　金銭執行

　金銭債権の強制執行は、債務者の責任財産を執行の対象とする。前述のとおり、債権者の申立て→差押え→強制換価→配当という流れである。

　　ａ　不動産強制競売

執行裁判所が債務者の不動産を売却しその代金をもって債務者の債務の弁済に充てる執行手続である。

  b 不動産の強制管理

債務者所有の不動産を換価することなく、その収益を執行裁判所の選任する管理人に収取させ、これを金銭債権の弁済に充てる強制執行手続である。申立ての実例は非常に少ない。

  c 動産執行

民法上の動産（民86ⅡⅢ）のほか、登記することのできない土地の定着物、土地から分離する前の天然果実で1か月以内に収穫が確実なもの及び裏書の禁止されていない有価証券である（民執122Ⅰ）。

  d 債権執行

金銭債権及び動産・船舶・自動車・建設機械の引渡請求権に対する執行である（民執143・162・163、民執規142・143）。

 オ 非金銭執行

①直接強制としての物の引渡しの強制執行、②作為・不作為義務の強制執行としての代替執行と間接強制、③意思表示義務の強制執行として意思表示の擬制がある。

  a 直接強制としての物の引渡しの強制執行の概略

不動産等（不動産又は人の居住する船舶）の引渡し又は明渡しの強制執行は、執行官が債務者の目的物に対する占有を解いて債権者にその占有を取得させる方法によって行われる（民執168）。動産の引渡しの強制執行は、執行官が債務者からこれを取り上げて債権者に現実に引き渡す方法によって行う（民執169）。

  b 作為・不作為義務の強制執行としての代替執行と間接強制の概略

作為・不作為を内容とするいわゆる「なす債務」については、その性質上、直接強制による執行をすることができないので代替執行（民執171）又は間接強制（民執172）によることになる。

  c 意思表示義務の強制執行として意思表示の擬制の概略

第1章　総　　説

　意思表示、準法律行為（債権譲渡の通知等）、あるいは第三者に対する意思表示（行政庁に対する申請等）をなすべき債務は、債務者が実際にそのような行為をしたことが必要なのではなく、結果として同一の法的効果を生ずればその目的を達する。そこで、法は、意思表示をすべきことを債務者に命ずる判決が確定し、債務名義が確定した場合は、その確定又は成立したときに債務者が意思表示をしたものとみなすものとしている（民414Ⅱ但書、民執174Ⅰ本文）。

Ⅱ　民事執行法の改正

1　平成15年改正

　平成15年7月に担保権等に関する民法及び民事執行法等が改正された（「担保物権及び民事執行制度の改善のための民法等の一部を改正する法律」平成15年法律第134号）。改正点については別表1を参照されたい。施行は平成16年4月1日である。

別表1

条文	改正の趣旨	改正後
主として担保法制		
雇用関係の先取特権（民308）	旧民法が「雇人カ受クヘキ最後ノ六カ月間ノ給料」としていたことと、旧商法が「会社ト使用人トノ間ノ雇用関係ニ基キ生ジタル債権」の全額としていたことの差異につき合理性がないこと。	民法308条の規定の内容を旧商法の規定と同一内容に拡大し、「使用人」が有する雇用関係に基づき生じた債権のすべてについて、期間の限定なく先取特権を認めることとしている。
債権質の設定と債権証書の交付（民363）	旧民法363条において債権質の対抗要件が債権証書の交付を質権設定の効力発生要件としていたことの不都合性。	証券的債権以外の指名債権については、債権証書があるときであっても証書の交付を質権設定の効力発生要件としないものとした。

Ⅱ　民事執行法の改正

担保不動産収益執行（民371・民執180②）	債務名義のある債権者は不動産の「強制管理」により回収できることに比して抵当権者についてはそのような制度がないこと。	強制管理類似の「担保不動産収益執行」（民執180②）を創設。執行裁判所が選任した管理人による賃料の収受が行われ、債権者に対する配当が実施される。
抵当権消滅請求（民378以下）	滌除制度における通知義務が執行妨害を招くこと及び増価買受義務が抵当権者に過大な負担を与えること。	抵当権実行前の第三取得者への通知義務は廃止（旧民381の削除）、増価競売手続の廃止（旧民384Ⅱ、旧民執185、186の削除）など。
一括競売（民389）	土地の抵当権設定後に、設定者が建物を築造した場合のみ一括競売が認められていたことの不都合性（第三者による築造の場合は不可（民389）。）。	抵当権設定者以外の者がその建物を築造した場合でも、建物所有者が抵当権者に対抗することができる権利を有する場合を除き、土地の抵当権者が建物も一括して競売することができるものとされた（民389Ⅰ本文・Ⅱ）。
賃貸借に対する抵当権の効力（民395）	短期賃貸借の濫用の弊害。	短期賃貸借制度は廃止。6か月の明渡猶予期間を与える制度（民395）及び抵当権者の同意による対抗力を与える制度（民387）を創設。
根抵当権の元本確定（民398ノ19等）	根抵当権の元本確定事由の不明確性、債権譲渡の際の不都合性。	「担保スベキ元本ガ生ゼザルコトト為リタルトキ」（旧民398ノ20Ⅰ①）を削除し、元本確定期日の定めがある場合を除き、根抵当権者が元本の確定を請求するとその請求の

第1章　総　　説

		時に元本が確定することとした（民398ノ19）。
主として執行法制		
民事執行法上の保全処分の強化		
保全処分の発令要件の緩和（民執55など）	旧法のもとで、発令の要件が「不動産の価格を著しく減少する行為」などの立証が必要とされており、その立証が困難なことの不都合性。執行官保管の保全処分の発令要件が不動産の占有者などが他の保全処分に違反したことが原則として必要とされていたことにより、占有者の入れ替えなどに対処できないことの不都合性。	保全処分の発令の要件の緩和。不動産の価格減少の程度が著しいものであることを要しない（民執55Ⅰ、187Ⅰ）。執行官保管の保全処分の発令要件を緩和（同55Ⅰ③、187Ⅰ）。
相手方を特定しないで発する保全処分（民執55の2など）	不動産の占有者が特定できない場合（占有者を入れ替える方法による執行妨害など）に保全処分が困難であることの不都合性。	保全処分の相手方である占有者を特定することを困難とする特別の事情がある場合につき相手方を特定しないで保全処分を発令することができる制度を創設（民執55の2、68の2Ⅳ、77Ⅱ、187Ⅴ）。
占有移転禁止の保全処分への当事者恒定効の付与（民執83の2）	占有者の入れ替えなどによる執行妨害への対応が困難であることの不都合性。	占有移転禁止の保全処分の執行がされた場合には、その後に占有の移転があったときであっても、保全処分の相手方に対して発せられた引渡命令に基づいて、現在の不動産の占有者に対する不動産の引渡しの強制執行をす

Ⅱ 民事執行法の改正

		ることができることとした（民執83の2）。
公示保全処分（民執55Ⅰ、68の2Ⅰ、77Ⅰ、187Ⅰ） 公示書などを損壊した者に対する刑事罰（同204①）	民事執行法上の保全処分の内容を執行官に公示させる処分を明文化する。	明文規定・刑事罰の規定が置かれた。
物件明細書にかかる情報提供の方法（民執62）	執行裁判所にその写しを備え置く方法に代えて、物件明細書をインターネット上などで閲覧可能とする。	執行裁判所にその写しを備え置く方法に代えて、最高裁判所規則で定める方法によることができるものとされた（民執62Ⅱ）。
競売不動産の内覧（民執64の2）	不動産競売においても任意売却の場合と同様の情報を得られるようにする。	執行裁判所は、差押債権者の申立てがあるときは、原則として内覧実施の命令を発する（民執64の2Ⅰ本文）。
差引納付に係る代金の納付時期（民執78Ⅳ）	買受人となった債権者が差引納付の申出をした場合に、配当期日において異議の陳述又は申出があれば直ちに代金の納付を要するとされていたことの不都合性。	配当期日において配当異議の申出があったときは、買受人は、当該配当期日から1週間以内に、異議に係る部分の金銭を納付しなければならないこととした（民執78Ⅳ但書）。
差押禁止財産（民執131）	差押禁止金銭の範囲（1か月分）、差押えが禁止される食料及び燃料の範囲（2か月分）についての非妥当性。	差押禁止金銭の範囲を「1月間」（民執131③）に拡大、差押えが禁止される食料及び燃料の範囲を「1月間」（同131②）に縮小した。
養育費等の履行確保（民執151の2）	養育費その他の扶養義務等に係る定期金債権について、確定期限が到来し	養育費その他の扶養義務等に係る定期金債権を有する場合において、期限

第1章 総　説

	ない限り強制執行ができないことによる強制執行の手続的負担の解消。	が到来したのに支払われていない分があるときは、期限が到来していない分の定期金についても一括して、給料その他継続的給付に係る債権に対する強制執行を開始することができるとした（民執151の2）。また、給料債権等について法律上一律に差押禁止とする範囲を、その給付の「4分の3」に相当する部分から「2分の1」に相当する部分に縮減した（民執152Ⅲ）。
不動産の明渡執行の実効性の向上		
相手方を特定しない占有移転禁止仮処分・承継執行文付与	不動産の占有者が次々に入れ替わる方法等による執行妨害への対処。	民事保全法上の占有移転禁止の仮処分命令を発する場合や、不動産の引渡し又は明渡しの請求権についての債務名義につき承継執行文を付与する場合について、相手方を特定することが困難な場合に、相手方を特定しないで発令等をすることができることとされた（民保25の2、民執27Ⅲ②）。
明渡しの催告	執行官が任意の明渡しを催告した場合に、断行日までの間に占有の移転があった場合に執行不能となる不都合性。	任意の明渡しの催告を法制度化、催告後の占有者の入れ替わりについては承継執行文不要とした（民執168ノ2）。
執行官の調査権限	占有者の認定を妨げる執行妨害への対処。	執行官による不動産に在る者に対する質問等の権限の明文化及び質問等に

		応じない債務者又は不動産の占有者に対する刑事罰（民執168Ⅱ、205Ⅰ③）
目的外動産の売却	不動産等に残置された目的外動産の搬出及び保管に労力及び費用がかかることへの対処。	目的外動産につき、最高裁判所規則で定めるところにより売却できることとした（民執168Ⅴ後段・Ⅵ）。
間接強制		
間接強制の適用範囲の拡張	間接強制は補充的に許容されるものとされていたことの不合理性。	物の引渡債務や代替的な作為債務及び不作為債務についても間接強制を認める（民執173Ⅰ）。
動産競売		
動産競売の開始要件	動産を目的とする担保権の実行としての競売（動産競売）は、債権者が執行官に対し目的動産を提出したとき等に限り開始することとされていたことの不都合性。	動産競売の開始要件を改め、債務者の任意の協力が得られない場合であっても、執行裁判所の許可により、動産競売を開始することができるものとされた（民執190Ⅰ、Ⅱ、192及び123Ⅱ）。
財産開示		
財産開示制度	金銭執行についての強制執行は原則として執行の対象物を特定する必要があり、債権者が債務者の財産についての情報を有しない場合は、勝訴しても強制的な実現が難しい場合がある。	債権者の申立てにより、裁判所が財産開示手続の実施決定をして債務者を呼び出し、非公開の財産開示の期日において、債務者に宣誓の上で自己の財産について陳述させる財産開示制度が創設された（民執196以下）。

第1章 総　　説

2　平成16年改正

　平成16年、民事執行法が更に改正された（平成16年12月3日法律第152号、平成17年4月1日施行）。改正点については、別表2を参照されたい。

別表2

条文	改正の趣旨	改正後
少額訴訟債権執行		
少額訴訟債権執行（民執167の2以下）	簡易裁判所における少額訴訟について、同裁判所における債権執行まで認め、少額訴訟の利便性を確保する。	少額訴訟に係る債務名義を作成した簡易裁判所の裁判所書記官に対して申立を行い、裁判所書記官の差押処分により開始される。なお、複雑な手続は行われず、転付命令や配当の実施が必要な場合は、地方裁判所における債権執行手続に移行される（民執167の10～12）。
不動産競売手続		
最低売却価格制度（民執60）	最低売却価格により売却に時間がかかるケースを回避すること。	現在の最低売却価額を売却基準価額として、これを2割下回る価額の範囲内での入札を認める（民執60Ⅲ）。
剰余を生じる見込みのない場合の措置（民執63）	差押債権者に剰余を生ずる見込みがない場合であっても、優先債権が弁済されることは、差押債権者及び債務者に利益がある場合もあること。	買受可能価額が手続費用の見込額を超え、優先債権を有する者の同意があるときは売却を実施することができる（民執63Ⅱ但書）。
差引納付の申出の期限（民執78）	手続に支障がない限り、差引き納付を認めるべき。	期限を売却決定期日の終了時から売却許可決定の確定時まで伸張する。（民執78Ⅳ）

執行官による援助請求			
執行官による援助請求（民執18Ⅰ）	執行官は、執行裁判所と異なり、官公署に対する一般的な援助請求の権限がない点の改正。	執行官にも執行裁判所と同様の援助請求の権限を認める。
裁判所内部の職務分担			
裁判所書記官の権限とする事項	手続の迅速化。	費用予納命令、配当要求終期の決定、物件明細書の作成・備置等、売却実施処分・売却決定の指定、代金納付期限の指定・変更、配当表の作成を書記官の権限とした（民執14、47、49、62、64、78、85）。
扶養義務に係る金銭債権についての間接強制			
扶養義務に係る金銭債権についての間接強制（民執167の15以下）	金銭債務については、直接強制の方法しか利用できないこととされているが、権利の実現の円滑化の観点から、制度の濫用のおそれが少ない扶養義務等に基づくものに限って、間接強制を認める。	扶養義務等（民執151の2Ⅰ各号に掲げる義務）に係る金銭債権の強制執行については、直接強制の方法によるほか、間接強制の方法によっても行うことができるものとする（民執167の15）。

Ⅲ　債務名義

1　債務名義とは

　裁判に勝訴し、確定した判決に基づいて執行する。その場合の確定判決が債務名義の典型例である。

　債務名義には次のものがある（民執22）。

⑴　確定判決

第1章 総　説

(2) 仮執行の宣言を付した判決
(3) 抗告によらなければ不服を申し立てることができない裁判（確定しなければ効力を生じない裁判にあっては、確定したものに限る）
(4) 仮執行の宣言を付した支払督促
(5) 訴訟費用額、執行費用額等の確定処分
(6) 執行証書（一定の公正証書である（民執22⑤））
(7) 確定した執行判決のある外国裁判所の判決
(8) 確定した執行決定のある仲裁判断
(9) 確定判決と同一の効力を有するもの

例として次のものがある。

　① 裁判上の和解における和解調書（民訴267）

訴訟上の和解（民訴89・264・265）、訴え提起前の和解（民訴275）のいずれも含む。

なお裁判上の和解は、私法上の契約としての一面があるので、契約の無効、取消しを理由として請求異議の訴えを提起することができる。

　② 認諾調書（民訴267）
　③ 民事調停における調停調書（民調16）

特定調停における調停調書（特調22）も債務名義となる。

　④ 家事調停における調停調書（家審21Ⅰ本文）
　⑤ 家事審判（家審15）
　⑥ 調停に代わる裁判（民調17・18Ⅲ、家審24・25Ⅲ、特調22）
　⑦ 破産手続における債権者表（破124）
　⑧ 会社更生手続における更生債権者表及び更生担保権者表（会更206Ⅱ・235Ⅰ・238Ⅵ）
　⑨ 民事再生における再生債権者表（民再104Ⅲ）
　⑩ 借地借家法における給付の裁判（借地借家17Ⅲ Ⅴ・18Ⅰ・19Ⅲ・20Ⅰ・50）
　⑪ 執行命令

Ⅲ　債務名義

過料の裁判（民訴189、非訟163Ⅰ）などであり、執行力のある債務名義と同一の効力を有するので、これに基づく強制執行については執行文の付与を要しない。

　2　債務名義の内容（給付請求権に関する問題）

強制執行は、債務名義に表示された給付請求権を実現するために行われるが、債務名義の内容につき、実務上問題となり得る点を以下説明する。

　ア　債権者・債務者の特定及び範囲

民事執行法上は、債務名義上又は執行文上、請求権の主体として表示された者を「債権者」（執行力が自己のために存する者）という。債務名義上又は執行文上の責任の主体として表示された者を「債務者」（執行力が自己に対して存する者）という。いずれも、実体法上の概念とは異なる。その他の者は、執行手続においては「第三者」とされる。

強制執行において債権者、債務者となり得る者の範囲は、債務名義の種類により異なり、以下のとおりである。

　　a　執行証書以外の債務名義の場合（民執23Ⅰ・Ⅲ）

(1)　債務名義に表示された当事者

判決の場合の原告及び被告（控訴人、被控訴人、上告人、被上告人を含む。）、支払督促における債権者・債務者、調停などにおける申立人及び相手方を指すが、訴訟上の和解、調停、家事審判において利害関係人や参加人として、一定の給付に合意した者（民調11、家審12・20）は、執行の当事者となる。

(2)　債務名義に表示された当事者が他人のために当事者となった場合のその他人（民執23Ⅰ②）

例として、破産管財人（破80）を当事者として表示する場合の破産者、選定当事者（民訴30）の選定者、代表訴訟における株主（会社847）の場合の会社、債権者代位権に基づき債務者の権利を行使した場合の債務者（この場合、勝訴判決の執行力は債務者にも及び、債務者も承継執行文の付与を受けて強制執行の申立てをすることができる（通説・大判昭15・3・15）。）がある。

(3)　(1)及び(2)に該当する者の債務名義成立後（判決や仲裁判断においては口

第1章　総　　説

頭弁論終結後）の承継人（民執23Ⅰ③）

　債権者の側であれば、任意の譲渡（債権譲渡など）、競売など執行行為による移転、代位弁済（民499）、求償権（民442・459）が考えられる。

　債務者側であれば、免責的債務引受の場合は該当するが、重畳的債務引受は該当しないと解される（最高裁昭和41年12月20日第3小法廷判決）。

⑷　債務名義に表示された当事者等のために請求の目的物を所持する者（民執23Ⅲ）。

　民事執行法23条3項は、特定物の引渡し、明渡しについての執行に関するものであるが、執行の相手方は、特定物を債務名義上の当事者のために現に所持している者であり、例えば、当該物件について固有の権利を有しない受寄者、管理人などがこれに該当する。

　　b　執行証書の場合

　執行証書に表示された当事者と、執行証書作成後の承継人（民執23Ⅱ）である。他人のために当事者となった場合のその他人、執行証書に表示された当事者又はその承継人のために請求の目的物を所持する者には執行力は及ばない。

　　イ　給付命令等の明示

　確認判決（確認条項を含む和解調書等も同様）は強制執行の必要がなく、形成判決（形成条項を含む和解調書等も同様）も、判決で形成効が生じており、その内容を強制執行により実現する必要はない。

　また、強制執行になじまない夫婦の同居や、舞台の出演義務などは債務名義とはならない。

　債務名義に給付の内容の範囲、数量等が直接かつ具体的に表示されていなければ、その内容を実現することはできない。以下、具体例を挙げる。

　　a　給付の対象が不動産である場合

　原則として登記事項証明書どおりに記載して特定する。増改築などにより登記記録の記載と現状とが一致しない場合は、登記記録上の表示と現況の双方を併記する。

未登記不動産の場合には、物件の所有証明書（当該物件が債務者の所有に属することを証する文書）に準じて、所在、地番、建物の種類・構造・床面積等を記載する。

　　　b　金銭の場合
確定金額又は金額を確定することが可能な具体的計算方法の記載が必要である。

　　ウ　債務名義と現状との不一致の場合
債務名義に表示された給付請求権が債務名義成立後に消滅するなどした場合、あるいは、当初から実体関係が債務名義に表示されているところと一致しない場合がある。

この場合、執行機関は、あくまでも債務名義上の状態を実現することになる。つまり、仮に実際の債権額が債務名義より多くても、その部分は執行できず、逆に、実際の債権額が債務名義より小さかったとしても、債務名義に表示されたとおり執行できる。

実体上の権利を伴わない執行は、当然には無効とはならず、債務者は、執行が終了するまでであれば、請求異議の訴え（民執35）の勝訴判決等を執行機関に提出して（民執39Ⅰ①）執行の取消しを求めることができる。執行が完了した場合には、不当利得に基づく返還請求又は債権者に故意・過失がある場合は不法行為に基づく損害賠償請求を行うことができる。

Ⅳ　執　行　文

1　執行文とは

例えば、確定判決を債務名義として執行を行う場合、裁判所書記官に執行文付与の申立てをして、「債権者○○は、債務者○○に対し、この債務名義により強制執行をすることができる。」といった文言を付してもらう。これが執行文である。

法的には、債務名義に執行力が現存すること及び執行力の内容（執行当事者の氏名あるいは執行の対象）を執行文付与機関（裁判所の場合は裁判所書記官、

第1章　総　　説

公正証書については公証人）が債務名義の正本の末尾に記載する公証文言をいう（民執26）。

債務名義の正本に執行文が付されたものと仮執行宣言付支払督促の正本とを、「執行力のある債務名義の正本」という（民執51Ⅰ）。

なお、執行文の付与を受けないで裁判の内容を実現できる場合として以下のものがある。

① 仮執行宣言付支払督促（民執25但書）
② 少額訴訟における確定判決（民執25但書。ただし、条件付、期限付などの場合は除く。）
③ 意思表示をすべきことを命じる債務名義（民執174Ⅰ）
④ 授権決定（民執171Ⅰ）
⑤ 仮差押命令・仮処分命令（民保43Ⅰ本文）
⑥ 執行力のある債務名義の正本と同一の効力を有するもの（金銭の支払、物の引渡し、登記義務の履行その他給付を命じた家事審判（家審15）及び家事審判法9Ⅰ乙類に該当する調停条項が記載されている調停調書（家審21Ⅰ但書）、執行手続における付随的執行に係る裁判（民執148・96Ⅰ）ほか）

2　執行文の種類

単純執行文、条件成就執行文（民執27Ⅰ）、承継執行文（民執27Ⅱ）がある。また、意思表示義務の執行につき、例外的に執行文の付与を受ける必要のある場合があり、この執行文は「意思表示擬制のための執行文」と呼ばれる。

ア　単純執行文

給付命令の内容が単純に給付を命じるだけで、債権者が証明すべき条件や期限がつかず、当事者の変動もない場合に付与されるものである。

イ　条件成就執行文

債務名義の内容が債権者の証明すべき事実の到来に係る場合には、債権者が事実の到来を文書で証明したときに限り執行文が付与される（民執27Ⅰ）。

上記「文書」とは、私文書でも公文書でもよい。

以下例を挙げる。

a　債権者の先給付／引換給付

　債務名義の内容が、「Yは、Xから金〇〇円の支払を受けたときは、Xに対し、本件〇〇を引き渡せ。」といった場合である。先給付（上記の場合なら、金〇〇円の支払）の事実は、領収書や供託書等で証明する。

　引換給付の場合の反対給付の履行は、執行文付与の条件ではなく、執行開始の要件とされている。執行開始の要件たる反対給付の事実は、執行開始までに、執行機関に証明すればよい（民執31Ⅰ）。

　　　b　解除権留保／失権約款

　「Yが、分割金の支払を3か月以上怠ったときは、Xは直ちに本件売買契約を解除することができる。この場合、Yは、直ちにXに対し、本件機械を引き渡す。」といった場合である。契約解除の事実は、解除通知（内容証明郵便）等の文書で証明する。

　失権約款の場合（債務名義の内容が「…Yが分割金の支払を怠り、その額が金〇〇円以上に達したときは、Yは当然に期限の利益を失い、Xに対し残額を一時に支払う。」といった場合）は、単純執行文の付与を受けて強制執行を申し立てることができる。債権者は、執行にあたって債務者の不履行の事実を証明することは必要ではなく、債務者が、義務を履行したことを請求異議の訴えをもって争うことになる。

　　　c　不確定期限／確定期限の到来又は経過

　不確定期限（債務名義が「Yは、Aが死亡したときには、Xに対し、直ちに本件建物を明け渡せ。」）の場合、死亡の事実は、Aの除籍の謄本、死亡診断書などで証明する。

　確定期限の場合は、執行文付与の条件ではなく、執行開始の要件である。よって、単純執行文の付与を受けて、執行開始要件となる事実を執行開始時までに執行機関に証明すればよい（民執30Ⅰ）。

　　ウ　承継執行文

　債務名義の執行力は、債務名義に表示された当事者だけではなく、一定の場合には第三者にも及ぶ。執行力が及ぶ第三者は、第三者が訴訟担当した場

第1章 総　説

合の被担当者や債務名義成立後の承継人などである（民執23）。

　債務名義に表示されていない者を当事者として強制執行するには、あらかじめ執行文付与機関に、同条の要件の充足を証明することが必要である（民執27Ⅱ）。この手続により取得された執行文は「承継執行文」と呼ばれる。

　以下は概略を示し、後記3にて実務上問題となる点を挙げる。

　　　a　承継執行文付与の事由

　自然人の死亡、法人その他の団体の合併、売買・賃貸借・債権譲渡等の当事者の処分行為、破産管財人・遺言執行者等の管理処分権の取得、競売・転付命令等による給付請求権の権利義務についての承継等がある。

　　　b　承継の基準時

　判決の場合は事実審の口頭弁論終結時、その他の債務名義の場合は、その債務名義成立時である（民執23Ⅰ③・Ⅱ、民訴115Ⅰ③）。

　上記基準時以前に承継された場合は、債務名義の効力が及ばないので、新たに訴訟を提起するなどして債務名義を取得する必要がある。

　本来執行文の付与を要しない場合（前記1）でも、債務名義成立後に承継があった場合には、承継執行文が必要である（民執27Ⅱ、民保43Ⅰ但書・52Ⅰ）。

　　　c　承継等の事実の証明

　承継等の事実の証明は文書で行わなければならず、次のような文書が利用される。ただし、執行機関に明白である場合は例外である。

① 自然人の死亡の場合　戸籍（除籍）謄本、限定承認を証する文書
② 合併など組織変更　合併等を証する商業登記事項証明書
③ 売買など　不動産登記事項証明書、債権譲渡・売買契約書などの契約書、代位弁済証書

　　　d　強制執行開始後の承継

　債務者が死亡したときは、承継執行文の付与を受けることなく、相続人を債務者としてその手続を続行することができる（民執41Ⅰ）。なお、相続人の存在又は所在が明らかでないときには、特別代理人の選任を申し立てる必

要がある（民執41Ⅱ）。

申立債権者に承継があった場合には、承継人が承継執行文の付与を受けた債務名義の正本を執行機関に提出して続行を求める（民執規22Ⅰ）。

エ　意思表示擬制のための執行文

原則として執行文不要であるが（債務名義の内容が登記手続請求等を内容とする場合、単純に意思表示を命ずるものであればその裁判の確定のとき又は和解などが成立したときにその意思表示があったものとみなされる（民執174Ⅰ本文）。）、債務者の意思表示が条件等に係る場合は、執行文が付与された時に意思表示がなされたものと擬制されるので、次のような場合は執行文の付与が必要である（同項但書）。

① 債務者の意思表示が、債権者に証明責任のある事実の到来に係る場合（農地売買における知事の許可を条件とする場合など。民執27Ⅰ・174Ⅰ但書）。）。

② 債務者の意思表示が債権者の反対給付と引換えになされる場合（債権者が先に反対給付（又はその提供）をし、そのことを証する文書を提出して執行文の付与を受ける（民執174Ⅰ但書・Ⅱ））。

③ 債務者の意思表示が、債務者に証明責任のある事実の不存在に係る場合（債務者が一定の回数、分割金の支払を行った時に登記手続をするという場合、裁判所書記官により所定の催告手続を経た上で、執行文が付与される（民執174Ⅰ但書・Ⅲ）。）。

上記②及び③の場合は、執行文付与の申立書には、一般の執行文付与の申立書の記載事項のほかに、民事執行法174条2項又は同条3項の規定による執行文付与を求める旨及びその事由を記載しなければならない（民執規157）。

3　承継執行文の諸論点

上記2ウのとおり、債務名義の執行力は、債務名義成立後（債務名義のうち判決にあっては口頭弁論終結後）の承継人に対し及ぶ（民執23Ⅰ③）。この場合、債務名義に執行文の付与を受けてこれに承継人の氏名を表示してこれを執行当事者としてその者のために（又はその者に対し）執行することができ

第1章　総　　説

る（民執規17Ⅱ、民執27Ⅱ）。

　これは「執行力の拡張」と呼ばれるが、これが認められる場合は、法23条により、①債務名義成立後の承継人、②債務名義に表示された当事者が他人のために当事者となった場合のその他人、③当事者又は承継人のため請求の目的物を所持する者である。

　なお、執行文付与後の承継については、新たに当該承継に関し、執行文の付与を受けないと執行を続行できないのが原則であるが、民事執行法41条1項に例外が定められている。

　以下、ア　承継の標準時、イ　承継人の範囲（一般承継・特定承継）、ウ　権利承継と義務承継、エ　相続の場合、オ　強制執行開始後の承継の順で実務上問題となり得る点を説明する。

　　ア　承継の標準時
　①　判決の場合は、事実審の口頭弁論終結時である。
　②　その他の債務名義の場合は、債務名義成立時である。

　なお、執行文の付与を受けずに執行可能な債務名義（仮執行宣言付支払督促、仮差押命令、仮処分命令、家事審判、家審9Ⅰ乙類に該当する調停等）についても、債務名義成立後に承継があったときは、承継執行文が必要である。

　上記の標準時以前に承継原因によって承継があった場合は、その承継人には債務名義の執行力は及ばない。この場合は別訴によることになる。

　　イ　承継人の範囲
　　　a　一般承継

　自然人の死亡、法人その他の合併等が一般承継である。この場合、執行文付与機関に明白である場合を除いて、債権者において文書により承継を証明する必要がある。

　証明の方法としては、自然人の死亡の場合の戸籍謄本、抄本、法人の場合は、登記事項証明書を提出する。

　　　b　特定承継

　承継の標準時以後に、一般承継以外の原因で債務名義に表示された給付請

求権の権利義務について特定承継があった場合、債権者においてそのことを証明したときに限り執行文付与機関はその承継人のために又は承継人に対し承継執行文を付与することができる（民執23Ⅰ③・27Ⅱ）。

この場合の特定承継とは、売買、贈与、債権譲渡、賃貸借、使用貸借など（当事者の処分行為による場合）、破産管財人、遺言執行者の選任（管理処分権の移動）、競売、転付命令、滞納処分（公法上の処分）などがある。

　ウ　権利承継と義務承継
　　　a　権利承継の場合

債権譲渡の場合、譲受人は債権譲渡の事実を証する文書として、債権譲渡証書や契約書を提出して承継執行文の付与を受けることができる。

なお、対抗要件の具備（民467Ⅰ）の証明が必要かは争いがあるが、実務上は必要とされている（民裁資料137号民事執行手続に関する通達通知集298頁）。

特定物の権利の譲渡の場合、特定物の所有権を譲り受けた者は、引渡し又は明渡しの請求権者たる地位を承継した者として民事執行法23条1項3号の承継人にあたるから、譲受けの事実を証する文書（譲渡契約書等）を提出して承継執行文の付与を求めることができる。

弁済による代位の場合（民500）には、弁済をするについて正当な利益を有するものであること（保証人として署名押印のある契約書など）及び当該債務について弁済したことを証する書面（受領書など）を提出して承継執行文の付与を受けることができる。

債務名義に表示されている債権を権利質の目的とした債権者は、直接その債権を取り立てることができる（民366）。したがって、質権者であることを証する書面を添付して承継執行文の付与を求めることができる。

　　　b　義務の承継の場合

債務引受けがなされた場合は、債権者はこれを証する書面として債務引受に関する契約書を提出して承継執行文の付与を受けることができる。なお、免責的債務引受けの場合で、上記契約書が、債権者、債務者及び引受人との三者契約でない場合は、債務者のこれを承認したことを証する書面が必要で

第 1 章　総　　説

ある。免責的債務引受けは、債務者の意思に反してはこれを行うことができないとされているからである（民474・514参照）。

また、重畳的債務引受けの場合は、引受人に対して承継執行文を付与することはできない。債務者と引受人の債務は連帯債務の関係になる（最判昭和41年12月20日民集20巻2139頁参照）ので、承継がなされたことにならないからである。

　　エ　相続の場合
　　　a　債権者に相続が生じた場合

債務名義表示の請求権は、被相続人から相続人へ移転する。ただし、判決を債務名義とするときは、相続が事実審の口頭弁論終結後になされたものであることを要する。

可分債権の場合は、相続分に応じて当然に分割されるので、各自その相続分についてそれぞれ承継執行文の付与を受けることができる。

不可分債権の相続の場合は、その債権は、すべての相続人の共有に属することになり（民898）、承継執行文の付与申請は、すべての相続人から共同して行わなければならない（保存行為の場合は、執行文に総債権者のために執行する旨を明らかにすべきである。）。

　　　b　債務者に相続が生じた場合

熟慮期間（民915。相続人は自己のために相続の開始があったことを知った時から3か月以内に単純承認又は限定承認若しくは放棄をすることができる。）との関係が問題となる。

まず、熟慮期間中であっても、承継執行文の付与は可能である（岩松ほか・注解強制執行(1)206頁。ただし、学説上は争いあり。）。

それに対し、相続の効果を争う債務者は熟慮期間内に相続人が相続放棄の申述をしたことを主張して、執行文付与に対する異議の申立て（民執32）又は異議の訴え（民執34Ⅰ）によって承継の事実を争うことになる。

次に、限定承認（民922）との関係では、限定承認については、債務者に立証責任があるので、債権者が、限定承認の証明書類を提出しないで承継執

行文の付与を求めた場合、相続人に対しては、通常の承継執行文が付与される。この場合、相続人は、執行文付与に対する異議の訴え（民執34）によって限定承認をした事実を主張、立証して争うことになる。

なお、限定承認の事実を知る債権者は、限定承認の事実を証する文書（家庭裁判所書記官の受理証明書（家審規12）を添付して相続財産の限度で強制執行をすることができる旨の執行文の付与を求めるべきである。

可分債務である場合は、当然に相続により相続分に応じて分割債権債務関係となるので、債務者の相続人の法定相続分に対して執行のため承継執行文の付与を求めることができる。

不可分債務である場合は、共同相続人全員に対する承継執行文を求めることになる。なお、建物の明渡債務などの場合、現実に給付の目的物を占有する相続人だけに承継執行文の付与を受けて、事実上明渡しの目的を達している事例がある（鈴木、三ヶ月・注釈民事執行186頁）。

  c 相続人が不明の場合

債務名義に表示されている債務者が死亡した場合で、相続人があることが明らかでない場合において、相続財産管理人が選任されている場合は、家庭裁判所の相続財産管理人選任の審判書謄本又は選任証明書を添付して相続財産法人（民951）に対する承継執行文の付与を求め、これによって相続財産に対し執行の申立てを行う。相続財産管理人の選任がない場合については、後記オb参照。

 オ 強制執行開始後の承継

  a 債権者の承継

強制執行開始後に申立債権者に承継があった場合で、承継人が自己のために強制執行の続行を求めるためには、改めて承継執行文の付与された債務名義の正本を、当該強制執行を行っている執行機関に提出しなければならない。

  b 債務者の承継

原則として、強制執行開始前又は開始後において執行当事者に変更があったときは、新当事者のため、又は新当事者に対して承継執行文の付与を受け

なければ強制執行を開始又は続行することはできない。ただし、例外として、強制執行開始後に債務者が死亡した場合には、承継人に対する承継執行文の付与を受けることなく相続財産に対してそのまま執行を続行することができる（民執41Ⅰ）。この規定は、会社などの合併による消滅にも準用がある（中野・民事執行（上）130頁）。一方、強制執行開始後に債務者に特定承継があった場合は、旧債務者に対してそのまま強制執行を続行でき、旧債務者は、請求異議の訴え（民執35）を提起して争うことになる。承継人に対して強制執行をするには、改めて承継執行文の付与を受けて承継人の財産に対して執行をする必要がある。

強制執行の開始後に債務者が死亡した場合に続行される手続における債務者は相続人又は相続財産（民951）である。債務者死亡後においては、相続人の存否や相続の承認・放棄を問わず手続は続行される。書類の送達は、相続人あるいはこれに代わるべき遺言執行者、相続財産管理人又は特別代理人に対して行う。

強制執行を続行する場合において、債務者の関与を必要とする際、相続人の存在又はその所在が明らかでなく、相続財産管理人（民918Ⅲ・952）の選任がないとき、又は遺言執行者（民1006・1010）がないときは、執行裁判所は、申立てにより、相続財産又は相続人のために特別代理人を選任して、その特別代理人に送達、通知等を行う（民執41Ⅱ）。

上記特別代理人の選任は、相続人の法定代理人としての権限を有する。また、債務者である会社の代表者が死亡し、その後任が選任されていないときにも、上記民事執行法41条2項、3項が準用される（鈴木、三ヶ月・注釈民事執行631頁）。

4　執行文付与の手続
ア　付与機関

執行債権者が、執行文付与の申立書を執行文付与機関（執行証書以外の債務名義であれば事件記録の存する裁判所の書記官、執行証書であればその原本を保存する公証人（民執26Ⅰ））に提出することにより付与される（民執規16Ⅰ）。

Ⅳ　執行文

以下、実務上注意を要する場合を挙げる。

① 訴訟記録は、訴訟完結後は第一審裁判所に保管されるので、上訴審の判決が債務名義である場合でも、訴訟記録が第一審裁判所に返戻されて保管されている限りは、執行文の付与機関は、第一審裁判所の書記官である。

② 起訴前の和解調書については、その手続を行った簡易裁判所の書記官である。

③ 家事審判、家事調停調書等については、当該事件を処理した家庭裁判所の書記官である。

④ 外国判決、仲裁判断については、執行判決又は執行決定の記録の所在する裁判所の書記官である。

⑤ 破産法上の債権者表については、破産裁判所の書記官である。

　イ　申立て

債務名義に表示されている債権者又はその承継人から書面をもってしなければならない（民執規16Ⅰ）。

記載事項は以下のとおりである（民執規16Ⅰ）。

　　a　債権者及び債務者並びに代理人の表示（1号）

債務名義に表示された当事者以外の者が債権者又は債務者となる承継執行文付与の申立ての場合（民執23、27Ⅱ）は、承継した者を債権者又は債務者として表示する。

　　b　債務名義の表示（2号）

債務名義を表示するには、判決、和解調書、執行証書等民事執行法22条に掲げる債務名義を、事件番号、当事者、事件名、債務名義の種類等によって特定する。なお、1通の債務名義に複数の給付条項がある場合で、特定の給付条項のみの執行を行う場合には、当該部分を特定する。かかる特定がない場合には、表示された債務名義の全部についての執行文付与申立てとなる。

　　c　条件成就執行文若しくは承継執行文又は執行文の数通付与等を求める場合には、その旨及びその事由（3号）

第1章　総　説

　条件成就執行文若しくは承継執行文又は執行文の数通付与等を求める場合には、その旨を記載する。その事由としては、条件成就執行文の場合は、債権者の証明すべき事実が到来したこと（民執27Ⅰ）、債権者又は債務者に承継があったこと（民執27Ⅱ）、執行文の付された債務名義の正本が数通必要である理由又は正本が滅失したこと（民執28Ⅰ）などの具体的記載が必要である。

　また、債務者の意思表示が反対給付との引換えに係る場合（民執174Ⅱ）、債務者の意思表示が債務者の証明すべき事実のないことに係る場合（民執174Ⅲ）による執行文の付与の申立てには、民事執行法174条2項又は同法174条3項の規定による執行文の付与を求める旨及びその事由を記載する。

　債務者の意思表示が債務者の証明すべき事実のないことに係る場合（民執174Ⅲ）においては、債権者から執行文付与の申立てがあったときは、債務者に立証の機会を与える趣旨から、裁判所書記官は、債務者に対し一定の期間を定めて債務の履行をしたことの証明文書を提出すべき旨を催告し、債務者がその期間内に証明文書を提出しないとき、又は提出された証明文書ではその事実を証明するには不十分とされるときに限り執行文を付与することができることとされている（民執174Ⅲ）。

　債務名義の正本、裁判の確定を要するものについてはこれを証する文書（民執規16Ⅱ、民訴91Ⅲ、民訴規48）、請求が債権者の証明すべき事実の到来に係る場合はこれを証する文書（民執27Ⅰ）、債務名義に表示された当事者以外の者に対する場合にはこれを証する文書（民執27Ⅱ）を添付する。

　なお、仮執行宣言付判決（民訴259Ⅰ・Ⅱ）は、確定を待たずに債務名義となり（民執22②）、執行文の付与を受けることができる。なお、仮執行宣言付判決による執行は、仮執行免脱宣言（民訴259Ⅲ）や、上訴に伴う執行停止（民訴403）の手続を受けることがある。

5　執行文の再度付与・数通付与

　執行文の付与は、1回に止まることが原則である。これは重複執行を避けるためであるが、一方で、数か所又は数種の執行手続を申し立てないと、一

つの強制執行によって、その給付請求権の満足を得られないことがある。そこで、一つの強制執行によっては債権の完全な弁済が得られない場合、又は執行文の付された債務名義の正本が滅失した場合に限り、執行文付与機関の判断に基づき、執行文を更に付与することができるとされている（民執28Ⅰ）。

　新たに債務名義の正本の交付を受け、それに執行文の再度付与・数通付与を受けることになる。執行文付与の申立書には、再度付与・数通付与を求める旨及びその事由を記載することが必要である（民執規16Ⅰ）。

　執行文を再度付与・数通付与したときは、書記官は、債務者に対し、その旨及びその事由及び執行文の通数を通知しなければならない（民執規19）。

　なお、仮執行宣言付支払督促及び少額訴訟における確定判決又は仮執行の宣言を付した少額訴訟の判決の執行には、執行文の付与を要しないものとされているが（承継がある場合は除く（民執25但書）。）、その正本の数通付与又は再度付与については、執行文の数通又は再度付与の申立てと同様に民事執行規則16条1項各号に掲げる事項を記載した書面による申立てが必要である（民執規16Ⅲ）。

第1章 総　説

書式1－1　条件成就による執行文付与申立書

平成○○年（ワ）第○○○○○号　　○○○事件
原告　○○○○
被告　○○○○

　　　　　　　条件成就による執行文付与申立書

　　　　　　　　　　　　　　　　　　　　　　　　平成○年○月○日

　　○○地方裁判所　御中

　　　　　　　　　　　　　　　　　　原　告　　○○○○株式会社

　頭書の事件について、平成○年○月○日成立した和解調書の和解条項第○項による条件は、別添証明書のとおり成就したので、上記和解調書正本について、執行文を付与されたく申立て致します。

　　　　　　　　　添　付　書　類
1　証明書　　　　　　　　　1通
2　和解調書正本　　　　　　1通

Ⅳ 執行文

書式1-2 承継執行文付与申立書

平成○○年(ワ)第○○○○○号 ○○○事件
原告 ○○○○
被告 ○○○○
上記承継人 ○○○○

承継執行文付与申立書

平成○年○月○日

○○地方裁判所 御中

原告 ○○○○株式会社
代表取締役 ○ ○ ○ ○
上記訴訟代理人弁護士 ○ ○ ○ ○
同 弁護士 ○ ○ ○ ○
電話 ○○○―○○○―○○○○
ＦＡＸ ○○○―○○○―○○○○

　頭書の事件について、平成○年○月○日言渡された判決は平成○年○月○日確定したが、上記被告は平成○年○月○日に死亡し、相続人○○○○がその地位を承継したので、上記承継人らに対し執行をするため、上記判決の執行力ある正本を付与されたく申立て致します。

添 付 書 類

1　戸籍謄本　　　　　　　　　　　1通

第1章 総　説

書式1−3　執行文付与申立書

平成○○年（ワ）第○○○○○号　○○○事件
原告　○○○○
被告　○○○○

執行文付与申立書

平成○年○月○日

○○地方裁判所　御中

原告　○○○○株式会社
代表者代表取締役　○　○　○　○
上記訴訟代理人弁護士　○　○　○　○
同　　弁護士　○　○　○　○
電話　○○○−○○○−○○○○
ＦＡＸ　○○○−○○○−○○○○

　頭書の事件について、平成○年○月○日言渡された判決に仮執行宣言が付されたので、執行文を付与されたく申立て致します。

添　付　書　類

1　判決正本　　　　　　　　　　　　　　　　　　　1通

第2章　不動産執行・担保権実行

I　不動産執行・担保権実行総論

1　不動産執行・担保権実行総論

　金銭債権に基づき不動産に対して行う強制執行（不動産執行）の方法には、強制競売と強制管理の2種類がある（民執43 I）。これに対し、担保権の実行の方法としては、担保不動産競売と担保不動産収益執行の2種類がある（民執180）。

　不動産執行は、債務名義に表示された請求権の実現のための手続きであるのに対し、不動産担保権の実行は、担保権の優先弁済権に基づく換価権の行使の手続きである点で相違している。

　しかし、強制競売と担保不動産競売とは、両者とも不動産の売却代金を配当する手続きである点で共通しており、また、強制管理と担保不動産収益執行とは、両者とも不動産の収益を配当する点で共通している。

　そこで、民事執行法も、強制競売についての規定の大部分を担保不動産競売に、強制管理の規定の大部分を担保不動産収益執行に準用している（民執188）。

　もっとも、担保権実行においては、被担保債権の債務者と担保物件の権利者（所有者）が異なる場合があるため（例えば、物上保証人がいる場合）、強制競売に関する規定における「債務者」を担保不動産競売の手続きに準用する場合には、「債務者又は所有者」、「債務者兼所有者」、「債務者」、「所有者」のいずれかに読み替える必要がある。また、執行開始の要件、手続の停止の要件、手続の取消しの要件も異なっている。

2　手続の概略

　不動産に対する競売の手続は、大きく①申立て・差押え、②換価、③配当に分類される。手続は、①管轄裁判所に対し競売申立てを行い、所定の審査

を受け裁判所から開始決定の発令を受け、対象不動産に対する差押えの登記を完了させ、②差押えが完了すると、裁判所書記官は、配当要求の終期の決定・公告・債権届出の催告を行い、これに基づき債権者は債権届出を行う。一方、執行官により現況調査報告書が、評価人により評価書がそれぞれ作成され、これを受けて裁判所書記官は物件明細書を作成し、売却基準価額を定めた上で入札等の売却を実施する。入札等により買受申出人が現れた場合、裁判所の売却決定に基づき代金納付が実施され、これに伴い所有権の移転登記、抵当権・賃借権などの抹消登記が行われる。③代金が納付されると、裁判所は各債権者に配当期日等の通知をし、債権計算書の提出を求め、裁判所書記官により配当表が作成され配当が実施されるという順序で進められる。

3　申立て及び差押え

ア　競売の対象物

競売の対象となるのは不動産である（民執43Ⅰ・188）。土地、建物はそれぞれ別個独立に競売の対象となるほか、一棟の建物であっても、構造上区分された数個の部分で独立した住居等に供することができる部分（専有部分）は、独立した建物として競売の対象となる。また、「みなし不動産」として不動産の共有持分、登記された地上権及び永小作権並びにこれらの権利の共有持分は不動産とみなされる（民執43Ⅱ・188）。

土地の定着物のうち、樹木については立木ニ関スル法律（立木2）により登記することで不動産と見なされ、不動産執行の対象となる（未登記の樹木は、動産執行の対象となる）。

その他、特別法上不動産とみなされる財団等がある（工場財団―工場抵当14、鉱業財団―鉱業抵当3、漁業財団―漁業財団抵当6、登記された採石権―採石4、鉱業権―鉱業12）。

イ　管　轄

不動産に対する競売は、その不動産所在地を管轄する地方裁判所が専属的に管轄権を有する。不動産の共有持分、登記された地上権及び永小作権並びにこれらの権利の共有持分についての競売は、その登記すべき地を管轄する

地方裁判所の管轄となる（民執44Ⅰ・188）。なお、建物の場合、数個の地方裁判所の管轄区域にまたがって存在する場合には、そのうちいずれかの裁判所に対して申立てを行えば足りる（民執44Ⅱ・188）。

Ⅱ　担保権実行

1　担保不動産競売

ア　担保不動産競売の要件

① 担保権の存在を証する法定文書の存在（民執181）

② 被担保債権の存在

③ 被担保債権の弁済期の到来

※なお、平成15年民事執行法改正前は、第三取得者が存在する場合には、抵当権実行通知後1か月を経過していることが要件となっていたが、同改正により抵当権実行通知制度は廃止された。

イ　申立書に記載すべき事項・概要

　　a　債権者、債務者及び担保権の目的である権利の権利者の氏名又は名称及び住所並びに代理人の氏名及び住所（民執規170Ⅰ①）

債務者所有の不動産に抵当権を設定している場合には、「債権者」と「債務者兼所有者」と記載し、物上保証人が担保提供をしている場合には、「債権者」、「債務者」、「所有者」を分けて記載する。記載は、原則として目的不動産の登記事項証明書の記載と一致していることが必要であり、これが一致していない場合には、両方を記載したうえで同一性を証する戸籍謄本、住民票の写し、戸籍の附票等を添付する必要がある。自然人の場合には、氏名及び住所を、法人の場合には、名称及び主たる事務所又は本店所在地を記載する。

また、債権者が代理人によって担保不動産競売の申立てをする場合、債務者に法定代理人がいる場合には、その代理人の氏名及び住所も記載しなければならない。

　　b　担保権及び被担保債権の表示（民執規170Ⅰ②）

第2章　不動産執行・担保権実行

強制競売における「債務名義の表示」に相当する。

担保権の表示にあっては、担保権設定年月日・担保権の種類・登記受付法務局名・登記受付年月日・登記受付番号を記載してこれを特定する。なお、根抵当権の表示にあっては、上記に加え、極度額・債権の範囲を併せて記載する。

被担保債権の表示は、元本債権額・利息・遅延損害金を記載し、元本債権の発生原因及び発生年月日によって特定する。

実際の記載例については、書式2－1を参照。

  c　担保権の実行又は行使に係る財産の表示及び求める担保権の実行の方法（民執規170Ⅰ③）

ここでいう財産の表示にあっては、土地については、所在・地番・地目・地積をもって、建物については、所在・家屋番号・種類・構造・床面積をもって記載する。この表示は、登記記録表題部の表示を記載すれば足りる。

担保権の実行方法の表示は、平成15年民事執行法改正により、担保不動産収益執行が創設されたことから、担保不動産競売を求めるのか、担保不動産収益執行を求めるのかの表示が必要となったため、申立書の記載事項に追加されたものである。

  d　被担保債権の一部について担保権の実行又は行使をするときは、その旨及びその範囲（民執規170Ⅰ④）

なお、一部請求を行うと、担保不動産が債権全額を上回る評価を受けたとしても、請求債権を拡張することはできないので注意が必要である。

  e　申立人が当該担保不動産に係る民事執行法187条1項（担保不動産競売の開始決定前の保全処分等）の申立てをした場合にあっては、民事執行規則170条1項各号に掲げる事項のほか、当該申立てに係る事件の表示（民執規170Ⅱ）

  f　先行の競売事件がある場合にはその事件番号及び開始決定の年月日を記載しておくのが一般的である。

 ウ　添付書類

書式2-1　担保権・被担保債権・請求債権目録

担保権・被担保債権・請求債権目録

1．担保権
(1)　平成○年○月○日設定、平成○年○月○日変更の根抵当権
　　　極　度　額　　　　○○円
　　　債権の範囲　　　　銀行取引、手形債権、小切手債権
(2)　登　　記　　　　○○地方法務局
　　　主登記　　　平成○年○月○日受付第○○○○号
　　　附記登記　　平成○年○月○日受付第○○○○号

2．被担保債権・請求債権
　　下記債権のうち極度額○○円に満つるまで
(1)　元金　金○○円
　　　ただし、債権者と債務者の間の平成○年○月○日付け手形貸付による貸付金○○円の元金
(2)　利息　金○○円
　　　ただし、上記元金に対する平成○年○月○日まで年○○パーセントの割合による利息金
(3)　損害金
　　　上記(1)の元金○○円に対する平成○年○月○日から支払済みに至るまで年○○パーセントの割合による遅延損害金
　　　なお、債務者は、平成○年○月○日○○手形交換所の取引停止処分を受けたため、同日をもって期限の利益を喪失したものである。

第2章　不動産執行・担保権実行

　　　　a　担保権の存在を証する書面（民執181Ⅰ）

　実務上提出されるのは、担保権の登記がされている登記事項証明書が圧倒的に多いが、法律上は、他に①一般先取特権を証する書面、②担保権の存在を証する公正証書の謄本（例えば、担保権設定公正証書等）、③担保権の存在を証する確定判決若しくは家事審判法15条の審判又はこれらと同一の効力を有するものの謄本がある。

　　　　b　また、申立書には、以下の書類を添付しなければならない（民執規173・23）

(1)　不動産登記事項証明書

　不動産登記事項証明書を添付するにあたって、以下のとおりの留意事項がある。

　［留意事項］

①　提出する登記事項証明書は、発行後1か月以内のものでなければならない。

②　目的不動産が区分所有建物の場合には、当該区分所有建物に係る登記事項証明書で足りる。この場合、敷地たる土地の登記事項証明書も必要である。

③　競売の対象不動産が土地である場合には、地上建物及び地上立木の登記事項証明書を、対象不動産が建物又は立木である場合には、その存する土地の登記事項証明書も添付する必要がある（民執規23③④）。

④　対象不動産が未登記不動産である場合には、その不動産が担保権設定者の所有に属することを証する書面（固定資産税の納付証明書、官公庁が建築に関して交付する許可、認可、確認等の書面等）を添付し、さらに、土地については土地所在図及び地積測量図、建物については建物図面等を提出する（民執規23②）。

(2)　公課証明書（民執規23⑤）

　非課税の不動産については、その旨の証明書が必要である。

(3)　商業登記事項証明書、住民票等

Ⅱ　担保権実行

　［留意事項］
　債権者、債務者、所有者のいずれかが法人である場合には商業登記事項証明書（ただし、申立債権者については資格証明書でもよい）が、債務者又は所有者が自然人の場合には住民票が必要となる。東京地裁の場合はいずれも発行後1か月以内のものとされている。
　⑷　委任状
　［留意事項］
　①　競売の取下げは特別授権事項と解されているので、申立ての委任があるからといって当然に取下げも委任事項に含まれるわけではない。
　②　執行手続では、弁護士以外の者であっても、執行裁判所の許可を得ることにより手続の代理人となることができる（民執13）。金融機関を申立債権者とする競売事件においては、本条の許可代理が利用されるケースもある。この許可代理の申立ては代理人となるべき者の氏名、住所、職業及び本人との関係ならびにその者を代理人とすることが必要であることの理由を記載した書面をもって行うこととされている（民執規9Ⅰ）。
　理由としては、本人自身が執行手続をなすことが困難であることの事情と代理人となるべき者が本人に代わって執行手続を追行するのに適している事情を記載する。
　なお、実務上は、代理人許可の申立てと同時に、代理人名義による競売申立てをすることを認めている。
　⑸　その他
　　①　物件案内図（住宅地図等）
　　②　公図（不登14Ⅳ）及び建物図面（法務局備付け、備付けがない場合はその旨の上申請）の写し
　　③　不動産の形状、占有関係その他の現況又は評価について調査又は評価した場合においてその結果を記載した書面を保有するときは、その文書
　⑹　特別売却に関する意見書

第2章　不動産執行・担保権実行

(7) 目録（執行裁判所により提出部数が異なる場合があるので、事前に照会する必要がある）。
(8) フロッピーディスクの提出（東京地裁の場合）

　東京地裁民事執行センターでは不動産執行事件をコンピューターシステムにより処理している関係で、申立債権者に「担保権・被担保債権・請求債権目録」を入力したフロッピーディスクの提出を依頼している。
　提出方法等に関する詳細は東京地裁民事執行センターに案内がある。

エ　費用関係
a　申立手数料

実行すべき担保権の数により決定され、担保権1個あたり金4000円である。

［留意事項］

同一の申立書に記載した場合であっても、実行する担保権が2つであれば金8000円となる。対象不動産の数や請求債権の金額と申立手数料は無関係である。

b　書類の作成及び提出の費用

　民事訴訟費用等に関する規則が改正された結果、書記料は独立した費用ではなく、提出費用と一体化されて「書類の作成及び提出の費用」として一律金1000円となった。

c　予納郵券

当事者の人数にかかわらず、1件につき90円である。

d　執行予納金

　執行予納金は、請求債権額、対象不動産の数等を基準として各執行裁判所が定めているため、申立てを行う執行裁判所に対する事前の照会が必要になる。なお、遠距離の場合で郵送による申立てを行う場合には、事前に申立書及び添付種類を郵送すると、執行裁判所から保管金提出書が送られてくるので、これと現金を一緒に当該裁判所の会計出納に現金書留で送付するのが一般的である。
　なお、東京地裁における予納金額は原則として以下のとおり請求債権額を

基準として定められている。

〔請求債権額〕　　　　　　〔予納金額〕
・2000万円未満　　　　　　金60万円
・2000万円以上5000万円未満　金100万円
・5000万円以上1億円未満　　金150万円
・1億円以上　　　　　　　　金200万円

　　　e　登録免許税
　確定請求債権額（1000円未満切捨て）の1000分の4の額（100円未満切捨て）。
　ここでいう確定請求債権額には、請求金額のうち、債権元本のみであれば当該元本額、元本のほかに利息・損害金も請求しているケースでは、利息・損害金が確定金額として記載されていればこれも含んだ合計額となる。
　また、根抵当権に基づく競売で、確定請求債権額が極度額を上回っている場合は、極度額を確定請求債権額として税額を算出する。

　　オ　申立書を作成する前提として留意すべき事項
　競売申立てを行う前提として、当事者・対象不動産の権利関係、他の手続との競合その他の要因で、事前に他の準備をする必要が出てくる場合がある。そこで、迅速な申立てを行うためには事前に確認をしておくべき事項が存在する。ここでは、これらの事項を取り上げる。したがって、申立ての準備に入る際には、下記の諸事項の有無を確認し、然るべき対応をとるなり、その扱いを前提に申立てを行うべきか否かを決定すべきことになる。

　　　a　期限の利益の問題
　担保権は、被担保債権が履行遅滞等の不履行に陥っている場合にはじめて実行できるものであるから、競売申立ての準備を行う際には、「債務者に期限の利益があるか否か」を確認しなければならない。この場合、弁済期限が定められているのにこれを徒過しているのであれば問題はないが、約定弁済期限が未到来であるが、特約による債権者の請求に基づく期限の利益の喪失条項に該当するため、これを利用して競売の申立てを行う場合には、申立てに先立ちその旨の通知を行っておく必要がある（ただし、申立てにあたって期

第2章　不動産執行・担保権実行

限の利益を喪失させるための通知を行ったことを証する書面を添付する必要はない）。なお、期限の利益を当然に喪失する旨を定めた特約がある場合には、これに該当することを申立書に記載すれば足りるから事前に債務者に通知を行う必要はない。

b　相続登記のない不動産の場合（抵当権設定者の死亡）

担保権設定後に所有者が死亡し、未だ相続登記を経由していない不動産に対し競売の申立てを行おうとする場合には、「代位による相続登記」を行う（民423、不登63、不登令7Ⅰ③）。手順は以下のとおりである。

① 申立債権者が申立書に相続人（したがって、相続人探索の作業が必要となる。申立てに際して戸籍謄本の提出が必要となる）を所有者と表示し、相続登記未了の不動産登記事項証明書を添付して競売の申立てを行う。

② この申立て受理の際、申立債権者が受理証明申請書及び「速やかに代位による相続登記手続をしてその登記事項証明書を提出する」旨の上申書を提出し、受理証明書を受領する。

③ 申立債権者は、この受理証明書を代位原因証書として代位による相続登記手続をし、当該相続登記を了した登記事項証明書を執行裁判所に提出する。

④ 執行裁判所が①の申立てについて開始決定を行う。

以上のように、所有者が死亡しているケースでは、相続人探索が必要となる。一口に相続人探索といっても、関係者が多く、また遠隔地の役所に諸々の申請書を提出しなければならないこともあるため、一定の時間が必要となる。なお、この代位による相続登記は、後に相続放棄がなされると抹消の必要が生じるため、3か月の熟慮期間の経過を待って行うべきである。

c　債務者が死亡している場合

競売申立てを準備する段階で債務者が既に死亡していることに気付くケースがある。この場合の競売申立ての手順は次の2とおりになる。

(1) 相続人のあることが明らかな場合

この場合の申立ては容易で、不動産登記事項証明書に債務者として表示さ

れている者の相続人であることの肩書きを付記すれば足りる。この場合、相続の事実及び相続人の住所を証する文書として、戸籍謄本、戸籍の附票等を添付する。

(2) 相続人のあることが明らかでない場合（又は不存在であることが明らかな場合）

相続人のあることが明らかでない場合や相続放棄などにより相続人の不存在が確定している場合には、相続財産を当事者として表示し、相続財産管理人をその代表者として記載した上で申立てを行わなければならない。したがって、準備段階としては、死亡した債務者の住民票・戸籍謄本を出発点として相続人の探索作業に入り、相続人が確定した段階でそれらの者に相続放棄があるか否かを確認する。そして、法定の熟慮期間内に相続放棄がなされていなければその者を当事者（債務者）として競売の申立てをすることになるが、相続人全員が相続放棄をしていたり、そもそも相続人となるべき者がいない場合には、上記のように家庭裁判所に対する相続財産管理人の選任の申立てをしなければならなくなる。しかし、申立ての際には相続財産管理のための費用を予納しなければならなくなるので注意を要する。

　　d　抵当証券の場合

抵当証券の所持人が競売申立てを行うには、抵当証券を添付しなければならない（民執181Ⅱ）。抵当証券の所持人は、弁済期後1か月以内に債務者に対して支払請求をし、これがなされない場合には、公証人又は執行官に支払拒絶証書を作成してもらう必要があるが（抵証27）、支払拒絶証書は、償還請求権保全のための要件に過ぎないものとして競売申立ての際に提出する必要はないものとされている。

　　e　抵当権の承継の場合

昨今の債権流動化の流れに伴い、（根）抵当権付債権の譲渡が頻繁に行われるようになっている。そこで、譲渡を受けた債権を被担保債権として不動産競売を行うケースが多く見られる。

担保権について承継があった後、不動産担保権の実行の申立てをする場合

には、相続その他の一般承継にあっては、その承継を証する文書を、その他の承継にあっては、その承継を証する裁判の謄本その他の公文書を添付しなければならない（民執181Ⅲ）。

一般承継であれ、特定承継であれ、担保権移転の登記（付記登記）を経由していれば、登記事項証明書を提出すれば足りる。

相続その他の一般承継の場合には、承継を証する文書は戸籍謄本や商業登記事項証明書のような公文書のみならず遺産分割協議書のような私文書でも可能である。

これに対し、特定承継の場合には、承継を証する書面は公文書でなければならない。したがって、担保権移転の登記（付記登記）を経由した上で競売申立てを行うのが一般的である。

なお、承継自体を証する書面（例えば、債権譲渡契約書）まで申立時に提出する必要はない。

　　　　f　転抵当権者による申立てを行う場合

転抵当権が設定されている場合の競売申立てについては、次の2点に留意する。

①　転抵当権者が競売の申立てをしようとする場合には、原抵当権及び転抵当権者が有する両債権の弁済期が到来している必要がある。

②　原抵当権者は、その債務者に対して有する債権額が転抵当権者の債権額を超過する場合には自ら競売の申立てを行うことができるが（名古屋高決昭和52年7月8日判時883号44頁他）、この場合であっても実務上は転抵当権者の同意書を提出させる取り扱いもあるので注意を要する。

　　　　g　競合手続
(1)　破産との競合

抵当権は破産法上別除権として扱われるから（破65）、申立債権者は破産手続によらないで、競売申立てを行うことができる。

しかし、破産管財人は、別除権の目的である財産の換価をすることが可能であり、別除権者は、その換価を拒むことができないため、別除権者として

Ⅱ　担保権実行

の換価処分の時期を選択し得るという抵当権者の権限に一定の制限が加えられている（破184）。

　また、破産債権者一般の利益に適合し、かつ担保権者の利益を不当に害さない場合には、破産管財人の申立てにより、別除権価額相当額と引き換えに当該担保権を消滅させ、当該財産を任意売却することができる担保権消滅制度（破186以下）にも留意する必要がある。

(2)　会社更生との競合

　対象不動産の所有会社に対して更生手続が開始されると、抵当権等の担保権は更生担保権とされ、更生手続によらなければ権利行使ができない（会更47Ⅰ）。また、既に競売手続が開始され売却手続が進行しているときに更生手続が開始された場合にも競売手続は当然に中止される（会更50Ⅰ）。

(3)　民事再生との競合

　別除権とされる抵当権は、再生手続によらず実行可能である（民再53Ⅱ）。しかしながら、裁判所は、再生債権者一般の利益に適合し、かつ競売申立人に不当な損害を及ぼす恐れがないものと認められるときは、利害関係人の申立てまたは職権で、競売申立人の意見を聴いて、相当の期間を定めて、再生債務者の財産の上に存する担保権の実行としての競売の手続の中止を命ずることができるとされている（中止命令・民再31）。

　また、担保目的物の価額に相当する金銭を裁判所に納付することにより担保権を消滅させることができる担保権消滅制度（民再148）にも留意する必要がある。

(4)　差押えとの競合

　既に差押登記がなされている不動産に対する競売申立ても可能である（民執47Ⅰ・188）。この場合後行事件は、二重開始決定を受けた後に手続の進行は止められることになるが、先行事件が取下げ・取消しになった場合には進行が開始される。例えば、後順位の抵当権者の競売申立てがなされたが、無剰余取消がなされる可能性がある場合などには先順位の抵当権者も自ら競売申立てを行い、二重開始決定を得ておく必要があろう。もっとも、後行事件

を基準とすれば剰余があるときは、訴訟経済の観点から、先行事件の競売開始決定は取り消されず、先行事件により手続は進められる（名古屋高決平成16年12月7日判時1892号37頁）。

⑸　仮差押えとの競合

仮差押の登記がされている不動産に対する競売申立ては、次の2とおりに分けられる。

　㈎　仮差押前に設定された抵当権による競売申立て

仮差押えの影響を受けることなく手続は進行する。この場合、仮差押債権者は配当要求の終期までに仮差押えの登記をした上で民事執行法51条の配当要求の申出をしないと配当を受けられない。

　㈏　仮差押え後に設定された抵当権による競売申立て

開始決定及び差押登記をした段階で仮差押えを巡る法律関係の帰趨が決まるまで手続を停止するというのが東京地裁の扱いである（改訂不動産執行（上）125頁）。

⑹　滞納処分による差押えとの競合

第2章1キにおいて詳述する。

⑺　処分禁止の仮処分との競合

　①　最先順位に所有権移転登記請求権を保全するための処分禁止の仮処分の登記（民保53Ⅰ）がある場合

買受人は、仮処分債権者がその本案訴訟において勝訴した場合、この仮処分債権者に所有権取得を対抗することができない（民保58Ⅰ）。

そこで、仮処分を巡る法律関係の帰趨が確定するまでの間、差押えの登記及び現況調査をした段階で事実上手続を停止し、処分禁止の仮処分の登記が抹消された時点で競売手続を再び進行させるというのが東京地裁の扱いである。

　②　最先順位に担保権設定登記請求権等を保全するための処分禁止の仮処分の登記がある場合

この場合、当該仮処分が民事保全法の施行（平成3年1月1日）前のもの

であるか、後のものであるかによって扱いが異なる。

　　㋐　当該仮処分が民事保全法の施行前のものであるときは、仮処分債権者が本案訴訟で勝訴すると、処分禁止の仮処分の登記に抵触する登記は全て抹消されることとされていたため、上記①の所有権移転登記請求権を保全するための処分禁止の仮処分がある場合と同様の取扱いとなる。

　　㋑　当該仮処分が民事保全法の施行後のものであるときは、手続が停止されることはない。これは民事保全法の施行により、処分禁止の登記とともに保全仮登記がなされることとなり（民保53Ⅱ）、仮処分債権者が配当を受けるべき債権者として保護されるとともに（配当額に相当する金銭は供託される）、買受人に対する所有権移転登記が抹消されることはないためである（民保58Ⅳ、民執82Ⅰ②・87Ⅰ④・91Ⅰ⑤・188）。

⑻　所有権移転仮登記との競合

　所有権移転仮登記（不登105②）が最先順位であるときは、仮に抵当権による競売手続を進行させても、仮登記権利者が競売手続中に本登記をしたときには、その本登記は仮登記の順位において効力を有するため（不登106）、遡って他人所有の不動産に対する競売申立てになる。そこで、執行裁判所は開始決定・差押登記等を行い、債権届出の催告までの手続を行い、その段階で手続を停止させている。

　一方、「仮登記担保契約に関する法律（仮登記担保法）」による仮登記のある不動産については別である。すなわち、仮登記担保法１条に規定されている「金銭債務を担保するため、その不履行があるときは債権者に債務者又は第三者に属する所有権その他の権利の移転等をすることを目的としてされた代物弁済の予約」等の仮登記の場合である。

　この場合、原則として、仮登記担保権者の権利は、競売による売却によって消滅する（仮登記担保16Ⅰ）。

　したがって、このような仮登記であれば競売手続を実施する障害とはならない。

　もっとも、仮登記担保権者が清算金の支払いを行った場合等には、仮登記

第2章　不動産執行・担保権実行

担保権者はその所有権の取得をもって差押債権者に対抗することができる（仮登記担保15Ⅱ）。

そこで、執行裁判所は、債権届出の催告までを行い、債権届出の結果、所有権移転仮登記が担保目的のものであることが判明し、かつ仮登記担保権者がその所有権取得を差押債権者に対抗できる場合には、手続を停止し、その他の場合には、そのまま手続を進行させることとしている。

(9)　予告登記との競合

予告登記は、登記原因について、善意の第三者に対抗できる無効又は取り消しによる登記の抹消又は回復の訴えが提起された場合に、受訴裁判所の書記官の嘱託によってなされる登記のことをいうが、順位保全効、権利保全効もなく登記としての効力が中途半端であって、近年執行妨害目的で悪用されているとの批判から、平成16年不動産登記法改正の際に廃止された。

(10)　買戻特約の登記との競合

最先順位に買戻特約の登記（民581）がある場合、当該登記は、競売による売却によっても効力を失わない（民執59Ⅱ）。そして、このような不動産の買受人は、買戻権者にその所有権取得を対抗できないことになる。

もっとも、買戻権を行使することなく買戻期間が満了した場合には、買戻権が消滅することになる（民583Ⅰ）ため、競売手続を進行させても買受人を害することはない。

以上から、東京地方裁判所では、競売開始決定及び現況調査命令を発令すると同時に、買戻権者に対して照会書を送付し、①買戻期間が満了している場合には、買戻権を買戻期間中に行使したかどうか、②買戻期間が残存している場合には、買戻権を既に行使したかどうか、又は将来、買戻権を行使するかどうか等について買戻権行使の有無等を確認している（民事執行の実務〈上〉202頁以下）。

　　　h　一括競売

土地に抵当権が設定された後に、当該土地上に建物が築造された場合、土地の抵当権者は、建物の抵当権を有していなくとも土地とともに建物を競売

Ⅱ　担保権実行

することができる（民389）。

　この一括競売の要件は、以下のとおりである。

　①　抵当権設定時、土地上に建物が存在しないこと

　②　抵当権設定後に当該土地上に建物が建築されたこと

　一括競売を申立てる場合には、申立書に上記要件を満たすこと、一括競売を求める旨を記載し、物件目録に土地建物を記載し、建物の表示に「民法389条による一括競売物件」と記載する。

　　　ⅰ　地代不払いの有無の確認（地代代払許可）

　借地上の建物に対して競売申立てを行う場合、債務者（又は所有者）が地主に対して地代の支払を怠っている場合がある。そこで、この状態で建物を競売してもその後地主から地代の不払いを理由として借地契約が解除される危険がある。そこで、申立債権者は裁判所の許可を得て地代を債務者（又は所有者）に代わって弁済することができる（民執56）。

　ここでは、執行手続以外に第三者弁済として地代を弁済することもできるが、その場合には支払った地代相当分が執行手続上は共益費用とならないことに注意を要する。つまり、代払許可の裁判を経れば配当手続上優先的に共益費用として回収できることから競売申立をする場合にはこの制度を利用すべきである。もっとも、あくまでも執行手続上の制度であるから競売の申立てをせずに代払許可のみを求めることはできない（実務上は競売申立と同時に提出している）。

　　カ　実際の申立書の作成

　申立書は、

①　「担保不動産競売申立書」（強制執行に基づく競売申立てと区別するために、担保権実行による競売申立てはこのように記載されている）

②　「当事者目録」

③　「担保権・被担保債権・請求債権目録」

④　「物件目録」

に分けて記載される。以下、実務上見落としがちな部分又は注意を要する箇

第2章　不動産執行・担保権実行

所を挙げ、適宜書式・記載例を挙げて説明する。

　　　a　不動産競売申立書（書式2－2）

　先行の競売事件がある場合には、その事件番号及び開始決定の年月日を記載しておく必要がある

　　　b　当事者目録

　当事者目録には、債権者、債務者、所有者、代理人を記載するが、申立書に記載されている当事者の表示と担保権の存在することを証する文書（登記事項証明書）の記載を一致させなければならない。そこで、記載が一致していない場合には、両者の同一性を明らかにするために「つながり」を示す必要がある（このつながりは住民票、商業登記事項証明書、戸籍謄本等により証明する）。そして、この同一性（つながり）を当事者目録においても反映させなければならない（記載方法は、書式2－3）。

　例えば、債務者（法人）の住所を最新の商業登記事項証明書を取り寄せて確認しこれを記載したところ、実は数年前に本店を移転しており、不動産登記事項証明書上は旧住所のままであった（不動産に関しては本店移転の登記をしていなかった）。そのため、当事者目録の債務者の住所が不動産登記記録の住所と違っているなどということが実務上はよくある。

　したがって、この場合には、実際の住所と併記して「不動産登記記録上の住所　○○○」などと記載する必要がある。このような住所変更のほかにも商号変更、組織変更（例えば、持分会社から株式会社に組織を変更した場合）、合併、相続等により当事者が不動産登記記録上の表示と異なる場合があり得るが、これらについても同様である。

①　未成年の場合は、本人とともに法定代理人を記載する。
②　破産・会社更生・清算の場合（書式2－4）
③　相続の場合（書式2－5）

　　　c　担保権・被担保債権・請求債権目録

　不動産競売の申立てにおいて、最も神経を使うのはこの部分である。

⑴　担保権

書式2-2　担保不動産競売申立書

担　保　不　動　産　競　売　申　立　書

平成○年○月○日

○○地方裁判所民事部　御　中

債権者　　○　○　○　○株式会社
代表者代表取締役　○　○　○　○
上記債権者代理人弁護士　○　○　○　○
同　　　弁護士　○　○　○　○
電話：○○○―○○○―○○○○
ＦＡＸ：○○○―○○○―○○○○

当　　事　　者　　　　　　　　　｝
担保権・被担保債権・請求債権　　｝　別紙目録記載のとおり
目　的　不　動　産　　　　　　　｝

　債権者は、債務者兼所有者に対し、別紙担保権・被担保債権・請求債権目録記載の債権を有するが、債務者がその弁済をしないので、別紙担保権目録記載の根抵当権に基づき、別紙物件目録記載の不動産の競売を求める。

添　付　書　類

1．不動産登記事項証明書　（写しを含む）　　　2通
2．公課証明書　　　　　　　　　　　　　　　　1通
3．資格証明書　　　　　　　　　　　　　　　　1通
4．商業登記事項証明書　　　　　　　　　　　　1通
5．委任状　　　　　　　　　　　　　　　　　　1通
6．公　図　　　　　　　　　　　　　　　　　　2部
7．建物図面　　　　　　　　　　　　　　　　　2部
8．案内図　　　　　　　　　　　　　　　　　　2部
9．債権者等一覧表　　　　　　　　　　　　　　1部
10．特別売却に関する意見書　　　　　　　　　　1部

第2章　不動産執行・担保権実行

書式2－3　当事者目録

当事者目録

　〒○○○－○○○
　　○○県○○市○○町○丁目○番○号
　　債権者　　　　　　　○　○　○　○株式会社
　　　代表者代表取締役　○　○　○　○
　〒○○○－○○○○
　　○○県○○市○○町○丁目○番○号
　　電話　○○○－○○○－○○○○／ＦＡＸ　○○○－○○○－○○○○
　　上記代理人弁護士　○　○　○　○
　　　　同　　　　　　○　○　○　○

（不動産登記記録上の住所）
　〒○○○－○○○
　　○○県○○市○○町○丁目○番○号
（現住所）
　〒○○○－○○○
　　○○県○○市○○町○丁目○番○号
　　債務者　　　　　　株式会社○　○　○　○
　　　代表者代表取締役　○　○　○　○

　〒○○○－○○○
　　○○県○○市○○町○丁目○番○号
　　所有者　　　　　　　○　○　○　○

書式2-4　当事者目録（破産）

当事者目録

〒○○○-○○○
　○○県○○市○○町○丁目○番○号
　債権者　　○　○　○　○

〒○○○-○○○○
　○○県○○市○○町○丁目○番○号○○ビル○階
　電話　○○○-○○○-○○○○／ＦＡＸ　○○○-○○○-○○○○
　上記代理人弁護士　○　○　○　○
　　　同　　　　　　○　○　○　○

〒○○○-○○○
　○○県○○市○○町○丁目○番○号
　○○法律事務所
（破産者住所　　○○県○○市○○町○丁目○番○号）
　債務者　　破産者　○○○○
　破産管財人　○○○○

〒○○○-○○○
　○○県○○市○○町○丁目○番○号
　所有者　○○○○

第2章　不動産執行・担保権実行

書式2－5　当事者目録（相続）

当事者目録

〒○○○－○○○
　○○県○○市○○町○丁目○番○号
　債権者　○○○○
〒○○○－○○○
　○○県○○市○○町○丁目○番○号○○ビル○階
　電話　○○○－○○○－○○○○／ＦＡＸ　○○○－○○○－○○○○
　上記代理人弁護士　○　○　○　○
　　　同　　　　　　○　○　○　○

〒○○○－○○○
　○○県○○市○○町○丁目○番○号
　亡○○相続人債務者　○○○○

〒○○○－○○○
　○○県○○市○○町○丁目○番○号
　所有者　○○○○

Ⅱ　担保権実行

どのような担保権に基づく申立てであるかを記載する部分である。

担保権の内容に変更がある場合には、その全てを記載する必要はない。重要な変更登記のみを記載する。例えば、根抵当権の場合、債権の範囲、極度額については記載を要するが、住所・本店所在地、抵当権の順位等の変更については記載しなくてもよいと思われる。なお、登記を記載する場合には、「主登記」には設定、「付記登記」にはその後の変更登記を記載する（前記書式2－1参照）。

(2)　請求債権

弁済期限を徒過している場合には単に弁済期を記載すれば足りるが、特約による期限の利益の喪失を主張する場合には、その内容を記載する必要がある（前記書式2－1参照）。

利息金、損害金については、別表をつけると分かりやすい（内入弁済がある場合にはその履歴もわかるような書式にするのがよい）。

　　　　d　物件目録
①　共有の場合には、持分を記載する。
②　物件が複数あり、それぞれ所有者が異なるような場合には物件の所有者を記載する。
　　　キ　滞納処分と強制執行の調整に関する法律
　　　　a　滞納処分と競売との競合

前記のとおり、私法上の請求権については、民事執行法に基づき、債務者又は物上保証人の所有する不動産を担保不動産競売手続により換価し、債権回収を実現させることとなるが、納税者が、納税義務を履行しない場合の租税徴収機関による公租・公課請求権その他の行政上の徴収金請求権の回収方法としては、国税徴収法に基づき、滞納処分手続によるものとされている。

そこで、同一不動産に対して、競売手続と滞納処分手続とが競合する場合について、両手続の調整を図ることが必要となり、滞納処分と強制執行等との手続の調整に関する法律（以下、「滞調法」という。）、同規則及び同政令において、調整を図る規定が置かれている。

第 2 章　不動産執行・担保権実行

　　　　b　滞納処分手続が先行している場合
(1)　原　則
　競売の開始決定は、滞納処分による差押えがなされている不動産に対してもすることができ、この場合、裁判所書記官は、その旨を滞納処分の差押えをした徴収職員等に通知しなければならない（滞調20・12）。
　滞納処分による差押えがなされた後に競売開始決定がなされた場合には、原則として、競売の手続を進行させることが出来ず、停止することとなる（滞調20・13Ⅰ本文）。
(2)　例　外
以下の場合には、競売の手続を進行することができる。
　　①　滞納処分による差押えが解除された場合（滞調20・13Ⅰ本文・14）
　　　　滞納処分による差押えが解除された場合には、徴収職員等から裁判所に対してその旨の通知がなされるので、これを契機として競売手続を進行させることができる。
　　②　一定の事由がある場合に、差押債権者等が、執行裁判所に競売続行の決定を申請したとき　以下の事由がある場合には、差押債権者の申立てにより競売手続を進行させることができる（滞調20・17・8）。
　　　(ア)　要件（一定の事由がある場合）及び審理
　　　　(i)　法令の規定又はこれに基づく処分により滞納処分の手続が進行しないとき。
　　　　(ii)　保全差押え（国徴159Ⅰ、地税16の4Ⅰ）、繰上請求に基づく差押え（国通38Ⅲ）がされているとき。
　　　　(iii)　上記(i)(ii)の場合を除き、相当期間内に公売その他滞納処分による売却がされないとき。
　この場合の続行決定の申請にあたっては、通常、上記(iii)の要件を充足させることで申立てを行っている。
　裁判所は、続行決定をするには、あらかじめ徴収職員等の意見をきかなければならない（滞調9Ⅱ、滞調規12・19Ⅱ）。他方、債務者の審尋は不要であ

Ⅱ　担保権実行

る。

　　(イ)　申請権者

　申請権者は差押債権者である。競売手続の二重開始決定の後行事件の差押債権者も申請することが出来る。

　　(ウ)　続行決定の効果発生時期

　続行決定は、徴収職員に対する告知により効果が生ずる（滞調20・17・9Ⅲ）。

　　(エ)　続行決定の通知

　続行決定の通知は、徴収職員等（滞調規2Ⅱ）、申請人、所有者及び申請人以外の差押債権者に対して通知される（滞調規23・20・16）。

　　(オ)　続行決定の効果

　続行決定があったときは、滞調法の適用については、滞納処分による差押えは、競売による差押後になされたものとみなされる（滞調20・17・10Ⅰ）。

　そして、徴収職員等は、滞納処分による差押えに係る国税等を徴収するには、執行裁判所に対し、配当要求の終期までに交付要求をしなければならない（滞調20・17・10Ⅲ）。

　　　c　競売手続が先行している場合

(1)　原　則

　滞納処分による差押えは、競売開始決定がなされている不動産に対してもすることができ、この場合、徴収職員は、執行裁判所に対し、その旨の通知をしなければならない（滞調36・29）。

　競売開始決定がなされた後に滞納処分による差押えがなされた場合には、原則として、公売その他滞納処分による売却を実施することができない（滞調36・30本文）。

(2)　例　外

　以下の場合には、滞納処分手続を進行することができる。

　　①　民事執行手続が取消し、取下げ等により終了した場合（滞調36・30本文・31）　　競売申立てが取下げられたとき又は競売手続を取り消

57

第2章　不動産執行・担保権実行

す決定が効力を生じたときは、裁判所書記官から徴収職員等に対してその旨の通知がなされるので、これを契機として滞納処分手続を進行させることとなる。

② 滞納処分続行承認の決定があったとき（滞調36・30但書）　先行の競売手続が中止又は停止されると、徴収職員等は、執行裁判所に対し、滞納処分続行承認の請求をすることができる（滞調36・33・25）。

ク　不動産競売開始決定と差押えの効力

　a　競売開始決定

(1) 開始決定

執行裁判所は、競売手続を開始するには競売開始決定をし、その中で債権者のために不動産を差し押さえる旨を宣言しなければならない（民執188・45Ⅰ）。

(2) 送達及び差押登記

競売開始決定は、職権で債務者に送達され（民執45Ⅱ）、債権者にも告知する（民執規2Ⅱ）。物上保証人がいる場合には、物上保証人にも正本を送達する。

差押えの効力は、開始決定が債務者に送達されたとき、又は、差押登記が送達前にされたときはその登記がされたときに生じる。

実務上は、債務者（所有者）に対する開始決定の送達は、差押えの登記がされた後に行う。これは、差押登記前に債務者（所有者）に対して開始決定が送達されると、債務者（所有者）が差押えの登記がされることを察知し、当該不動産を第三者に譲渡するおそれがあるためである。

競売開始決定がなされたときは、裁判所書記官は直ちに差押えの登記を嘱託する。

登記官は、嘱託に関する事項を調査し、却下事由（不登25各号）なしと認めるときは、受付番号の順序に従って登記記録に差押えの登記を記入し、登記済証及び登記事項証明書を執行裁判所に送付する。

(3) その他の措置

㋐　配当要求の終期

　競売開始決定が差押えの効力を生じたときは、裁判所書記官は、それに続いて配当要求の終期を定める（民執49Ⅰ）。配当要求の終期は、物件明細書の作成までの手続に要する期間を考慮して定められる（同項。売却準備の手続が終了し、売却手続に入る前の段階にという意味である）。実務上は、差押えの発効を確認してから2〜3ヶ月先になる。

　　㋑　公　告

　裁判所書記官は、配当要求の終期が定められたときは、開始決定がされた旨及び配当要求の終期を公告する（民執49Ⅱ）。

　　㋒　債権届出の催告

　上記㋑の公告とならんで、裁判所書記官は、以下の権利者に対し、債権の存否・原因・額を配当要求の終期までに執行裁判所に届け出るべき旨を催告する。

　　　①　差押えの登記前に登記された仮差押債権者（民執188・49Ⅱ①・87Ⅰ③）

　　　②　差押えの登記前に登記（仮登記を含む）された抵当権、先取特権及び質権で売却により消滅するものを有する債権者（民執188・49Ⅱ②・87Ⅰ④）

　　　③　租税その他の公課を所管する官庁・公署（民執188・49Ⅱ③）。

　催告を受けたこれらの権利者（③の官庁・公署を除く）は、その催告にかかる事項を配当要求の終期までに執行裁判所に届け出る義務がある（実務では催告に「債権届出書」用紙を同封している）。

　　b　差押えの効力

⑴　不動産執行は、最終的に差し押さえられた不動産を換価し、その換価代金をもって債権の満足を得ることを目的とすることから、差押え時点における目的不動産の換価価値を保持する必要があり、差押えの効力が生じた後は、その効力として債務者（所有者）は、不動産の譲渡、担保権や用益権の設定などの処分行為を禁止されることになる。これが差押

えの処分制限効である。

(2) 差押えの効力の及ぶ客観的範囲

債務者（所有者）の行為が、処分制限効に触れるか否かについては、その処分の結果不動産の換価価値が減少するか否かを基準に判断される。

① 所有権の移転、担保権・用益権の設定などは執行手続に対する関係では効力を有しない。

② それに対し、差押え後の賃借権設定ないし対抗要件の具備は処分禁止に触れるが、借地借家法の規定により更新拒絶が制限されている場合の契約更新（法定更新を含む）は抵触しない。また、差押え前に設定されていた対抗力のある賃借権について、差押発効後に執行債務者である賃貸人がした賃借権譲渡の承諾は、債権者の満足を害する特別の事情がない限り、差押えの処分禁止に触れない。

③ 建物が差し押えられても、土地所有者が執行債務者に対し妨害排除として建物収去土地明渡請求権を行使することや、その借地権について地代・賃料の不払いを理由として消滅請求・解約申し入れをすることは妨げられないが、借地上の建物に対する差押え発効後に、債務者が差押えの効力が及ぶ借地権を放棄し、あるいは土地所有者との間で賃貸借契約解除の合意をすることは、差押えの処分禁止に触れ、買受人が借地権を承継する。

(3) 付随的効力

差押えによる付随的な効力は以下のとおりである。

(ア) 時効の中断

原則として差押えの効力が生じた時点で、被担保債権について、競売申立ての時に遡って時効中断の効力を生じる（民147②）。ただし、申立てが取下げられたり、競売手続が取り消された場合には、中断の効力は失われる（民154）。

なお、競売開始決定の送達との関係では、差押え発効後に競売開始決定の正本が債務者に送達された場合には、被担保債権の時効中断の効力が生じる

のは債務者に送達された時である（最判平成8年7月12日民集50巻7号1901頁）。

　(イ)　根抵当権の確定

　根抵当権者が抵当不動産につき競売を申し立て競売手続の開始（差押発効）に至ったときは、申立ての時点で、根抵当権の担保すべき元本が確定する（民398の20Ⅰ①）。また、根抵当権者以外の第三者が競売を申し立て競売手続の開始があったときは、根抵当権者がこの事実を知った時より2週間を経過した時点で確定する（民398の20Ⅰ③）。

(4)　差押えの効力の相対性

　差押えの効力に抵触する債務者の処分行為は、競売手続が進められている限り（当該差押債権者のみではなく、執行手続に参加する全ての債権者を含む）、当該手続との関係では無効であるが、処分の当事者間では有効であるとされている（差押えの手続相対効）。

　ケ　二重開始決定

　　a　意　義

　既に競売開始決定がなされている不動産について、更に競売の申立てがなされた場合には、執行裁判所は重ねて差押登記を行う（民執188・47Ⅰ）。

　このような二重の差押えがなされる制度となっているのは、先行する競売手続が取り消されたり、又は取り下げられたりすることによって効力を失う場合には、後行の開始決定に基づいて競売手続が続行されることにより（民執188・47Ⅱ）、競売手続の円滑な進行を図るためである。

　　b　申立手続

　二重開始決定の申立てをする場合も、通常の競売申立を行う場合と同様の手続によりこれを行う。

　　c　効　果

　二重開始決定がなされても、後行事件については、現況調査手続まで進行するが、その後は手続を進行させない。

　配当要求の終期までに後行して競売申立を行った差押債権者は、当然に配当を受けることができるが、配当要求終期後（配当要求の終期の更新がなく

第2章　不動産執行・担保権実行

に申立てをした場合には配当を受ける地位を取得できない（民執188・87Ⅰ①）。ただし、後行事件の差押えが先行事件の差押えの登記前に登記された担保権に基づく場合には、差押債権者の地位としてでなく、その登記した担保権者としての地位に基づいて配当を受ける地位を取得する（民執188・87Ⅰ④）。

コ　不動産執行における異議申立制度、手続の停止及び取消
a　民事執行の一般的手続としての執行抗告と執行異議

(1)　執行抗告

(ア)　民事執行手続に関する裁判（決定、命令）に対する不服申立てとしては、特別の定めがある場合に限り、執行抗告をすることができる（民執10Ⅰ）。

不動産執行においては、強制競売申立てや不動産競売申立ての却下決定（民執45Ⅲ・188）、配当要求却下の決定（民執51Ⅱ）、売却の許可又は不許可の決定（民執74Ⅰ）、売却のための保全処分（民執55Ⅵ）、不動産引渡命令（民執83Ⅳ）、強制管理や担保不動産収益執行の開始決定（民執93Ⅴ・188）等に対しては、執行抗告ができる。

この点、平成15年民事執行法改正前は、担保不動産競売の開始決定に対する執行抗告は認められていなかったが、改正により、文言上は、執行抗告が可能となったようにも思われる（民執182）。もっとも、この点に関しては、執行抗告と執行異議の両者が並存することにより、二つの不服申立てが重畳的に利用できることになれば執行妨害が生じるとの問題点も指摘されていることから（銀行法務21 629号18頁等）、担保不動産収益執行の開始決定に対する執行抗告のみが認められたものとの見解が有力である。

(イ)　一般に、執行手続の申立人がなし得るが、裁判の告知を受けてから1週間の不変期間内にしなければならない（民執10Ⅱ）。

執行抗告に伴う裁判の停止如何については、停止しないのが原則であるが、売却の許可又は不許可の決定や不動産引渡命令などについての執行抗告は、決定の効力の発生を停止させる効力を持ち、裁判所の職権で執行停止がなさ

Ⅱ　担保権実行

れる場合もある（民執10Ⅵ）。
　(2)　執行異議
　執行裁判所の執行処分で執行抗告できないものや執行官の執行処分やその遅怠については、執行裁判所に執行異議の申立てをすることができる（民執11Ⅰ）。
　申立権者は、違法な執行処分により利益を害された者であればよく、また申立期間の定めはなく異議の利益ある限り執行手続終了まで申立てができる。もっとも、売却許可決定確定後は開始決定に対する異議の申立ては許されない。
　執行異議の理由としては、原則として手続上の瑕疵に限られる。
　なお、不動産競売手続においては、債務者（所有者）は、担保権の不存在又は消滅を異議事由として主張することができる旨規定されている（民執182）。しかし、こうした審理を尽くさなければその主張の当否が判明しないような場合には、異議の目的を達せられないことが多いので、執行異議手続によるのは相当でなく、抵当権不存在確認等の訴えによるべきものとして却下されることが多い（改訂不動産執行（上）110頁）とされている。
　執行異議に伴う裁判の停止如何については、停止しないのが原則であるが、裁判所の職権で執行停止がなされる場合もある。
　(3)　裁判所書記官の処分に対する異議
　　㋐　裁判所書記官が行った費用予納命令（民執14Ⅰ）に対しては、費用予納の告知を受けた日から１週間の不変期間内に、執行裁判所に異議を申し立てることができる（民執14Ⅱ）。
　　㋑　配当要求終期の決定・延期（民執47Ⅲ・49Ⅲ）、物件明細書の作成等（民執62ⅠⅡ）、売却実施命令・売却決定期日の指定（民執64Ⅰ・64Ⅲ Ⅳ）、代金納付期限の指定・変更（民執78ⅠⅤ）に対しては、執行裁判所に異議を申し立てることができる（民執47Ⅳ・49Ⅳ・62Ⅲ・64Ⅵ・78 Ⅵ）。
　また、当該異議の申立てについての執行裁判所の裁判に対しては、更に不

第2章 不動産執行・担保権実行

服を申し立てることができない。

執行裁判所は、当該異議の申立てがあった場合、当該異議の申立てについての裁判が効力を生ずるまでの間、担保を立てさせ、若しくは立てさせないで、裁判所書記官の処分の執行の停止若しくは民事執行の手続の全部若しくは一部の停止を命じ、または担保を立てさせてこれらの続行を命ずることができるものとし、この裁判に対しては、不服を申し立てることができない（民執47Ⅴ・49Ⅵ・62Ⅳ・64Ⅶ・78Ⅶ・10ⅥⅨ）。

(4) 配当額等に不服ある場合の異議申立て

(ｱ) 配当異議の申出

配当表に記載された各債権者の債権又は配当の額に不服ある債権者及び債務者（所有者）は、配当期日において配当異議の申出をすることができる（民執89Ⅰ）。

配当異議の申出は、配当期日に執行裁判所に出頭して行う。

その際、理由を付すことを要しないが、どの債権者の配当額をどの程度減額すべきか、又は配当表上の配当額をどのように変更すべきかなど配当異議の範囲を必ず明記しなければならない。

(ⅰ) 債務者が配当異議の申出をした場合

① 債務者が配当異議を行い、その相手方が、執行力のある債務名義の正本を有しない債権者（抵当権者、先取特権者等）であるときは、配当期日から1週間以内に執行裁判所に配当異議の訴えを提起したことを証明（訴状の写しに事件係による訴え提起証明書を添付するのが通常）しなければならない（民執90ⅠⅥ）。

債務者がこうした証明をすれば、当該債権者に対する配当額は供託されるが（民執91Ⅰ⑦）、そうでないときは配当異議の申出は取り下げられたものとみなされる（民執90Ⅵ）。

② 債務者が配当異議を行い、その相手方が、執行力のある債務名義の正本（確定判決、和解調書、公正証書等）を有する債権者であるときは、債務名義の執行力を停止する必要があるので、配当期日から1週間以内に執

行裁判所に請求異議の訴え又は民事訴訟法117条1項の訴えを提起したことの証明、及びその訴えにかかる執行停止の判決の正本を提出しなければならず、債務者がこの証明を行わない場合には、配当異議の申出は取り下げられたものとみなされる(民執90ⅤⅥ)。

(ⅱ) 債権者が配当異議の申出をした場合

債権者が配当異議を行った場合、配当期日から1週間以内に執行裁判所に配当異議の訴えを提起したことを証明しなければならない(民執90ⅠⅥ)。

証明の有無による効果は、上記(ⅰ)①と同様である。

(ⅲ) 弁済金交付に対する異議申出

この場合、全債権者は、債権額全額の弁済を得られるので、そもそも他の債権者に異議申出をする利益はない。他方、債務者については、弁済金交付につき民事執行法による配当期日の配当の規定の適用がない以上、配当異議の申出も認められないのが実務である。

この場合、債務者が特定の債権者に対する弁済金の交付を争う場合は、債務名義を有する債権者に対しては、請求異議の訴えを提起し、これに伴う執行停止を命ずる裁判を得る(民執36Ⅰ)か、債務名義が執行証書の場合は、民事調停を申し立て、これに伴う執行停止決定を得る(民調規6Ⅰ)。また、担保権者に対しては、担保権不存在確認の訴えを提起して担保権実行禁止の仮処分命令を得て(民執183Ⅰ、民保23Ⅱ)、その裁判の正本を執行裁判所に提出することにより弁済金の交付は停止される(民執91Ⅰ④・188)。

(イ) 配当異議の訴え

(ⅰ) 管轄

執行裁判所が専属的に管轄する(民執90Ⅱ)。

(ⅱ) 訴訟物の価額

原告が訴訟により配当額の変更を求める額が基準となり、債権者が原告の場合は、この配当増加額を、債務者が原告の場合は、勝訴により債務者又は他の債権者に交付されるべき配当額が、訴訟物の価額となる。

(ⅲ) 提起期間

第 2 章　不動産執行・担保権実行

　配当期日から 1 週間以内（買受人が差引納付を行う場合に、当該買受人が受ける配当額に異議があった場合には 2 週間以内）に、訴訟提起しかつ受訴裁判所から訴状受理証明書の交付を得てこれを執行裁判所に提出することを要する（民執90Ⅵ）。

　　(iv)　訴状の記載
　請求の趣旨としては、被告の債権に対する配当額の全部又は一部を減殺し、自己に有利に配当表の変更を求める申立内容を明記し、請求の原因としては、配当表の存在とその変更をなすべき理由（担保権の不成立、被担保債権の消滅等）を主張する。

　　　b　執行停止書面の提出による執行の取消し及び停止
(1)　強制競売手続においては、民事執行法39条 1 項各号の文書が提出された場合の効果について、各文書の提出時期ごとに規定がある（民執72・76・84等）。
　しかし、担保不動産競売手続においては、民事執行法183条 1 項が、執行手続の取消しや停止をもたらす文書を定め、民事執行法188条が強制競売手続を包括的に準用しているだけであり、民事執行法183条 1 項各号に掲げる文書を提出した場合に、各文書の提出時期によって、どのように効果が異なるのかを明記した規定がない。
　したがって、民事執行法183条 1 項各号に掲げる各文書と民事執行法39条 1 項各号に掲げる文書との性質を考慮し、民事執行法183条 1 項各号文書の提出時期による効果の違いを解釈により明らかにしなければならない。
　　(ア)　文書の種類
　　　(i)　執行取消文書
　　　　①　担保権のないことを証する確定判決又は確定判決と同一の効力を有するものの謄本（民執183Ⅰ①）
　　(例) 担保権不存在確認の確定判決の謄本
　　　　　被担保債権の不存在を内容とする債務不存在確認の確定判決の謄本
　　　　　担保権の不存在を内容とする和解調書の謄本

Ⅱ　担保権実行

　　　　　第三者異議の訴えを認容した確定判決の謄本
　　　　② 担保権の存在を証する確定判決もしくは家事審判法15条の審判又はこれらと同一の効力を有するものを取消し、若しくはその効力がないことを宣言し、又は担保権の登記のされている登記を抹消すべき旨を命ずる確定判決の謄本（民執183Ⅰ②）
　（例）担保権存在確認判決を取り消す旨の再審判決の謄本
　　　　担保権の存在を内容とする和解の無効を確認する確定判決謄本
　　　　担保権抹消登記請求を認容する確定判決謄本
　　　　③ 担保権の実行をしない旨、その実行の申立てを取り下げる旨又は債権者が担保権によって担保される債権の弁済を受け、若しくはその債権の弁済の猶予をした旨を記載した裁判上の和解調書その他公文書の謄本（民執183Ⅰ③）
　（例）担保権を実行しないことを記載する和解調書謄本
　　　　④ 担保権の登記が抹消されている登記事項証明書（民執183Ⅰ④）
　　　　⑤ 担保不動産競売手続の停止及び執行処分の取消しを命ずる旨記載した裁判の謄本（民執183Ⅰ⑤）
　　(ⅱ) 執行停止文書
　　　　① 担保不動産競売手続の一時停止を命ずる旨記載した裁判の謄本（民執183Ⅰ⑥）
　　　　② 担保権の実行を一時禁止する裁判の謄本（民執183Ⅰ⑦）
　(イ) 提出の手続段階と効力
　　(ⅰ) 民事執行法183条1項1号、2号及び5号の文書
　当該文書が提出された場合には、執行裁判所は、担保不動産競売手続を停止し、すでにした執行処分を取り消さなければならない（民執183ⅠⅡ）。
　また、その提出制限については、1号文書が民事執行法39条1項1号文書と、2号文書が民事執行法39条1項2号文書と、5号文書が民事執行法39条1項6号文書と、それぞれ同様であるため、これに準じた扱いがされ、代金納付までに提出することができる。

第 2 章　不動産執行・担保権実行

　　(ii)　民事執行法183条 1 項 3 号文書
　当該文書が提出された場合には、執行裁判所は、担保不動産競売手続を停止し、すでにした執行処分を取り消さなければならない（民執183ⅠⅡ）。
　また、その提出制限については、当該文書が民事執行法39条 1 項 4 号文書と同様であるため、これに準じた取扱がされる。すなわち、最高価買受申出人等決定後にあっては、当該文書を提出するには、それらの者の同意が必要となる。そのため、それらの者の同意無く当該文書を提出しても、執行取消文書提出の効果は生じない（民執76ⅠⅡ）。
　もっとも、本号規定の文書のうち、弁済猶予文書が代金納付後に提出された場合には民事執行法84条 3 項ではなく、 4 項を準用すべきであると解されている。

　　(iii)　民事執行法183条 1 項 4 号文書
　当該文書が提出された場合には、執行裁判所は、担保不動産競売手続を停止し、すでにした執行処分を取り消さなければならない（民執183ⅠⅡ）。
　もっとも、売却実施後の上記文書の提出にあっては、当該文書を提出するにあたって、その登記を抹消するに至った事情が考慮され、当該提出行為が売却実施結果の不当な覆滅行為としてなされた場合は、権利濫用ないし信義則違反として競売手続の取消しを認めない扱いが相当であるとする裁判例が出ている（東京高決昭和62年10月27日判時1254号72頁、東京高決平成 2 年10月31日金融法務事情1281号23頁等）。
　これは、当事者の合意のみで担保権の登記を抹消でき、濫用的な登記抹消が為されるおそれがあるためである。

　　(iv)　民事執行法183条 1 項 6 号及び 7 号文書
　当該文書が提出された場合には、執行裁判所は、担保不動産競売手続を停止しなければならない（民執183Ⅰ）。
　また、その提出制限については、当該文書が民事執行法39条 1 項 7 号文書と同様であるため、これに準じた取扱がされる。
　上記をまとめると、別表 1 のとおりとなる。

Ⅱ　担保権実行

(2)　売却見込みのない場合の取消し及び停止

　執行裁判所は、入札又は競り売りの方法による売却を3回実施させても買受の申出がなかった場合において、不動産の形状等を考慮して、更に売却を実施させても売却の見込みがないと認めるときは、競売手続を停止することができる。停止の通知から3か月以内に差押債権者が買受希望者がいることを理由に売却を実施させる旨申し出たときは、執行裁判所は売却を実施しなければならない。差押債権者が同期間内にそのような売却実施の申出をしない場合、又はその申出に基づく売却実施にもかかわらず、買受の申出がなかった場合は、執行裁判所は、競売手続を取消すことができる（民執188・68の3）。

　　サ　売却準備手続
　　　a　概　要
　不動産を売却するにあたっては、当該不動産の価値を正確に把握しなければならず、また、そのためには、不動産の現況を正確に調査することが必要となる。
　そこで、不動産を売却に付す前に、現況調査及び評価という制度が設けられている。

　　　b　現況調査
　執行裁判所は、執行官に対し、不動産の形状、占有関係その他の現況について調査を命じなければならない（民執57）。
　現況調査命令は、原則として、差押の登記の完了を確認したときに発せられる。もっとも、実務上は、競売開始決定と同時に発令されている。これを受けて、執行官は、不動産の形状、占有状況、占有者の権原等の現況の物的状況と権利関係を調査する。執行官が行う調査の方法としては、以下のものが挙げられる。

①　不動産への立入り、債務者・占有者への質問・文書提示要求（民執57Ⅱ）

②　市町村に対し、固定資産税に関して保有する図面その他の資料の写し

69

第2章 不動産執行・担保権実行

別表1　不動産競売取消と提出時期

	競売開始決定〜売却実施終了	売却実施終了〜売却決定期日終了	売却決定期日終了〜売却許可決定確定	売却許可決定確定〜代金納付	代金納付〜配当期日等終了
民執183 I ①②⑤文書	執行停止＋執行処分取消し				所有権移転後は取消不可能。ただし、提出された文書が執行手続取消文書であることから、当該債権者は配当を受けられず、他に売却代金の配当又は弁済金の交付を受ける者があれば、その者のために配当等を実施する（民執84Ⅲ）。
民執183 I ③文書	執行停止＋執行処分取消し	買受の申出後代金納付時までの間に当該文書の提出があっても、最高価買受申出人等の同意を得なければ執行取消の効力はない。ただし、他に配当要求終期前の差押債権者がある場合で、民事執行法62条1項2号に掲げる事項について変更が生じないときは、その後行の事件で代金納付を認め、配当手続をすることができるから、最高価買受申出人等の同意を要せず、執行取消の効力が発生する（民執76）。			上記と同様である。ただし、弁済猶予文書が提出された場合には、配当が実施される（民執84Ⅳ）。
民執183 I ④文書	執行停止＋執行処分取消し　最高価買受申出人が決定した後に、当該文書を提出する場合には、登記抹消に至った事情が考慮され、取消しが認められない場合もある。				①文書等と同様である。
民執183 I ⑥⑦文書	執行停止	執行裁判所は、他の事由により売却不許可決定をするときを除き、売却決定期日を開くことができない。この場合には、最高価買受申出人等は、買受の申出を取り消すことができる（民執72 I）。	その期日にされた売却許可決定が取り消され、若しくは効力を失ったとき、又はその期日にされた売却不許可決定が確定したときに限り停止する（民執72Ⅱ）。		代金納付後は停止せずに配当等を実施する（民執84Ⅳ）。ただし、当該債権者に対する配当等は供託される（民執91 I ③）。

の交付を請求すること（民執57Ⅳ）
③　電気、ガス又は水道水の供給その他これらに類する継続的給付を行う公益事業を営む法人に対し、必要な事項の報告を求めること（民執57Ⅴ）
④　対象物件に対して課される租税その他の公課について、所管の官庁又は公署に対し、必要な証明書の交付を請求すること（民執18Ⅱ）

　執行官は、現況調査をした後、執行裁判所に対し、所定の日までに、現況調査報告書を提出しなければならない（民執規29Ⅰ）。

　この現況調査報告書には、調査日時、土地の形状、現況地目、占有状況等民事執行規則29条1項所定の事項が記載された上、一般の閲覧に供されることになる。この一般の閲覧については、インターネットを利用した情報の公開が可能とされている（民執規31Ⅲ）。

　　c　評　価
(1)　評価命令、評価人の権限
　執行裁判所は、評価人を選任し、不動産の評価を命じなければならない（民執58Ⅰ）。評価人は、執行裁判所が相当と認める者で、おおむね不動産鑑定士の中から選任される。

　評価人が適正に評価することが、目的不動産の適正な換価を確保するために不可欠であることから、法は、評価人が評価を行うに際し、不動産への立入り等、執行官の現況調査の際の権限と同様の権限を認めている（民執58Ⅳ）。さらに、職務の執行に際し抵抗を受けるときは、執行裁判所の許可を得て、執行官に対し援助を求めることもできる（民執58Ⅲ・6Ⅱ）。

(2)　評価方法
　評価にあたっては、近傍同種の不動産の取引価格、不動産から生ずべき収益、不動産の原価その他の不動産の価格形成上の事情を適切に勘案して、遅滞なく評価をしなければならない。また、不動産の種類等に応じて収益還元法等の不動産評価方法を適切に用いなければならない（民執規29の2）。この場合において、評価人は、強制競売の手続において不動産の売却を実施する

第2章　不動産執行・担保権実行

ための評価であることを考慮しなければならない（民執58Ⅱ）。ここで強制競売手続における評価というのは、一般の不動産取引と異なり、①買受後の返品、取替えが出来ず、品質、機能や引渡しの保証等のサービスが期待できない、②保証金として、最低売却価格の20％にあたる金額を前納しなければならない、③代金の支払と目的不動産の引渡しとの間に、同時履行関係が保証されない、④一般の不動産売買に比べて手続が煩雑である、⑤所有者の意思に基づかない売買であること、⑥競売物件であることの心理的抵抗感等を考慮することになる（民執規29の2参照、東京高決平成9年7月11日判タ961号280頁）。

なお、平成15年民事執行法改正前には、事前に物件に立ち入れないことも競売不動産の減価事由と考えられていたが、物件の内覧手続（民執64の2）が設けられたことから、当該事由による減価額は相対的に低くなるものと思われる。

(3)　評価書の作成

評価人は、評価後、評価書を執行裁判所に提出しなければならないが、評価書に記載すべき事項としては、①事件の表示、②不動産の表示、③不動産の評価額及び評価の年月日、④不動産の所在する場所の環境の概要、⑤評価の目的物が土地であるときは、㋐地積、㋑都市計画法、建築基準法その他の法令に基づく制限の有無及び内容、㋒規準とした公示価格その他の評価の参考とした事項、⑥評価の目的物が建物であるときは、その種類、構造及び床面積並びに残存耐用年数その他の評価の参考とした事項、⑦評価額の算出の過程、⑧その他執行裁判所が定めた事項が挙げられる（民執規30）。

この評価書は、物件明細書・現況調査報告書と共に、インターネット上での情報公開が可能とされている（民執規31Ⅲ）。

(4)　売却できない場合

一定の売却手続を経ても売れない場合には、通常机上で2～3割の減額をする補充評価がなされることが多く、また評価から長期間が経過した場合などは、必要に応じて再評価がされることもある。なお、平成10年民事執行規

Ⅱ 担保権実行

則改正により、評価人による補充評価を行わずに執行裁判所で売却基準価額を変更することができるようになり（民執規30の3・173）、これにより迅速な売却の実施が図られている（東京地裁では、この規定による価格の変更は、1回目の期間入札、特別売却において売却できなかった場合に行うこととされており、具体的な手続としては、裁判所側で定めた価額について、書記官名で評価人に対して相当か不相当かという意見を求め、相当という意見を得た場合にはそれに基づいて価額を変更し、不相当という意見が戻ってきたものについては評価人に対して補充評価を発令するという運用方法が採られている（「座談会評価実務の現状と問題点」金融法務事情1578号47頁）。）。

執行裁判所は、入札または競り売りの方法による売却を3回実施させても買受けの申出がなかった場合において、不動産の性質上市場性が低く、市場での売却が極めて困難なものについては、差押債権者に対して通知を行った上で、競売手続を停止させることができる（民執68の3Ⅰ）。

差押債権者が、その旨の通知を受けた日から3か月以内に、執行裁判所に対し、買受けの申出をしようとする者があることを理由として、売却を実施させるべき旨を申し出ないとき、あるいは、右申出があったため裁判所書記官が売却を実施したにもかかわらず買受けの申出がなかったときは、執行裁判所は、競売の手続を取り消すことができる（民執68の3Ⅲ）。

また、執行裁判所は、売却を実施させても適法な買受の申出がなかった場合（買受人が代金を納付しなかった場合を含む。）には、差押債権者に対し、その意見を聴いて、買受の申出をしようとする者の有無、不動産の売却を困難にしている事情その他売却の円滑な実施に資する事項について調査を求めることができる（民執規51の5Ⅰ）。

　　　d　売却基準価額の決定

執行裁判所は、評価人の評価に基づいて、不動産の売却の額の基準となるべき価額（売却基準価額）を定めなければならない（民執60Ⅰ）。

買受けの申し出の額は、売却基準価額からその10分の2に相当する額を控除した価額（買受可能価額）以上でなければならない（民執60Ⅲ）。

第2章　不動産執行・担保権実行

　売却基準価額は、執行裁判所がその必要があると認めれば変更することが可能である（民執60Ⅱ）。

　従前、最低売却価額についても、その変更が認められており（旧民執60Ⅱ）、その変更事由として、最低売却価額の決定の前提となった事実関係・法律関係に誤りがある場合、一般的な経済事情等の変動により当初の最低売却価額のままでは社会通念上不相当となった場合、売却を実施したが売れなかった場合等が挙げられていたため、売却基準価額についても、同様の事由が変更事由になると思われる。

　売却基準価額の決定に対しては執行異議が可能であり（民執11Ⅰ）、その点に重大な誤りがある場合には売却不許可事由となる（民執71⑥）。

　　e　無剰余取消制度

　執行裁判所は、①差押債権者の債権に優先する債権（優先債権）がない場合において、不動産の買受可能価額が執行費用のうち共益費用であるもの（手続費用）の見込額を超えないとき、または②優先債権がある場合において、不動産の買受可能価額が手続費用及び優先債権の見込額の合計額に満たないときには、その旨を差押債権者に通知する（民執63Ⅰ）。

　そして、差押債権者が同通知を受けた日から1週間以内に、以下の事由がない場合には、執行裁判所は、競売手続を取消さなければならない（民執63Ⅱ参照）。

①　差押債権者が、手続費用と優先債権の見込額の合計額以上の額を定め、売却手続において、民事執行法63条2項各号に定める申出及び保証の提供をした場合

②　差押債権者が、その不動産の買受可能価額が手続費用と優先債権の見込額以上であることを証明した場合（民執62Ⅱ但書）

③　買受可能価額が手続費用及び優先債権の見込額の合計額に満たない場合であるが、手続費用の見込額を超える場合に、優先債権を有する者（買受可能価額で自己の優先債権の全部の弁済を受けることができる見込がある者を除く。）の同意を得たことを証明した場合（民執62Ⅱ但書）

ここでいう共益費用には、例えば、申立手数料、申立書提出費用、登記事項証明書交付手数料、資格証明書交付手数料、差押登記用登録免許税、登記嘱託書送付料、開始決定正本送達料、債権届出催告料、現況調査手数料、評価料、新聞紙等への広告手数料、執行官への売却手数料等が挙げられる。

無剰余取消制度の趣旨は、差押債権者に対する配当等がない無益な執行がなされると、優先債権者がその意に反した時期に担保不動産を売却されることによって投資の不十分な回収を強要されるという不当な結果を避け、また、執行機関を無意味な執行手続から解放することにある。

不動産の買受可能価額が手続費用と優先債権の見込額以上であることの証明としては、例えば、優先債権者の債権届出が誤りあるいは虚偽である場合、優先債権が債権届出以後に弁済等で消滅した場合、優先債権につき登記記録の記載で見込額を算定したが、実際の債権額がそれより少ない場合等が挙げられる。

  f 物件明細書の作成

裁判所書記官は、①不動産の表示、②不動産に係る権利の取得及び仮処分の執行で売却によりその効力を失わないもの、③売却により設定されたものとみなされる地上権の概要を記載した物件明細書を作成し、一般の閲覧に供し、又は不特定多数の者が当該物件明細書の内容の提供を受けることができるものとして最高裁判所規則で定める措置を講じなければならない（民執62Ⅱ）。

ここでいう、最高裁判所規則には、インターネットを用いた物件明細書の公開が規定されており（民執規31Ⅰ）、物件明細書のこの備置き又はインターネットによる公開は、売却実施の日の一週間前までにしなければならない（民執規31Ⅱ）。

また、現況調査報告書及び評価書についても、インターネットによる公開が可能となっている（民執規31Ⅲ）。

 シ 用益権等の処遇
  a 総 論

第2章　不動産執行・担保権実行

　現行法は、不動産競売において、担保権、用益権等の取扱いについて基本的には、消除主義を採っている。消除主義とは、不動産上の負担が売却により原則として全て消滅し、買受人に負担のない不動産を取得させる制度であり、これにより買受人の地位が安定し、売却価格を高く設定することができるという利点がある。しかしながら、消除主義を貫くと、用益権者の地位が不安定になることから、場合によっては、不動産上の負担を買受人に引き受けさせることとして用益権者の地位を保護する（これを原則とする考え方を「引受主義」という）という取扱いがなされている。

　　b　用益権
(1)　抵当権等の担保権者、差押債権者又は仮差押債権者に対抗できない地上権、永小作権、地役権、採石権、賃借権等の用益権は売却により効力を失う（民執59Ⅱ）。

　対抗できるか否かは、抵当権等の登記の時と用益権の対抗要件具備の時との先後によって決せられる。抵当権の仮登記がなされていた場合には、仮登記に基づいて本登記がなされると、その本登記の順位は仮登記の順位によることとなるため（仮登記の順位保全効＝不登106）、用益権の対抗の可否に関しても、仮登記の時点を基準として決せられることとなる。

　用益権の対抗要件は登記が原則であるが（民177・605）、これ以外にも、建物所有を目的とする地上権又は土地賃借権の場合には借地上の建物の登記（表示登記でもよいとされている（最判昭和50年2月13日。借地借家10、旧建物保護1．））、建物賃借権の場合には建物の引渡し（借地借家31Ⅰ、旧借家1Ⅰ）、農地の賃借権等の場合には農地等の引渡し（農地18Ⅰ）に対抗力が認められている。

　これらの対抗要件を備えることにより、用益権が売却により失効しない場合には、前所有者と用益権者との間で設定された当該物件をめぐる権利関係をそのまま買受人が当然に承継し、例えば、賃借権の場合、賃料額、賃料の支払時期、存続期間、賃料の前払、敷金等、従前の契約内容をそのまま承継することとなる。

(2) 対抗力のある用益権

担保権者に対抗し得る賃借権等は、買受人が引き受けるべき権利として、物件明細書の「不動産に係る権利の取得及び仮処分の執行で売却により効力を失わないもの」として賃借権等の内容が記載される（民執62Ⅰ）。

このような担保権者に対抗し得る賃借権等が存する場合には、売却基準価額の決定の前提となる評価をするにあたっては、建物価格の20～40％程度が減価される（「競売不動産評価マニュアル」判タ1075号116頁）。

(3) 短期賃借権の保護と改正の背景

平成15年改正前の民法は、消除主義の例外として、民法602条に定めた期間（樹木の栽植又は伐採を目的とする山林の賃貸借は10年、その他の土地の賃貸借は5年、建物の賃貸借は3年、動産の賃貸借は6か月）を超えない短期賃借権は、抵当権の設定登記後に設定されたものであっても、原則として、抵当権者に対抗できるものとしていた（旧民395本文）。

抵当権は、当該不動産の交換価値を把握するに過ぎず、その利用権は設定者の下に残されているのであるから、設定者自らが利用したり、設定者が第三者に利用させたりすることを妨げるものではない。他方で、抵当権者は、抵当権の設定に際し把握した目的物の交換価値を現実化するため、当該不動産を抵当権設定時における状態のまま競売に付し得るのであるから、抵当権が実行されると、抵当権の登記後に創設された賃借権は、原則として覆滅され、抵当権者及び買受人に対抗し得ないこととなる。

そこで、このような抵当権設定者の利用権と抵当権者の価値権の調和を図るため、改正前の民法は、民法602条の期間を超えない賃貸借に限って、抵当権設定登記後であっても賃借権の対抗力を認めていたのである。

このように、本来、短期賃借権は、抵当権と賃借権の調和を図るために認められたものであるが、実務上は、執行妨害の道具として用いられる場合が少なくなかった。そこで、担保物権及び民事執行制度の改善のための民法等の一部を改正する法律（平成15年法律第134号、平成16年4月1日施行）において、旧民法395条が改正され、短期賃借権の保護が廃止され、抵当権に後れ

る賃貸借は、その期間の長短に拘わらず、抵当権者及び競売における買受人に対抗することができないこととする一方、新たに、賃借人の明渡しについて猶予期間を設けることによって、賃借人の保護を図ることとされた。

(4) 建物の明渡猶予（民395）

　㋐　抵当権者に対抗することのできない賃借権により、抵当権の目的建物を使用・収益している者であり、①競売手続の開始前より使用又は収益をなす者、又は②強制管理又は担保不動産収益執行の管理人が競売手続の開始後になした賃貸借によって使用又は収益をなす者は、その建物の競売における買受人の買受けの時から6か月を経過するまでは、その建物を買受人に引き渡すことを猶予される。6か月の起算日は、買受人の代金納付日である。

　ただし、本制度の趣旨からして、執行妨害目的の賃貸借や信義則上否認すべき賃貸借については、明渡猶予は認められないと解すべきである。

　㋑　明渡猶予期間中の占有者の地位

　明渡猶予期間中の占有者は、建物につき賃借権その他の占有権原を有するものではないが、猶予期間の満了まで、法律の規定により明渡しをせずに、占有を継続することが許容されている者であり、「事件の記録上買受人に対抗することができる権原により占有していると認められる者」に準ずる者として、引渡命令の対象から除外される（民執83Ⅰ但書）。

　引渡命令の申立てをすることができる期間は、原則として、代金納付の日から6か月であるが、買受けの時に、明渡猶予制度の対象となる者が占有していた建物の買受人については、代金納付の日から9か月が経過するまで引渡命令の申立てをすることができる（民執83Ⅱ）。

　㋒　建物使用者は、明渡猶予期間中は、買受人に対し、建物使用の対価として、賃料相当額の不当利得返還義務を負う。

　占有者が、買受人から、相当の期間を定めて1か月分以上の使用の対価の支払を催告されたのにも拘わらず、その期間内にこれを支払わないときには、その期間の経過後は、明渡猶予を受けられないこととなる（民395Ⅱ）。

Ⅱ　担保権実行

　㈤　物件明細書への記載方法
　明渡猶予の保護を受ける場合には、物件明細書に「○○が占有している。同人の賃借権は抵当権に後れる。ただし代金納付日から6か月間明渡が猶予される。」などと記載して、明渡猶予の保護の適用があることを明確にすることが望ましい。他方、明渡猶予の保護が受けられない場合には、「○○が占有している。同人の賃借権は、正常なものとは認められない。」などと記載することとなる。
⑸　同意による対抗力の付与
　抵当権設定登記後に登記された賃貸借であっても、これに優先する全ての抵当権者が対抗力を与えることに同意し、かつ、その同意につき登記がなされたときは、抵当権者に対抗することができる（民387Ⅰ）。
　このようにして対抗力が付与された賃貸借は、当該不動産が競売により売却された場合でも従前の契約内容と同条件のまま買受人に承継される。そこで、買受人が引き受けなければならない敷金を明確にし、また、高額の敷金による執行妨害を排除する観点から、賃借権登記においては、これまで公示方法のなかった敷金が登記事項とされた（不登81④）。
⑹　経過規定
　平成16年4月1日の改正民法施行時において現存する抵当不動産についての賃貸借（改正法施行後に更新されたものを含む）のうち、民法602条に定める期間を超えないものであり、抵当権登記後に対抗要件を備えた賃借権については、従前の通りとする旨の経過措置が規定されている（民附5）。したがって、改正法施行時に現存する短期賃貸借については、それが、改正法の施行後に更新された場合も含め、改正法の施行後も引き続き、旧民法395条本文に基づいて原則として保護される。ただし、当該賃貸借が抵当権者に損害を及ぼすときは、抵当権者は裁判所に対し賃貸借契約の解除命令を求めることができる（旧民395但書）。
　　c　担保権の処遇
⑴　抵当権、先取特権、使用収益権なき質権及び仮登記担保権は、売却に

より消滅する（民執59Ⅰ、仮登記担保16Ⅰ）。

(2) 他方、留置権及び使用収益権ある質権は、差押え・仮差押えに対抗できないものでない限り、売却によっても効力を失わず、買受人は、これらの被担保債権を弁済しなければならない（民執59Ⅳ）。このうち留置権については、売却によりこれが失効してしまうと、実体法上留置権には優先権が認められないために優先弁済が受けられなくなってしまい権利者の保護に欠ける。また、使用収益権ある質権については、使用収益という債権回収方法を執行手続上も尊重するとの観点から、これら権利を売却によって失効もしないものとしたのである。

したがって、買受人に対抗できない用益権者であっても、有益費などの支出による留置権を買受人に主張することができる場合もあり得る（大阪地判昭和61年4月22日判タ629号156頁）。もっとも、留置権を主張する占有者が、占有権原を対抗することができないことを知り、又は、これを疑わなかったことに過失が存在する場合には、民法295条2項の不法占有者に該当し留置権が否定されると解されているので、濫用的賃借権者が、占有中に建物について支出した有益費用の償還請求権を被保全債権として留置権の主張をしても、右悪意又は過失が存在することが推認され、留置権が否定されるという取扱いがなされることが少なくない（東京高決昭和62年10月5日判タ660号231頁、東京地判昭和63年8月29日判時1308号128頁、大阪高決平成元年3月6日判タ709号265頁）。

d 仮差押え、仮処分

仮差押えについては、配当の有無に関係なく全て失効する（民執59Ⅲ）。

他方、処分禁止の仮処分については、差押え、仮差押え又は最優先順位の抵当権等に対抗できないものは失効し、対抗できるものは売却によっても効力を失わない（同項）。

なお、占有移転禁止・建物建築続行禁止等の作為・不作為の仮処分の場合には、買受人の所有権の取得を妨げず、先順位抵当権、差押債権者・仮差押債権者との対抗関係にはないから、売却によっては失効しないものとして扱

Ⅱ　担保権実行

　ス　一括売却
　　　a　執行裁判所は、相互の利用上、不動産を他の不動産と一括して同一の買受人に買い受けさせることが相当であると認めるときは、これらの不動産を一括して売却することを定めることができる（民執61本文）。不動産は原則として一物件毎に売却されるが、数個の不動産が隣接していたり、建物とその敷地である土地等のように、不動産相互に利用上の牽連関係がある場合には、個別の売却よりも一括で売却した方が高額で売れる可能性が高く、その方が当事者の利益となるのみならず、買受人の利便にも資するために、一括売却が認められているのである。
　一括売却は、不動産間において相互の利用上の相当性が認められる、すなわち、一括利用の方が経済的効用が高いと認められた場合に、執行裁判所が裁量により決定することができるものであり、差押債権者や所有者を異にする場合でも認められる。
　ただし、ある不動産の買受可能価額で各債権者の債権全額及び執行費用を弁済できる見込みがあるときには、その余の不動産まで換価することは超過売却（民執73）となるので、この場合には、債務者（所有者）の同意がある場合に限り一括売却ができる（民執61但書）。
　　　b　なお、一括売却と似た制度として、一括競売という制度があるが（民389）、この一括競売とは、土地抵当権者自らが、抵当権の目的物である土地と合わせて、土地上の建物も競売にかけることができるものであり、執行裁判所の裁量により決定する一括売却とは異なるものである（一括競売については前記オh参照）。
　セ　内覧手続（書式2-6：内覧実施命令の申立書）
　　　a　制度の概要
　内覧制度とは、差押債権者の申立てにより、執行裁判所が、内覧実施命令を発令し、内覧を希望する買受希望者に不動産に立ち入らせて見学させる手続である（民執64の2Ⅰ）。

第2章　不動産執行・担保権実行

　この内覧制度は、買受希望者に対してより豊富な物件情報を提供することにより、適正価格での物件の売却を可能とする制度である一方、占有者が居住しているところを内覧することとなるために、占有者のプライバシーへの配慮が必要となる。

　　　b　申立権者及び申立時期
　内覧実施命令の申立権者は、差押債権者であり、それ以外の者が本申立てをすることはできない。差押債権者は、売却実施処分の時までに、内覧実施命令の申立てを行わなければならない（民執64の2Ⅱ、民執規51の2Ⅱ）。

　　　c　申立ての方式
　申立人は、次の事項を申立書に記載して内覧の申立てを行う（民執規51の2Ⅰ）。

① 　申立人の氏名または名称、住所並びに代理人の氏名及び住所
② 　事件の表示
③ 　不動産の表示
④ 　不動産の占有者を特定するに足りる事項であって、申立人に知れているもの（占有者がいないときはその旨）

　　　d　占有者の同意
　買受人に対抗できる占有者がある場合には、当該占有者の同意がなければ内覧実施命令を発令することはできない（民執64の2Ⅰ但書）。東京地裁の運用では、内覧実施命令の申立書に、対抗力ある占有者の同意書を添付することまでは要求しておらず、申立書に占有者の同意があることを記載することで足りるものとしている。民法387条1項に基づき対抗力を付与された賃借権がある場合や、買受人に対抗できる転借人がある場合にも、当該占有者の同意が必要となる。

　買受人に対抗できない占有者は正当な理由なく内覧実施を拒否することができず、内覧の実施を妨げたときには、30万円以下の罰金に処せられることとなる（民執205Ⅱ）。

　なお、占有者がいない場合には、執行官には、強制力の行使や開錠処分は

認められていないため、内覧の実施は行い得ない。執行官保管の保全処分が執行された不動産については、内覧を実施できる。

  e 内覧実施命令の発令

申立てを受けた執行裁判所は、却下事由がなければ、執行官に対し、内覧実施命令を発令し（民執64の2Ⅰ）、内覧実施命令が発令された場合には、裁判所書記官は、知れている占有者に対して、その旨を通知しなければならない（民執規51の2Ⅳ）。

  f 参加申出

執行官は、内覧実施命令があったときは、占有者との間で、日程調整を行った上で、内覧参加申出期間及び内覧実施日を定めなければならない（民執規51の3Ⅰ）。内覧参加申出期間を定めるにあたっては、執行官は、物件明細書、現況調査報告書及び評価書の内容が公開されてから相当の期間が経過した後となるように配慮しなければならない（民執規51の3Ⅱ）。これは、買受希望者に内覧に参加するか否かの判断資料として、物件明細書等を検討させるためであり、参加申出期間は、物件明細書等の公開の日から5日間程度あれば相当であると解される。

  g 内覧の実施

執行官は、参加申出者から、内覧の法定除外者以外の者を内覧参加者として（民執64の2Ⅲ）、不動産に立ち入らせて内覧を実施する（同Ⅴ）。

内覧の法定除外者とは、不動産を買い受ける資格又は能力を有しない者その他最高裁判所規則で定める事由がある者であり（民執64の2Ⅲ）、かかる者はそもそも買受人となれない以上、内覧を認める必要がないことから除外される。

  h 実施困難による取消し

買受人に対抗し得る占有者がある場合には、占有者の同意が内覧実施の条件となることから、対抗力のある占有者が内覧の実施を拒否した場合には、執行官は、その旨の調書を作成し、執行裁判所に提出する。

内覧希望者が多数に上り、内覧の秩序維持に支障が生じると思われる場合

第 2 章　不動産執行・担保権実行

書式 2 － 6　内覧実施命令の申立書

内覧実施命令の申立書

平成○年○月○日

○○地方裁判所民事部御中

　当事者等の表示　別紙当事者目録（略）記載のとおり（※１）

申立人　○　○　○　○　株式会社
代表者代表取締役　○　○　○　○
上記申立人代理人弁護士　○　○　○　○
同　　　弁護士　○　○　○　○
電　話　○○○－○○○－○○○○
ＦＡＸ　○○○－○○○－○○○○

　上記当事者間の○○地方裁判所平成○○年（ケ）第○○号担保不動産競売事件について、申立人は、民事執行法64条の２第１項（188条）に基づき、別紙物件目録（略）記載の不動産の内覧実施命令を申し立てる。
　なお、占有者は、別紙物件目録記載の不動産の債務者兼所有者である（※２）。

　　　　※１　当事者目録には、占有者の住所、氏名も記載する。
　　　　※２　対抗力なきことの記載である。

Ⅱ　担保権実行

や、占有者やその同居人が病気療養中である場合などで、執行裁判所が円滑な内覧の実施が困難であると判断した場合には、執行裁判所は、内覧実施命令を取り消すことができる（民執64の2Ⅳ）。

　ソ　売却手続
　　a　売却方法の種類
　売却方法には、入札、競り売り、特別売却があり（民執64Ⅱ、民執規51）、入札には期日入札と期間入札とがある（民執規34）。
　このうち期日入札とは、入札期日に入札をさせた後開札を行うという入札方法であり、期間入札とは、入札期間内に入札をさせて開札期日に開札を行うという入札方法をいう（民執規34）。
　また、競り売りとは、競り売り期日に買受けの申出額を競り上げさせる方法により最高価買受申出人を決定するものであり（民執規50）、特別売却とは、期日入札、期間入札、競り売りによっても買受けの申出がなかったときに、裁判所書記官の命令により執行官が実施するものであり、特に方法の定めがない。
　不動産競売においては、悪質なブローカーにより競売場が占拠されることによって一般人の参加が事実上困難になることを避けるために、実際上、期間入札が原則とされ、適宜、特別売却を実施するという取扱いとなっている。特別売却の実施手順としては、期間入札を実施する際に、期間入札が不売に終わったことを停止条件とする特別売却の実施を決定し、利害関係人に送付する通知書にその旨も明記するという方法が一般的である。

　　b　期間入札の流れ
⑴　入札期間の指定（民執64Ⅲ Ⅳ・188、民執規46・173Ⅰ）
　執行裁判所は、入札期間、開札期日及び売却決定期日を定めなければならないが、この場合において、入札期間は、1週間以上1か月以内の範囲内で定め、開札期日は、入札期間満了後1週間以内の日とし、売却決定期日は、原則として、開札期日から1週間以内の日としなければならないと定められている。

第2章　不動産執行・担保権実行

(2)　裁判所書記官による執行官に対する売却実施命令（民執64Ⅲ）
(3)　入札期間の公告（民執64Ⅴ・188、民執規49・36）、利害関係人への通知（民執規49・37）

裁判所書記官は、入札期間の開始の日の2週間前までに、競売不動産の表示、売却基準価額買受可能価額並びに売却の日時及び場所等を公告しなければならない（公告の方法としては、買受希望者を広く募るために、裁判所内の掲示（民執規4Ⅰ）のみならず、住宅情報誌や日刊新聞紙等への広告掲載（民執規4Ⅲ）という方法を採る裁判所もある。）。

また、裁判所書記官は、差押債権者及び債務者等の利害関係人に対し、入札期間等を通知しなければならない（民執規49・37）。

(4)　物件明細書等の写しの備置（民執62Ⅱ、民執規31）

裁判所書記官は、買受希望者に競売不動産の権利関係や占有状況といった情報を提供するために、物件明細書の写しを、売却の実施日の1週間前（実務上は、2、3週間前から閲覧に供されていることが多いようである）までに執行裁判所に備え置かなければいけないとされており（民執62Ⅱ、民執規31Ⅱ）、かつ、これと共に現況調査報告書及び評価書の各写しも備え置かれることとなる（民執規31Ⅲ。物件明細書と合わせて「3点セット」と言われる）。改正民事執行法は、3点セットを一般の閲覧に供する方法として、執行裁判所に備置する方法に代えて、最高裁判所規則で定める方法で行うことを可能としている。そして、その方法とはインターネットを利用する方法によることが想定されており（民執62Ⅱ、民執規31Ⅰ）、現在多くの裁判所では、インターネットによる情報提供（いわゆる「BITシステム」）を行っている。

(5)　入札期間内の入札

入札は、入札書を入札期間内に執行官に差し出す方法又は書留郵便等により送付する方法により行われる（民執規47・173）。

その際には、買受希望者は、競売不動産の売却基準価額の2割の保証金を提供しなければならない（民執66・188、民執規48・49・39Ⅰ・173）。

これは、買受人が、売却代金を納付しなかったときには保証の返還請求権

を認めず（民執80Ⅰ・188）、買受後の代金不納付を予防し競売手続の円滑な進行を図るためである。

(6) 開札期日

執行官は、開札が終わったときは、最高価買受申出人を定め、その氏名又は名称及び入札価額を告げなければならない。また、執行官は、次順位買受申出をすることができる入札人がある場合には、その氏名又は名称及び入札価額を告げて次順位買受けの申出を催告しなければならない（民執規49・41Ⅲ）。

この次順位買受けの申出をすることができる入札人とは、最高価買受申出人に次ぐ高額の申出で、その額が買受可能価額以上でかつ最高価買受人の申出額から買受申出の保証額を控除した額以上の額で申出をした者をいい、当該入札人は、売却実施の終了までに、執行官に対して次順位買受の申出をすることができる（民執188・67）。そして、次順位買受けの申出をした場合は、買受人が後記の代金納付期限内に代金を納付しないときには、売却許可決定を受け得る地位につくものとされている（民執188・80Ⅱ）。

なお、執行官は、開札の場所においては、売却秩序の維持を図るために、入札妨害や談合などの行為をなす者を売却場所から退場させ、入札から排除することができる（民執188・65）。

(7) 売却決定期日

執行裁判所は、売却決定期日を開き、当該最高価買受申出人に対する売却の許可又は不許可の決定を言い渡さなければならず（民執188・69）、同人が買受資格等を有しなかったり（民執68により債務者には買受資格がない）、売却基準価額若しくは一括売却の決定、物件明細書の作成又はこれらの手続に重大な誤りがある等、売却不許可事由がある場合には、不許可決定をしなければならない（民執188・71）。

(8) 売却許可決定に対する執行抗告

売却許可又は売却不許可決定に対しては、執行抗告をすることができるが（民執188・74Ⅰ）、そのうちの売却許可決定に対する執行抗告については、

第2章　不動産執行・担保権実行

前記の法定の売却不許可事由（民執71）があること又は売却許可決定の手続に重大な誤りがあることを理由としなければならない（民執188・74Ⅱ）。

(9)　代金の納付

売却許可決定が確定したときは、買受人は、執行裁判所の定める期間までに代金（買受けの申出の保証として提供した金銭等は代金に充てられる）を執行裁判所に納付しなければならない（民執188・78ⅠⅡ）。この代金納付期限は、規則上、売却許可決定の確定から1か月以内とされているが（民執規173Ⅰ・56Ⅰ）、実際上は、これよりも長い期間が定められることもある。

代金が納付された時に不動産の所有権は買受人に移転し（民執188・79）、裁判所書記官は、買受人の取得した権利の移転の登記及び売却により消滅、失効した権利や仮処分の登記並びに差押え又は仮差押えの登記の抹消を登記所に嘱託しなければならない（民執188・82Ⅰ）。

他方、買受人が代金を納付しなかったときは、売却許可決定は、その効力を失い、買受申出の保証は没収される（民執188・80Ⅰ）。そして、次順位買受申出人がいるときは、その者について売却許可又は不許可の決定をしなければならない（民執188・80Ⅱ）。

タ　債権回収

　　a　配当要求

執行力のある債務名義の正本を有する債権者、差押登記後に登記された仮差押債権者および民事執行法181条1項各号に掲げる文書により一般の先取特権を有することを証明した債権者は、配当要求をすることができる（民執188・51Ⅰ）。

なお、執行裁判所は、物件明細書の作成までの手続に要する期間を考慮して、配当要求の終期を定めなければならない（民執188・49Ⅰ）。ただし、配当要求の終期から、3か月以内に売却許可決定がされないとき等には、配当要求の終期は、当該終期から3か月を経過した日に変更されたものとみなされる（民執188・52Ⅰ）。

配当要求は、債権の原因及び額を記載した書面（書式2－7：配当要求書

（有名義債権者の場合）、書式2－8：配当要求書（仮差押債権者の場合））によって行わなければならず（民執規173Ⅰ・26）、配当要求があったことは裁判所書記官により差押債権者及び債務者に通知される（民執規173Ⅰ・27）。

配当要求の申立手数料は500円である。

　　b　配当手続

買受人が代金を納付したときは、原則として、配当表に基づき配当を実施しなければならず（民執188・84Ⅰ）、その配当期日を定めなければならない（民執規173Ⅰ・59Ⅰ）。債権者が一人である場合又は債権者が二人以上であっても売却代金で各債権者の債権及び執行費用の全額を弁済することができる場合には、債権者に弁済金を交付し、剰余金を債務者に交付することとなるので（民執188・84Ⅱ）、弁済金交付の日を指定しなければならない（民執規173Ⅰ・59Ⅰ）。

⑴　配当期日の呼出の相手方

配当期日には、以下に述べる配当等を受けるべき債権者（民執87Ⅰ等）及び債務者を呼び出さなければならず（民執188・85Ⅲ）、当該配当期日については、原則として代金納付の日から1か月以内の日としなければならないとされている（民執規173Ⅰ・59Ⅱ）。

また、裁判所書記官は、配当期日が定められたときには、以下の配当を受けるべき債権者に対して、債権の元本や配当期日までの利息等を記載した債権計算書（書式2－9）を1週間以内に提出するよう催告しなければならない（民執規173Ⅰ・60）。

　　①　差押債権者（ただし、配当要求の終期までに強制競売又は一般の先取特権の実行としての競売の申立てをした差押債権者に限る）（民執87Ⅰ①）
　　②　配当要求の終期までに配当要求をした債権者（民執87Ⅰ②）

配当要求をすることができる債権者については前述のとおりである（民執51Ⅰ）。

　　③　差押え（最初の開始決定に係る差押え）の登記前に登記された仮差押えの債権者（民執87Ⅰ③）

第2章 不動産執行・担保権実行

書式2-7 配当要求書（有名義債権者の場合）

配 当 要 求 書

平成〇年〇月〇日

〇〇地方裁判所民事〇〇部　御　中

〇〇県〇〇市〇〇町〇丁目〇番〇号
配当要求債権者　〇　〇　〇　〇
上記債権者代理人弁護士　〇　〇　〇　〇
同　　　　弁護士　〇　〇　〇　〇
電　話　〇〇〇―〇〇〇―〇〇〇〇
ＦＡＸ　〇〇〇―〇〇〇―〇〇〇〇

　配当要求債権者は、御庁平成〇年（ケ）第〇〇号担保不動産競売事件について配当要求をする。

1　配当要求をする債権の原因及び額
　　平成〇年〇月〇日付け金銭消費貸借契約に基づく貸金
　　元本金〇〇円
　　損害金　平成〇年〇月〇日から支払済みまで年〇分の割合による損害金

2　配当要求の資格
　　配当要求債権者は、別添の執行力のある判決の正本を有する。

添付書類

　　1　執行力のある判決の正本　　1通
　　2　配当要求書　　　　　　　　2通

書式2－8　配当要求書（仮差押債権者の場合）

配　当　要　求　書

平成○年○月○日

○○地方裁判所民事部　御　中

○○県○○市○○町○丁目○番○号
配当要求債権者　○　○　○　○
上記債権者代理人弁護士　○　○　○　○
同　　　弁護士　○　○　○　○
電　話　○○○－○○○－○○○○
FAX　○○○－○○○－○○○○

　配当要求債権者は、御庁平成○年（ケ）第○○号担保不動産競売事件について配当要求をする。

1　配当要求をする債権の原因及び額
　　別添仮差押命令正本記載のとおり

2　配当要求の資格
　　別紙物件目録記載の上記担保不動産競売事件の目的不動産について、仮差押命令（○○地方裁判所平成○年（ヨ）第○○○○号）を得、○○法務局○○出張所平成○年○月○日受付第○○○○号によりその登記を経た。

添付書類

　　　　　1　仮差押命令正本　　1通
　　　　　2　登記事項証明書　　1通
　　　　　3　配当要求書　　　　2通

第2章 不動産執行・担保権実行

書式2-9 債権計算書

配当期日　　　午前　　　事件番号　　平成　年（リ）第　　号外　件
担当書記官　　　　　　　　　　　債務者

債権計算書				
東京地方裁判所民事第21部　御中				平成○年○月○日
住所				
氏名・商号			印	
電話			担当者	
債権額の計算は下記のとおりです。				
債権額合計　金				円
元金番号	債権発生年月日及びその原因	元金現在額		債務名義・仮差押命令または担保権の表示
（例）	H2.1.1付売買契約	1,000,000		東京地裁H10ワ99999和解調書
合　　計				円
元金番号	期間	日数	利率	利息・損害金の別	利息・損害金現在額
（例）	H2.1.1〜H2.1	365	年10%	損	100,000
合　　計		利　息　□年365日の特約あり			円
		損害額　□年365日の特約あり			円
執行費用合計　　金				円
備　　考　　　　□前回の配当または差押命令発令以後入金なし				

（注）　配当金受領者が代理人の場合は、代理人自身の印鑑登録（弁護士会発行のものではなく、区役所等発行のもの）上の住所を必ず備考欄に記載してください。

Ⅱ 担保権実行

④ 差押え（最初の開始決定に係る差押え）の登記前に登記（民保53Ⅱに規定された仮処分による仮登記を含む）された先取特権、質権、抵当権で売却により消滅するものを有する債権者（民執87Ⅰ④）
⑤ 配当要求の終期までに交付要求をした交付要求債権者（税徴82、滞調20・17・10Ⅲ）。
⑥ 配当要求の終期までに債権の届出をした仮登記担保権者（仮登記担保17Ⅱ）

ただし、債権額等の届出が配当を受ける要件となっている。

(2) 配当原資

配当原資は、不動産の売却代金であり、これには、不動産の代金、無剰余の場合に提供された保証（民執63Ⅱ②）、代金不納付のために没取された保証（民執80Ⅰ後段）が含まれる（民執188・86Ⅰ）。

なお、不動産が一括売却された場合において、不動産毎に負担が異なるときは、各不動産の売却代金は、売却代金の総額を各不動産の売却基準価額に応じて按分した額となる（民執188・86Ⅱ）。

(3) 配当表の作成

配当期日においては、執行裁判所は配当表を作成するが（民執85Ⅴ）、当該配当表には、売却代金額、各債権者の債権額（元本、利息その他の附帯債権）、執行費用額及び配当の順位・額が記載されなければならない（民執85Ⅳ・Ⅰ）。この配当の順位・額は、原則として、民法、商法等の実体法の定めによる（民執85Ⅱ）が、配当期日において全ての債権者の間で合意が成立した場合にはそれに従う（民執85Ⅰ但書、ただし、このような合意が成立することはほとんどない。）。

配当表は、先行する仮差押えや執行停止中の差押えがある場合には、その成否に対応した二重配当表が作成される。

すなわち、仮差押登記に後れて抵当権設定登記がある場合であり、かつ、仮差押えのままであるとき（仮差押債権者が本案判決等の債務名義を提出しなかったとき）は、仮差押えを有効とする配当表と仮差押えが効力を失った場

第2章　不動産執行・担保権実行

合の配当表とが作成される（詳細は、改訂不動産執行（下）574頁以下参照）。

なお、東京地方裁判所民事執行センターにおいては、配当見込額等について、配当期日の3日程度前から、呼出しを受けた債権者、債務者、所有者等の利害関係人からの電話、ファックス又は郵便による照会に応じており、かつ、配当期日に配当異議を述べないと、後で救済を受けられないことがある旨警告を付した書面を、配当期日通知に同封している。

⑷　配当を受け得る額

　㋐　第1順位—共益費用たる執行費用

配当は、前記⑵の売却代金から手続費用を控除した残額を原資としてなされる。執行費用は、共益費用と共益費用でないものとに分けられ、このうち共益費用であるものを手続費用といい（民執63Ⅰ①）、この手続費用の配当の順位は最優先順位として扱われ職権により計算され配当表に記載される（これを最優先順位とする法的根拠については、明文規定こそないが、民法における一般的な共益費用優先の思想（民306・307・329）に加えて、共益費用となる執行費用は、当該執行手続において総債権者の共同の利益のために支出されたものであるから、その配当手続では、最優先で債権者に対する配当に先んじて控除するのが配当における衡平の原則にかなうことを背景として当然の事理としていると解されている（「不動産執行における配当に関する研究」法曹会305頁ないし306頁）。）。

手続費用の例としては、売却のための保全処分の申立て又は同決定の執行に要した費用（民執55Ⅹ）や、地代代払の許可の申立てに要した費用及び同許可に基づき支払った地代（民執56Ⅱ）が挙げられる。

これに対して、共益費用ではない執行費用は、当該支出担保権者の本来の請求債権と同順位で配当を受けられると解され、請求によって記載されることになる。ただし、一般債権者と同順位で配当を受けられるとする考え方も有力である（改訂不動産執行（下）618頁、「不動産執行における配当に関する研究」法曹会307頁アンケート調査結果）。

　㋑　第2順位—第三取得者が支出した必要費又は有益費の償還請求権

抵当権設定登記後に所有権、地上権、永小作権等を取得した第三取得者が、当該抵当不動産について、保存のために要した費用その他の必要費又は改良のために費やした費用その他の有益費を支出したときは、民法196条の区別により、必要費の場合は全額について、有益費の場合は当該抵当不動産の価格の増加が現存する場合に限り、支出額又は増加額について手続費用に次いで優先的に償還を受けることができる（民391・196）。

既に抵当権の設定登記が経由されている不動産につき、前記各権利を取得した第三取得者は、抵当権の実行としての競売により権利を喪失するが、それまでに当該不動産につき必要費や有益費を支出した場合、これによって当該不動産の価値が維持・増加され、売却の代価に反映されるので、これらの費用は当該不動産の価値の維持・増加のために支出された一種の共益費であるとして、当該不動産の売却代金から第三取得者に優先的に償還させることとしたのである。

第三取得者が当該競売手続において費用償還請求権を行使する方法としては、執行裁判所は、第三取得者の費用償還請求権の存在を知り得ないので、第三取得者の方で執行裁判所に対し費用償還の意思表示をする必要がある。もっとも、この手続については民事執行法上、何ら規定がなされていないので、配当要求債権者（民執188・87Ⅰ②）に準じて意思表示をするのが妥当であろう（中野・民事執行法新訂4版472頁）。費用償還請求権の存在の証明方法としては、執行裁判所によりその存在を証する文書（民執181Ⅰ④）と認められるものであればいかなる文書でもよいと解されている（中野・民事執行新訂4版488頁注(3)）。

　(ｳ)　第3順位—登記した不動産保存の先取特権・不動産工事の先取特権のある債権

登記した不動産保存の先取特権（民326・337）や登記した不動産工事の先取特権（民327・338Ⅰ）は、他の先取特権や、同先取特権の登記よりも前に登記されている抵当権や不動産質権に対しても優先し（民336・339・361）、国税や地方税に対しても優先する（税徴19、地税14の13）。

第 2 章　不動産執行・担保権実行

これも、登記の先後により物権の優先順位を決するという物権法及び不動産登記制度の一般原則の例外の一つであるが、抵当権設定後に行われた不動産の保存行為は抵当権者の利益にもなり、いわば広義の共益費用優先原則の適用場面であり、また、抵当権設定後に行われた工事による不動産の増加額について先取特権が優先しても、増加前の不動産を担保に取った抵当権者には理論的には損害が生じないと解されることがその根拠とされている（林・注釈民法(8)222頁）。

　㈢　第 4 順位・第 5 順位・第 6 順位―抵当権・根抵当権等、税債権等

抵当権・根抵当権・質権等は、当該担保権間の関係としては、登記の先後によりその優劣が決せられる。

もっとも、税債権との関係については、国税徴収法等が、税優先原則という大原則（税徴 8、地税14）を定めており、同原則との調整として、納税者が、当該不動産上に、国税又は地方団体の徴収金の法定納期限等以前に、質権や抵当権を設定し登記を経由しているときに限り、当該質権や抵当権は、当該不動産の売却代金について、税債権に優先して配当を受けることができる（税徴15Ⅰ・16、地税14の 9 Ⅰ・14の10）。他方、上記法定納期限等経過後に登記された抵当権等によって担保される債権は、税債権に劣後する。

抵当権については、優先権を主張できるのは元本及び最後の 2 年分の利息・損害金であるが（民375）、あくまで、これは、配当において、抵当権者がその順位で優先弁済を受ける場面で適用される規定であるので、最後の 2 年分を超える利息・損害金も抵当権の被担保債権であるから、最劣後順位の担保権者への配当額を控除した剰余金については、一般債権者と同順位でなお配当を受けることができる。

これに対して、根抵当権については、極度額の定めは、単なる優先弁済権の制約に留まるものではなく、換価権能の限度としての意味をも併せ有するので、極度額の範囲内においてのみ配当を受けることができるのであり、届出債権額が極度額を超えている場合には、債務者（所有者）に剰余金が交付されるような場合においても、極度額までしか配当を受けることができない

Ⅱ　担保権実行

（最判昭和48年10月4日判時723号42頁）。したがって、極度額を超える部分については、当該担保不動産競売手続中で配当を受けるためには、配当要求の終期までに根抵当権の被担保債権について債務名義を取得するなどして配当要求をする必要があり、この方法によれない場合には、当該債務者（物上保証人や第三取得者はこれに該当しない）の国（執行裁判所）に対する剰余金交付請求権を差し押さえる方法により回収する外はない（民事執行の実務（下）221頁ないし222頁）。

(オ)　第7順位—未登記の一般先取特権により担保される債権

一般の先取特権（共益費用（ただし、ここでいう共益費用は当該競売不動産の換価手続等にあたって総債権者の共同の利益のために支出された費用ではなく、同一の債務者に対する総債権者の共同の利益のために支出された費用であり、例えば、債務者が第三者に対して有する債権の消滅時効の中断に要した費用がこれに該当する）、給料等雇用関係に基づく債権、葬式費用、日用品の供給等）は、不動産について登記をしなくても、その不動産について特別担保（不動産の先取特権、不動産質権、抵当権等を設定しかつ登記が経由されているもの）を有しない者に対して対抗することができる（民336）。

一般の先取特権について登記が具備されていれば、当該先取特権と抵当権等の担保物権との優劣は物権変動の一般原則に従い、登記の先後によって決せられるが、一般の先取特権は通常の場合債権額が少なく、その登記をするということは稀であり、仮に、一般の先取特権についても常に他の物権に対するのと同様に登記を対抗要件として要求するとすれば、一般の先取特権は不動産については実際上無意味と化してしまう。そこで、民法は、物権法の一般原則の例外として、登記を有しない一般先取特権者を一般債権者に優先させることとしたのである。

(カ)　第8順位（最劣後）—優先権のない一般債権

優先権のない一般債権者間においては、優劣の関係はないので、債権額に応じて按分配当を受けることとなる。

(キ)　債権拡張の可否

第2章　不動産執行・担保権実行

　競売申立債権者が、競売申立書において債権の一部を請求した場合には、その請求に拘束され、その後に債権拡張を申し出たとしても禁反言の原則により拡張部分については配当が認められないとされている。
　他方、競売申立債権者以外の抵当権者等については、債権届出書において債権の一部を届け出ているにすぎない場合においても、その後の債権の拡張は認められるという取り扱いがなされている（東京地裁の場合。詳細は、改訂不動産執行（下）585頁以下参照）。
　(5)　配当に関する不服申立て
　配当表の作成手続に関する不服は執行異議によって申し立てられ、配当表の内容（配当表に記載された各債権者の債権又は配当の額）について不服がある債権者又は債務者は、配当期日において、配当異議の申出をすることができる（民執188・89）。
　(6)　配当の実施
　執行裁判所は、配当異議の申出のない部分に限り、配当を実施しなければならず（民執188・89Ⅱ）、裁判所書記官は売却代金交付手続を行うものとされている（民執規173Ⅰ・61）。
　配当を受けるべき債権者の債権について以下の事由がある場合には、各事由に係る配当額を債権者に交付することができず、裁判所書記官は、配当を留保してその額に相当する金銭を供託しなければならない（民執188・91）。
　㋐　配当留保供託
　配当を受けるべき債権者の債権について、①停止条件付又は不確定期限付であるとき、②仮差押債権者の債権であるとき、③強制執行の一時停止を命ずる旨を記載した裁判の正本（民執39Ⅰ⑦）又は不動産担保権の実行の手続の一時停止を命ずる旨を記載した裁判の謄本（民執183Ⅰ⑥）が提出されているとき、④当該債権に係る先取特権、質権又は抵当権の実行を一時禁止する裁判の正本が提出されているとき、⑤当該債権に係る先取特権、質権又は抵当権につき仮登記又は民事保全法53条2項に規定する仮処分による仮登記がされたものであるとき、⑥仮差押え又は執行停止に係る差押えの登記後に登

Ⅱ　担保権実行

記された先取特権、質権又は抵当権があるため配当額が定まらないとき、⑦配当異議の訴えが提起されたときは、裁判所書記官は、当該配当額に相当する金銭を供託しなければならない（民執91Ⅰ各号）。供託金の払渡しは、供託の事由が消滅したときに、裁判所書記官が、支払委託をする方法により行われる（民執188・92Ⅰ）。なお、当該供託事由消滅の例としては、仮差押債権者、保全仮登記権利者が本案訴訟において勝訴したときや、一時停止の裁判の取消しがなされた場合が挙げられる。

　(イ)　債権者不出頭供託

裁判所書記官は、配当受領のために執行裁判所に出頭しなかった債権者に対する配当額に相当する金銭を供託しなければならない（民執188・91Ⅱ）。この場合の供託された金銭の払渡しは、当該供託が配当留保供託とは異なり弁済のためにする供託としての性質を有することから、被供託者である当該債権者が、供託通知書を供託所に提示する等により供託所に還付請求をする方法により行われる。

(7)　配当の効果

配当の実施が完了すると、手続上、配当等を受けた執行債権及び実行担保権につき競売手続は終了し、実体上も、配当等により満足を受けた限度で債権は消滅し、満足を受けなかった債権については、差押えや配当要求によって中断していた消滅時効が、原則として配当期日、すなわち、債権者が最終の配当を受けた時又は配当を受けない旨の配当表が作成された時から、再び進行する（民157Ⅰ）。

2　担保不動産収益執行

　ア　改正の経緯

　　a　改正の概要

担保権の実行方法として、従来からある担保不動産競売に加えて、強制管理に類似した「担保不動産収益執行」という制度が新たに創設された。

担保不動産収益執行とは、不動産について抵当権等の担保権を有する者が、不動産から生ずる天然果実及び法定果実を差押え、その収益の収取を裁判所

第 2 章　不動産執行・担保権実行

の選任する管理人に行使させ、その得た果実又はその換価代金をもって被担保債権の弁済に充てる方法による不動産担保権の実行方法であり、民事執行法は、担保権者自身が、担保不動産競売と担保不動産収益執行のいずれかを選択することができるものとしている（民執180）。

　　　b　改正の経緯

　平成元年の最高裁判決（最二判平成元年10月27日民集43巻 9 号1070頁）により「抵当権者は、目的不動産の賃料についても抵当権を行使することができる」と判示されて以来、賃料に対する物上代位が実務上定着していた。

　しかしながら、物上代位制度は、個別の賃料債権を差し押さえて、差押債権者の被担保債権の弁済に充てる手続であることから、抵当権者が、物件管理に介入することができず、収益を剥奪された物件所有者に適切な管理を期待することは事実上困難なケースが多かった。また、申立てには、第三債務者たる賃借人の特定が不可欠であるところ、抵当権者にとって、賃借人の入れ替わりを把握することは容易ではなかった。さらに、賃借人の用法違反がある場合や、不動産に空室がある場合であっても、賃貸借契約を解除し、または新たに賃借権を設定して収益力を高めることなどもできなかった。

　物上代位制度のこれらの問題点を解決する手段として、担保権の実行の方法として、強制管理類似の手続を導入すべきとの提唱がなされるようになり、担保不動産収益執行制度の創設に至ったものである。

　　イ　手続の概要

　　　a　申立手続

⑴　申立て

　不動産について先取特権、抵当権、質権を有する担保権者は、181条所定の担保権の存在を証する文書を提出することによって申立てを行う。

　管轄裁判所は、不動産の所在地を管轄する地方裁判所である（民執188・44Ⅰ）（詳細はⅠ・3・イ参照）。

　また、担保不動産収益執行の対象となる不動産は、担保不動産競売と同様、土地、建物、登記された立木の他、登記された地上権、永小作権等のみなし

Ⅱ　担保権実行

不動産や特別法上不動産とみなされる財団等である（詳細はⅠ・3・ア参照）。

(2)　申立書の記載事項

　担保不動産収益執行の申立書の記載事項は、担保不動産競売の申立書と同様の事項に加えて（民執規170Ⅰ）、給付義務者を特定するに足りる事項及び給付請求権の内容であって申立人に知れているものを記載しなければならない（同条Ⅲ、書式2－10：担保不動産収益執行申立書参照）。給付義務者又は給付請求権の内容を把握しきれない場合には、申立て時に判明している限りにおいて記載すれば足りるが、申立人は、開始決定後の管理人による管理を適切になさしめるため、給付義務者を特定するに足りる事項及び給付請求権の内容についての情報収集を行うよう努めなければならない（民執規173Ⅱ・63Ⅱ）。

(3)　添付書類

　　①　担保権の存在を証する書面（民執181Ⅰ）
　　②　不動産登記事項証明書（民執規173Ⅱ・73・23）
　　③　公課証明書（　〃　）
　　④　資格証明書（当事者が法人である場合）
　　⑤　委任状（代理人による申立ての場合）
　　⑥　公図・案内図・建物図面（対象不動産が建物である場合）
　　⑦　目録

　　（詳細は、担保不動産競売に関するⅡ・1・ウを参照）

(4)　費　用

　担保不動産収益執行の申立手数料は、実行担保権一個について4,000円である（民事訴訟費用等に関する法律3Ⅰ別表1の11項）。

　また、手続遂行に要する費用の支払に充てるための予納金及び郵便切手を納付しなければならない。

　　b　開始決定

(1)　執行裁判所は、担保不動産収益執行手続を開始するには、担保権者のために不動産を差し押さえる旨を宣言し、かつ、債務者に対して収益の処分

第2章　不動産執行・担保権実行

書式2－10　担保不動産収益執行申立書

担保不動産収益執行申立書

平成○年○月○日

○○地方裁判所民事第○○部　御中

債権者　○　○　○　○
上記債権者代理人弁護士　○　○　○　○
同　　弁護士　○　○　○　○
電話　○○○―○○○―○○○○
FAX　○○○―○○○―○○○○

当事者
担保権
被担保債権　　別紙目録記載の通り（省略）
請求債権
目的不動産

　債権者は、債務者に対し、別紙請求債権目録記載の債権を有するが、債務者がその支払をしないので、別紙担保権目録記載の抵当権に基づき、別紙物件目録記載の不動産の収益執行を求める。
　なお、給付義務者の給付義務の内容は、別紙物件目録記載の不動産に対する所有者との賃貸借契約に基づく賃料債務である。

添　付　書　類
1　不動産登記事項証明書
2　公課証明書
3　資格証明書
4　住民票
5　委任状
6　手続の進行に資する書面
7　現地案内図

以上

Ⅱ　担保権実行

を禁止し、及び債務者が賃貸料の請求権その他の当該不動産の収益に係る給付を求める権利（以下、「給付請求権」という）を有するときは、債務者に対して当該給付をする義務を負う者（以下、「給付義務者」という）に対しその給付の目的物を管理人に交付すべき旨を命じて、担保不動産収益執行開始決定を行う（民執188・93Ⅰ）。

「収益」とは、後に収穫すべき天然果実及び既に弁済期が到来し、又は後に弁済期が到来すべき法定果実である（民執188・93Ⅱ）。

(2)　開始決定の効力発生

開始決定は債務者及び給付義務者に対して送達しなければならず（民執188・93Ⅲ）、差押えの効力は、原則として、開始決定が債務者に送達された時に生じる。ただし、裁判所書記官は、開始決定がされた場合には、職権により直ちに差押えの登記を行わなければならず（民執188・111・48）、開始決定の送達前に、差押えの登記がされた場合には、その登記の時に差押えの効力が生じることとなる（民執188・111・46Ⅰ）。登記原因の記載は、「〇〇地方裁判所担保不動産収益執行開始決定」とし、登記の日付は、開始決定が発令された日となる。

収益の給付義務を負う第三者に対しては、開始決定が当該給付義務者に送達された時に差押えの効力が生じる（民執188・93Ⅳ）。給付義務者に対して開始決定を送達するに際しては、裁判所書記官は、給付請求権に対する競合する差押命令の存否等の事項について、開始決定の送達の日から2週間以内に陳述すべき旨を催告しなければならない（民執188・93の3）。担保不動産収益執行の開始決定の効力が給付義務者に対して生じたときは、給付請求権に対する差押命令等の効力が停止するが（後記 f・(2)）、担保不動産収益執行の管轄裁判所は、物件所在地を管轄する地方裁判所であるのに対し、債権差押命令事件の管轄裁判所は、債務者の住所地を管轄する裁判所であり、管轄裁判所が異なるため、裁判所が相互に手続の係属を認識することができない場合がある。そこで、両手続の係属を知り得る給付義務者に陳述義務を課すことにより、裁判所は、競合する手続の存否を把握し得ることとなる。

(3) 二重開始決定（民執188・93の2）

配当を受けるためには、当該担保権者自らが担保不動産収益執行の申立てを行うことが必要であるため（民執188・107Ⅳ）、既に強制管理または担保不動産収益執行の開始決定がされた不動産について、重ねて申立てがなされる場合がある。この場合には、執行裁判所は、二重開始決定をすることとなる。

(4) 根抵当権の元本確定

根抵当権者が担保不動産収益執行の申立てを行い、開始決定を受けたときは（二重開始決定も含む）、根抵当権の元本は確定する（民398の20Ⅰ①）。担保不動産競売申立ての場合には、当該根抵当権者自らが申立てを行わなくても、他の担保権者による担保不動産競売の開始決定を知った時から2週間が経過すれば根抵当権は確定する（民398の20Ⅰ③）が、担保不動産収益執行の場合には、自ら申立て、開始決定を受けなければ元本は確定しない。

(5) 開始決定の通知

担保不動産収益執行開始決定がされたときは、裁判所書記官は、租税その他の公課を所管する官庁又は公署に対し、その旨を通知しなければならない（民執規173Ⅱ・64）。

通知を受けた公課所管官庁は、執行裁判所に対し、交付要求をしなければならない（税徴82Ⅰ）。

(6) 新たに判明した給付義務者に対する補充決定

申立人は、申立人に知れている限りにおいて給付義務者を特定するに足りる事項を記載すれば担保不動産収益執行の申立てを行うことができるため、開始決定時に全ての給付義務者が判明しているとは限らない。

そこで、管理人の調査等によって、後に給付義務者が判明した場合には、その都度、執行裁判所は、職権で、当該給付義務者に対し給付命令を発する。これを補充決定といい（ただし、実務上は更正決定として取り扱うこともある）、補充決定の効力は、当該給付義務者に送達された時に生じる（民執93Ⅳ）。

(7) 執行抗告

担保不動産収益執行開始決定に対しては、債務者又は不動産の所有者は、

Ⅱ　担保権実行

執行抗告をすることができる（民執188・93Ⅴ）。担保不動産収益執行は、債務者から不動産の使用収益権を奪い、必要があるときは、その占有を奪うこともできることから、開始決定の段階で、執行抗告を許さなければ、債務者の救済が困難となるからである。

　　c　差押えの効力

差押えの効力が発生すると、債務者は、差押不動産の譲渡、用益権の設定などの処分・管理行為を行うことができず、当該不動産の収益についても譲渡、放棄、質権の設定や取り立てはできなくなる（民執188・93Ⅰ）。

また、給付義務者は、債務者に支払を行っても免責されず、管理人に対して支払を行わなければならない（民執188・93Ⅰ）。

　　d　管理人

管理人に関する規定については、以下のとおり強制管理に関する規定が準用されている。

⑴　管理人の選任

執行裁判所は、開始決定と同時に管理人を選任しなければならない（民執188・94Ⅰ）。管理人には弁護士や執行官が選任されることが多いが、信託会社や銀行などの法人も管理人となることができる（民執188・94Ⅱ）。また、管理人となるための資格は特別になく、申立権者も管理人となることができるが、債務者については見解が分かれている。

管理人を選任した場合には、執行裁判所は、選任証書を発行して、管理人にこれを交付する（民執規173Ⅱ・65Ⅱ）。

管理人は、執行裁判所の監督を受け（民執188・99）善管注意義務を負う（民執188・100Ⅰ）。また、管理人は、管理のために必要な費用の前払及び執行裁判所の定める報酬を受けることができる（民執188・101Ⅰ）。

⑵　管理人の権限

管理人は、開始決定がされた不動産を管理し、収益を収取する権限を有する（民執188・95Ⅰ）。

また、債務者が目的不動産を占有している場合には、その占有を解いて自

らこれを占有した上で（民執188・96Ⅰ）、民法602条に定める期間の範囲内において、新たな賃貸借契約を締結し、新たな賃借人から賃料を収受することができる（当該期間を超える賃貸については債務者の同意を要する。民執188・95Ⅱ）。さらに、管理人は、賃貸借契約の解除、更新等に関する権能も有し、収益力を高めるべく適切な管理業務を行うことが求められている。また、第三者が不法に占有している場合には、管理行為の一環として、不法占有者に対して明渡しの請求を行うこともできる。

ただし、債務者が居住する建物について担保不動産収益執行の開始決定がなされた場合で、債務者が他に居住すべき場所を得ることができないときは、執行裁判所は、債務者からの申立てにより、債務者及びその者と生計を一にする同居の親族の居住に必要な限度において、期間を定めてその建物の使用を許可することができることとして、債務者の保護を図っている（民執188・97Ⅰ）。

また、管理人が収益を収取することによって、債務者の生活が著しく困窮することとなるときは、執行裁判所は、債務者の申立てにより、管理人に対し、収益又はその換価代金からその困窮の程度に応じて必要な金銭又は収益を債務者に分与すべき旨を命ずることもできることとされている（民執188・98Ⅰ）。この点が物上代位との相違であり、強制管理との共通点である。

(3) 管理人の義務

管理人は、善良な管理者の注意をもってその職務を行わなければならず（民執188・100Ⅰ）、その義務を怠った場合には、管理人は利害関係人に対し、損害を賠償する責任を負う（民執188・100Ⅱ）。具体的には、容易に回収できる賃料の回収を怠ること、配当要求を無視して配当を行うこと、裁判所の許可が必要な行為について、許可なく行うことなどは善管注意義務違反に該当するものと解されている。また、管理人は、賃貸人として賃借人に対し使用収益させる義務を負うので、通常の修繕義務（民606Ⅰ）も管理人としての善管注意義務に含まれると解されている。（判タ1069号31頁）。

　　e　配当

Ⅱ　担保権実行

(1)　管理人は、不動産の管理によって得られた収益又はその換価代金から租税その他公課、管理人の報酬等の管理費用を控除した上で、残りの額につき、一定の期間毎に配当を行う（民執188・106・107）。

配当実施期間は、賃借人の数や賃料額、管理人の管理の状況等の諸事情を勘案した上、執行裁判所が裁量で決定する。札幌地方裁判所の強制管理の例によれば、通常4か月から6か月ごとに実施する例が多いとされている（判タ1069号31頁）。

(2)　配当受領資格者
　① 配当期間の満了までに強制管理の申立てをした者
　② 配当期間の満了までに一般の先取特権の実行として担保不動産収益執行の申立てをした者
　③ 配当期間の満了までに最初の強制管理または担保不動産収益執行の開始決定の差押登記前に登記された担保権に基づいて担保不動産収益執行の申立てをした者
　④ 配当期間の満了までに強制管理の方法による仮差押執行の申立てをした者
　⑤ 配当期間の満了までに配当要求をした者（以上、民執188・107Ⅳ）
　⑥ 担保不動産収益執行に先立ち債権差押命令を得ている者（ただし、担保不動産収益執行の開始決定の効力が発生する前に先行する債権差押命令手続において民執165各号に掲げる事由が生じた後である場合を除く）、担保不動産収益執行に先立つ債権差押命令事件がその効力を停止する時までに当該手続において配当要求をした者、担保不動産収益執行に先立ち債権仮差押命令を得ている者（民執188・93の4Ⅲ）
　⑦ 交付要求をした公租公課庁（税徴82Ⅰ）

なお、担保権者であっても、自ら担保不動産収益執行等の申立てを行わない者は、配当受領資格はない。

また、配当要求ができる債権者は、(ⅰ)執行力ある債務名義の正本を有する債権者、(ⅱ)民執181Ⅰ各号に掲げる文書により一般の先取特権を有すること

を証明した者である。
　(3)　配当方法
　配当について債権者間で協議が整ったときは、管理人はその協議に従い、配当を実施する。これを合意配当という。この協議が整わない場合には、管理人がその旨の届出をすることにより、執行裁判所は、民法、商法その他の法律の定めるところに従って配当を実施する。
　具体的には、まず、担保不動産収益執行の手続に要した費用に次いで、交付要求に係る租税債権が優先する（税徴8・9、地税14）。ただし、交付要求に係る租税債権の法定納期限以前に抵当権設定登記がなされている場合には、租税債権は、当該抵当権者に後れることとなる（税徴16、地税14の10）。なお、抵当権設定登記日と租税の法定納期限が同一の場合には、抵当権が優先する（税徴基本通達16条関係3）。
　次に、先順位の担保権者が優先することとなるが、同順位の担保権者が複数ある場合には、債権額に応じて按分する。
　先順位担保権者と後順位担保権者との間では、先順位担保権者の被担保債権が完済されるまで後順位担保権者への弁済は行われない。また、租税債権者、先順位担保権者、後順位担保権者への被担保債権が完済された後、一般債権者へ弁済されることとなる。
　　　f　その他の手続との競合・優劣関係
　(1)　先行する強制管理又は担保不動産収益執行との関係
　既に強制管理または担保不動産収益執行開始決定がされている不動産に対し、さらに、担保不動産収益執行が申立てられた場合、執行裁判所は、二重開始決定をする（民執188・93の2）。これにより、後行して担保不動産収益執行の申立てをした者は、先行する強制管理又は担保不動産収益執行の手続の中で、配当受領資格を取得する。
　(2)　債権差押命令申立事件との関係
　先行して債権差押命令（一般債権者による債務名義に基づく債権差押命令、抵当権に基づく賃料債権に対する物上代位等）がある場合において、後行して

Ⅱ　担保権実行

担保不動産収益執行の開始決定が給付義務者に送達されたことにより、給付義務者に対してその効力が生じた場合には、先行する債権差押命令の手続は当然に停止され、その代替措置として、先行する債権差押債権者は、後行の担保不動産収益執行の手続内において、配当受領資格を得る（民執188・93の4Ⅰ）。

なお、抵当権に基づく賃料債権に対する物上代位との関係に関しては、後に詳述する（後記ウ）。

(3)　債権仮差押命令申立事件との関係

担保不動産収益執行の開始決定が給付義務者に送達されたことにより、給付義務者に対してその効力が生じた時は、先行する債権仮差押命令申立事件の手続は停止される（民執188・93の4Ⅱ）。

(4)　債権譲渡との優劣関係

担保不動産収益執行において、給付命令が給付義務者に送達された時点で、既に賃料債権が第三者に譲渡され、かつ、債権譲渡につき第三者対抗要件が備えられていた場合、債権の譲受人が優先するのか、担保不動産収益執行手続が優先するのかについては、賃料債権に対する物上代位と債権譲渡との優先関係と同様に考えることができる。

即ち、債権譲渡と担保不動産収益執行との優先関係は、債権譲渡の第三者対抗要件具備と抵当権設定登記の先後関係により、抵当権設定登記が、債権譲渡の第三者対抗要件具備より前になされていれば、後に担保不動産収益執行の開始決定の効力が生じた場合であっても、担保不動産収益執行が優先する。

先行する債権譲渡が常に抵当権に優先するとした場合には、担保不動産収益執行の申立て前に債権譲渡を行うことにより、担保不動産収益執行の潜脱手段として利用されるおそれがあり、また、抵当権の効力が目的債権に対して及ぶことは、抵当権設定登記によって公示されているから、取引の安全に悖るとも言えないからである（賃料債権に対する物上代位と債権譲渡との優先関係に関する判例—最判平成10年1月30日民集52巻1号1頁）。

第2章　不動産執行・担保権実行

(5) 給付義務者による相殺の主張

　給付義務者が、担保不動産収益執行の管理人に対して、賃料支払債務と賃貸人に対する債権との相殺を主張し、賃料の支払を拒むことができるかという問題に関しても、物上代位と給付義務者による相殺の優先関係と同様に解され、給付義務者は、担保不動産収益執行の開始決定が給付義務者に送達された後は、抵当権設定登記後に賃貸人に対して取得した債権をもって、担保不動産収益執行の管理人に対して、担保不動産収益執行の目的となる賃料債権と相殺を主張することはできないと解される（物上代位と給付義務者による相殺の優先関係に関する判例—最判平成13年3月13日民集55巻2号363頁）。給付義務者による相殺の主張が優先すると解した場合には、給付義務者が、賃貸人に対して故意に債権を取得することにより、担保不動産収益執行による債権回収を無力化ならしめ、担保権者の利益を不当に害することが可能となり、また、抵当権設定登記の抵当権の効力が賃料債権に及ぶことは抵当権設定登記によって公示されているからである。

　　　g　取消事由

　次の場合には、執行裁判所は、担保不動産収益執行を取り消す。

① 配当に充てるべき金銭を生ずる見込みがないとき（民執188・106Ⅱ—無益執行）。
② 各債権者が、配当等によって債権及び執行費用の全部の弁済を受けたとき（民執188・110）。
③ 競売手続によって不動産の所有権を買受人が取得したとき及び目的不動産が滅失したとき（民執188・111・53）。

　　　h　手続の終了

　担保不動産収益執行手続は、申立てが取り下げられたとき、または取消決定が効力を生じたときに終了する。

　　ウ　物上代位との関係

　　　a　担保不動産収益執行の新設にあたり、物上代位の制度を残存させるか、物上代位制度を否定し、担保不動産収益執行に統一するかという問題

が議論されたが、改正法は、物上代位制度を存続させた上で、物上代位との調整規定をおくこととした。

このように、物上代位を存続させることとしたのは、強制管理の手続を準用する担保不動産収益執行においては、管理人が選任され、管理費用や管理人の報酬が必要となるなど手続が大がかりとなるために、賃料額がそれほど多額ではない小規模不動産については、使い勝手が良くないこと、むしろそのような不動産については、簡易に行い得る物上代位の方が適することから、物上代位制度の存続を望む声が多く、目的不動産の特性に合わせて、物上代位制度と担保不動産収益執行制度を選択したいとの実務の要請があったためである。

　　　b　物上代位と担保不動産収益執行の利用場面

上述のとおり、従来からの物上代位制度と担保不動産収益執行手続が並存することとなったため、不動産担保権者としては、双方の制度のメリット・デメリットを比較衡量の上、不動産に適した制度を利用することができることとなった。

(1)　物上代位

　　(ｱ)　メリット

管理費用がかからず、給付義務者から回収した賃料全額から債権回収を図ることができる。

　　(ｲ)　デメリット

　　　①　給付義務者の特定が必要である。

　　　②　個別の賃料差押えのみで、物件全体を管理するものではないため、債務者や所有者が物件の管理を行う意欲を失った場合などには、物件が荒廃するおそれがある。

(2)　担保不動産収益執行

　　(ｱ)　メリット

　　　①　給付義務者を特定し得ない場合であっても申立てをすることができる。

第2章　不動産執行・担保権実行

　　　② 裁判所が選任した管理人が、物件全体の維持管理・収益の収取を行うため、効率的に物件管理を行うことができ、物件全体からの収益の収取が可能である。また、管理人は新たに賃貸借契約を締結し、不動産の収益力を高めることができる（この点が物上代位との違いである。もっとも、管理人が締結する賃貸借契約は、民法602条に定める期間の範囲内に限定され、また、担保不動産が競売された場合には、買受人に対抗することができない賃貸借であるため、管理人が新たに賃貸借契約を締結することにより収益を向上させることは容易ではない）。
　　　③ 賃借人に用法違反がある場合や、不法占有者がある場合などには、賃貸借契約を解除し、または不法占有者を退去せしめることにより、物件価値の減少を防ぐことができる。
　　(イ)　デメリット
　　管理人報酬等の管理費用がかかるなど手続が大がかりとなる。
　　　c　調整規定
(1)　物上代位等の賃料債権差押えが先行し、その後に担保不動産収益執行が開始された場合には、前記イ・f・(2)記載のとおり、先行の差押えの効力は停止されるものの（民執188・93の4Ⅰ）、先行する差押債権者は、改めて二重開始決定を受けたり、配当要求を行うなどの手続は必要なく、後行の担保不動産収益執行において当然に配当受領資格をもつ（民執188・93の4Ⅲ）。

他方、担保不動産収益執行等が先行する場合については、そもそも物上代位を後行で行うことができるかが問題となる。この点、物件所在地と債務者・所有者の所在地が異なる場合など、担保不動産収益執行と物上代位による賃料差押とで管轄が異なるために、担保不動産収益執行と物上代位による賃料差押手続が別の裁判所に係属することも理論的には起こり得ることである。しかし、この場合には、後行する差押債権者は、先行する担保不動産収益執行手続において、配当受領資格はなく、担保不動産収益執行の二重開始決定（民執188・93の2）を得るほかない。

二重開始決定による配当受領資格を得るためには、執行裁判所が定める配

エ　民法371条の改正

　改正民法371条は、抵当権の効力が、被担保債権の債務不履行後の抵当不動産の天然果実及び法定果実いずれにも及ぶと規定した。

　改正前の規定は、抵当権の効力が、抵当不動産の競売開始による差押後の天然果実に及ぶことの根拠規定であると考えられてきたが、担保不動産収益執行制度が新設されるにあたり、抵当権の効力が、担保不動産収益執行の開始後の天然果実及び法定果実に及ぶことの根拠規定を明確にすべきと考えられたため、上記のように改正されたものである。

Ⅲ　不動産執行

1　強制競売

　ア　強制競売の要件

① 執行力ある債務名義に基づいて強制執行を申立てたこと
② 債務名義の正本等の送達（民執29）
③ 強制競売開始の要件の充足

　イ　強制競売開始の要件

① 請求が確定期限の到来に係る場合には、その期限が経過したこと（民執30Ⅰ）
② 請求が債権者の担保の提供に係る場合には、担保を供した旨を証明したこと（民執30Ⅱ）
③ 請求が債権者の引換給付義務の履行に係る場合には、その引換給付義務を履行又は提供した旨を証明したこと（民執31Ⅰ）
④ 請求が代償請求の場合には、主たる請求の執行が不能に帰した旨を証明したこと（民執31Ⅱ）
⑤ その他執行障害事由がないこと

　破産手続開始の決定があった場合には、破産財団に属する財産に対して新たに強制執行を開始することができず、既に行われていた強制執行は当然に

第2章　不動産執行・担保権実行

その効力を失うものとされている（破42ⅠⅡ）。また、債務者について民事再生手続、会社更生手続、特別清算手続が開始された場合（民再39Ⅰ、会更50Ⅰ、会社515Ⅰ）には、債務者の財産に対して新たに強制執行を開始することはできず、既になされた強制執行は当然に中止するものとされている。

　このような執行障害事由が存在しないことも強制執行開始の要件である。

　　ウ　申立書に記載すべき事項・概要
　①　債権者及び債務者の氏名又は名称及び住所並びに代理人の氏名及び住所（民執規21Ⅰ①）
　②　債務名義の表示（民執規21Ⅱ②）

判決等の債務名義は、事件番号等によって特定する。実務上、請求債権目録内に記載して特定する例が多い。

　③　強制執行の目的とする財産の表示及び求める強制執行の方法（民執規21Ⅰ③）

強制執行には、強制競売と強制管理とがあるため、そのいずれの方法を取るかを記載する。

　④　金銭の支払いを命ずる債務名義に係る請求権の一部について強制執行を求めるときは、その旨及びその範囲（民執規21Ⅰ④）
　⑤　その他
　　　先行の競売事件がある場合には、その事件番号及び開始決定の年月日を記載する。

また、申立人又は申立代理人の記名押印、提出裁判所の表示、申立書作成年月日も記載する（民執規15の2、民訴規2）。

　　エ　添付書類
　①　執行力ある債務名義の正本（民執規23）
　②　不動産登記事項証明書（民執規23①）

この点の留意事項については、担保不動産競売を参照されたい。

　③　公課証明書（民執規23⑤）
　④　債務名義の送達証明書

これは執行開始要件を満たしたことを証明するために添付する。

⑤　資格証明書・商業登記事項証明書等

この点の留意事項については、担保不動産競売を参照されたい。

⑥　委任状

この点の留意事項については、担保不動産競売を参照されたい。

⑦　その他（民執規23の2）

　(i)　不動産に係る不動産登記法14条の地図及び建物所在図の写し

　(ii)　債務者の住民票の写し

　(iii)　不動産の所在地までの案内図

　(iv)　不動産の形状、占有関係その他の現況又は評価について調査又は評価した場合においてその結果を記載した書面を保有するときは、その文書

⑧　特別売却に関する意見書

⑨　目録（執行裁判所により提出部数が異なる場合があるから、事前に照会する必要がある）。

なお、東京地裁の場合、不動産執行事件をコンピュータシステムにより処理している関係で、申立債権者に「請求債権目録」を入力したフロッピーディスクの提出を依頼している。

詳細は東京地裁執行部に案内がある（東京地裁民事執行センターのHP〔http://www3.ocn.ne.jp/~tdc21/hudousan/h-uketuke/FDisk.html〕を参照。）。

　オ　費用関係

　　a　申立手数料

請求債権1個あたり金4,000円である。

　　b　その他

①書類の作成及び提出の費用、②予納郵券、③執行予納金、④登録免許税については、担保不動産競売と同様であるので、そちらを参照されたい。

　カ　申立書を作成する前提として留意すべき事項

競売申立てを行う前提として、当事者・対象不動産の権利関係、他の手続

第2章　不動産執行・担保権実行

きとの競合その他の要因で、事前に他の準備をする必要が出てくる場合がある。そこで、迅速な申立てを行うためには準備の段階から事前に確認をしておくべき事項が存在する。ここでは、これらの事項を取り上げる。従って、申立ての準備に入る際には、下記の諸事項の有無を確認し、然るべき対応をとるなり、その扱いを前提に申立てを行うべきか否かを決定すべきことになる。

　　　a　相続登記が為されていない不動産の場合

　所有者が死亡して相続登記が未了で未だ被相続人の所有名義のままの不動産に対して強制競売を申し立てるためには、債務名義に承継執行文の付与を受け（第1章Ⅳ2ウ参照）、それを代位原因証書として代位による相続の所有権移転登記を申請した上で、当該登記が完了した後の不動産登記事項証明書を添付して、相続人を債務者とする強制競売を申立てることになる。

　　　b　未登記の不動産の場合

　未登記の不動産に対して強制競売の申立てを行う際には、債務者の所有に属することを証する文書及び不動産登記令2条に規定する図面を添付することが必要となる（民執規23②）。未登記の建物の場合に添付すべき書類は、債務者の所有に属することを証する文書としては、建物売買契約書や建物請負契約書等が考えられ、図面としては建物図面と各階平面図となる。

　　　c　滞納処分による差押えがなされている不動産の場合

　滞納処分による差押えがなされている不動産についても強制競売の申立てはなし得る（滞調12Ⅰ）が、滞納処分が解除されるか、強制執行続行決定がなされないと強制競売の手続は進行しない（滞調13Ⅰ）。しかし、先行の滞納処分が解除された場合（滞調14）には当然に強制競売の手続が進行し、一定の事由がある場合には、差押債権者の申立てにより強制競売の手続を進行させることができる（滞調17・8）。

　　　d　所有権移転の仮登記がなされている不動産の場合

　所有権移転の仮登記は、将来の本登記のための順位保全効を有するに過ぎないので、債務者から第三者に対して所有権移転の仮登記がなされている不

動産についても、強制競売の申立てを行うことは可能である。しかし、強制競売申立後に仮登記権利者が本登記を行うと、強制競売手続終了前であれば強制競売開始決定が不適法として取り消され、また、売却後であれば、買受人が所有権を取得できなくなるので、実務上は、強制競売による差押登記を経由した時点で、強制競売手続を事実上停止する取り扱いがなされることがある。

なお、上記取り扱いは、所有権に基づく移転登記請求権を被保全権利とする処分禁止の仮処分がなされている不動産に対して、強制競売の申立てが行われた場合も同様である。

  e 競合手続
(1) 破産との競合

強制競売申立時に、目的不動産に破産宣告の登記がある場合には、執行障害事由となるため、申立ては却下される。

強制競売申立後に、所有者に対して破産手続開始の決定があった場合には、強制執行は破産宣告によりその効力を失う（破42Ⅱ）。

もっとも、強制競売手続を進行させることが破産財団のために有利である場合には、破産管財人において、強制競売手続を続行することができる（破42Ⅱ但書）。

(2) 会社更生との競合

強制競売申立時に、既に会社更生手続開始決定が為されている場合には、執行障害事由となるため、申立ては却下される。

また、既に強制競売手続が開始され売却手続が進行しているときに更生手続が開始された場合にも競売手続は当然に中止される（会更50Ⅰ）。

更生計画認可決定が為された場合には、中止されていた競売手続は効力を失う（会更208）。

(3) 民事再生との競合

強制競売申立時に、既に民事再生手続開始決定が為されている場合には、執行障害事由となるため、申立ては却下される。

第2章 不動産執行・担保権実行

また、既に強制競売手続が開始され売却手続が進行しているときに再生手続が開始された場合にも競売手続は当然に中止される（民再184・39Ⅰ）。

キ 実際の申立書の作成

a 申立書は、以下のように分けて記載される。

① 「強制競売申立書」
② 「当事者目録」
③ 「請求債権目録」
④ 「物件目録」

以下、実務上落としがちな部分又は注意を要する箇所を挙げ、適宜書式・記載例を加え説明する。

b 強制競売申立書（書式2-11）

① 担保不動産競売申立てと区別するために、強制執行による競売申立ては「強制競売申立書」と記載する。
② その他の留意事項については、担保不動産競売と同様である。

c 当事者目録

当事者目録には、債権者、債務者、代理人を記載するが、申立書に記載されている当事者の表示と債務名義の執行文に記載されている当事者とが一致していなければならない。この記載が一致していない場合の対応については、担保不動産競売と同様である。

d 請求債権目録

請求債権目録に記載する債務名義は、事件番号等によって特定しなければならない。

その他については、担保不動産競売と同様である。

e 物件目録

担保不動産競売と同様である。

ク 強制競売開始決定と差押えの効力について

a 強制競売開始決定の発令

執行裁判所が、差押債権者の申立てが法定の要件を具備していると認めた

Ⅲ 不動産執行

書式2－11 強制競売申立書

不 動 産 強 制 競 売 申 立 書

○○地方裁判所民事部　御　中

平成○年○月○日

申立債権者　○○○○株式会社
代表者代表取締役　○　○　○　○
上記債権者代理人弁護士　○　○　○
同　　　弁護士　○　○　○
電話：○○○－○○○－○○○○
ＦＡＸ：○○○－○○○－○○○○

　当　　事　　者　｜
　請　求　債　権　｜　別紙目録記載のとおり
　目　的　不　動　産　｜

　債権者は、債務者に対し、別紙請求債権目録記載の執行力ある判決正本に表示された上記債権を有するが、債務者がその弁済をしないので、別紙物件目録記載の不動産の強制競売手続の開始を求める。

添　付　書　類

1．判決正本　　　　　　　　　1通
2．同謄本送達証明書　　　　　1通
3．不動産登記事項証明書　　　2通
4．公課証明書　　　　　　　　1通
5．資格証明書　　　　　　　　1通
6．委任状　　　　　　　　　　1通
7．公　図　　　　　　　　　　2部
8．建物図面　　　　　　　　　2部
9．案内図　　　　　　　　　　2部
10．住民票写し　　　　　　　　1部
11．特別売却に関する意見書　　1部

第 2 章　不動産執行・担保権実行

場合に、強制競売開始決定を行い（民執45Ⅰ）、同決定は執行裁判所から債務者に送達される（民執45Ⅱ）。

強制競売開始決定による差押えの効力は、決定が債務者に送達された時点、又は差押えの登記がなされた時点のいずれか早い時期に発生する（民執46Ⅰ）。実務上は、債務者に対する開始決定の送達は、差押えの登記がされた後に行う。これは、差押え登記前に債務者に対して開始決定が送達されると、債務者が差押えの登記がされることを察知し、当該不動産を第三者に譲渡するおそれがあるためである。

　　　ｂ　差押えの効力

差押えの効力が発生すると、債務者は、差押不動産を譲渡し、又は担保権や用益権を設定する等の処分行為が禁止されることになる。

　　　ｃ　処分禁止効に反する債務者の行為

債務者が、差押えの処分禁止に反して、差押不動産の処分行為を行った場合は、差押債権者と不動産競売の手続に参加する全ての債権者に対して、その効力を対抗することはできないが、処分の当事者間では有効な処分であると考えられている（手続相対効）。

　　ケ　二重開始決定

担保不動産競売と同様である。

　　コ　強制競売における異議申立制度、手続の停止及び取消

　　　ａ　執行抗告、執行異議、配当額等に不服ある場合の異議申立てについては、担保不動産競売と同様である。

　　　ｂ　執行停止書面の提出による執行の取消及び停止

強制競売手続において、民事執行法39条 1 項各号文書の提出がなされた場合は、一定の手続段階までは、文書の種類に応じて、執行裁判所は手続を取消し（執行取消文書）又は停止する（執行停止文書）。

⑴　文書の種類

　(ア)　執行取消文書（民執39Ⅰ①から⑥までに掲げる文書）（民執40Ⅰ）

　　(a)　債務名義（執行証書以外）若しくは仮執行宣言を取り消す旨又は

Ⅲ 不動産執行

　　強制執行を許さない旨を記載した執行力のある裁判の正本（民執39Ⅰ①）
　（例）一審の仮執行宣言付判決を取り消す旨の控訴審判決正本
　　　　請求異議の訴えの認容判決の正本
　　　　第三者異議の訴えの認容判決の正本
　　　　執行文付与に対する異議の訴えの認容判決の正本
　(b)　債務名義に係る和解、認諾、調停又は労働審判の効力がないことを宣言する確定判決の正本（民執39Ⅰ②）
　（例）和解無効確認の確定判決の正本
　(c)　法22条2号から4号の2までに掲げる債務名義（①仮執行宣言付判決、②抗告によらなければ不服申立ができない裁判、③仮執行宣言付支払督促、④訴訟費用・和解費用・執行費用に関する裁判所書記官の処分）が訴えの取下げその他の事由により効力を失ったことを証する調書の正本その他の裁判所書記官の作成した文書（民執39Ⅰ③）
　（例）仮執行宣言付判決に対し控訴がなされた後、期日に訴えの取下があった場合の取下を記載した調書の正本
　(d)　強制執行をしない旨又はその申立てを取り下げる旨を記載した裁判上の和解若しくは調停の調書の正本又は労働審判法21条4項の規定により裁判上の和解と同一の効力を有する労働審判の審判書若しくは同法20条7項の調書の正本（民執39Ⅰ④）
　(e)　強制執行を免れるための担保を立てたことを証する文書（民執39Ⅰ⑤）
　(f)　強制執行の停止及び執行処分の取消しを命ずる旨を記載した裁判の正本（民執39Ⅰ⑥）
(イ)　執行停止文書（民執39Ⅰ⑦⑧に掲げる文書）（民執40Ⅰ）
　(a)　強制執行の一時停止を命ずる旨を記載した裁判の正本（民執39Ⅰ⑦）
　(b)　債権者が債務名義の成立後に弁済を受け、又は弁済の猶予を承諾

第2章　不動産執行・担保権実行

した旨を記載した文書（弁済受領文書・弁済猶予文書）（民執39Ⅰ⑧）

(2) 提出の手続段階と効力

前記(1)(ア)(a)から(f)までの執行取消文書が提出された場合は、執行裁判所等の執行機関は、まず、執行処分を停止した上で既にした執行処分を取り消さなければならない（民執39Ⅰ・40Ⅰ）。ただし、代金納付がなされたときは、買受人は所有権を取得するので、その後の執行取消文書の提出によって、その所有権移転の効果は覆ることなく、執行債権者は執行手続から排除されるが、その他の配当等を受領すべき債権者あるときは、配当等が実施される（民執84Ⅲ）。

また、前記(イ)の(a)の執行停止文書が提出されたときは、売却決定期日の終了までに提出があれば、原則として、執行処分は停止される（民執72Ⅰ・39Ⅰ）。売却決定期日の終了後に提出された場合は、一定の場合に例外的に停止する（民執72Ⅱ）。また、代金納付後に提出されても、執行手続は停止されない（民執84Ⅳ）。

前記(イ)の(b)の執行停止文書が提出されたときは、売却実施の終了までに提出あれば、原則として、執行処分は停止される（民執39Ⅰ）。もっとも、弁済受領文書については4週間の執行停止しか認められない（民執39Ⅱ）。また、弁済猶予文書については2回に限り、かつ通じて6月を超えることができない（民執39Ⅲ）。売却実施終了後に提出された場合は、一定の場合に例外的に停止する（民執72Ⅲ）。また、代金納付後に提出されても、執行手続は停止されない（民執84Ⅳ）。

(3) 債務者が債務名義に表示された債権を弁済した場合に、強制執行の停止及び取消を求める方法

前記のとおり、債務者が判決等に従って債務を弁済し、債権者から領収書等の弁済受領文書を受け取ったとしても、弁済受領文書による執行停止は4週間に限定されている（民執39Ⅱ）。

従って、債権者がいったん成立した債務名義に従って強制競売等を申立てた場合、債務者としては、弁済受領文書を執行裁判所に提出するだけでは足

りないことになる。

　債務者は、債務名義成立後に弁済を行っている場合、請求異議の訴え（民執35）を提起する。

　そして、請求異議訴訟の認容判決は、強制執行を許さない旨を記載した裁判である（民執39Ⅰ①）から、認容判決を受けた債務者は、この認容判決の正本を執行裁判所に提出して、執行処分の取消し（民執40Ⅰ）を求める。

　もっとも、請求異議の訴えの認容判決を受けるには時間もかかることから、債務者としては、請求異議の訴え提起と共に強制執行停止の申立てを行うことになる。この強制執行停止を求める場合には、①異議のため主張した事情が法律上理由があり、②事実上の点について疎明を行う必要があり、また③担保を立てなければならない場合もある（民執36Ⅰ）。この強制執行停止の決定正本は、執行停止文書（民執39Ⅰ⑦）となるので、債務者としては、これを執行裁判所に提出して執行停止を求めることになる。

　　サ　売却準備手続
　担保不動産競売と同様である。

　　シ　配当要求
　　　a　意　義
　配当要求とは、債権者が、配当等を受けることの出来る債権者の地位を獲得するために、既に開始されている競売手続に参加する手続である（民執51Ⅰ）。

　　　b　配当要求をすることができる債権者の範囲
　民事執行法は、虚偽の債権に基づく配当要求を排除するため、配当要求をできる債権者の範囲を次の三者に制限している（民執51）。

① 執行力ある債務名義の正本を有する債権者
② 競売開始決定に係る差押登記後に登記された仮差押債権者
③ 民事執行法181条1項各号に掲げる文書により一般先取特権を有することを証明した債権者

　　　c　申立手続

第2章　不動産執行・担保権実行

(1) 配当要求申立書

配当要求は、執行裁判所に対して、配当要求の終期までに、元本の他、利息、遅延損害金等の附帯債権の原因及び金額を書面により提出しなければならない（規則26）（書式2－7）。

(2) 貼用印紙

申立書に収入印紙500円を貼付する。

(3) 添付書類

執行力ある債務名義を有する債権者は、執行力ある債務名義の正本を、仮差押債権者は、仮差押命令の正本と仮差押が執行された不動産の登記事項証明書を、一般先取特権者は、民事執行法181条各号に掲げる文書を、それぞれ添付書類として執行裁判所に提出する。

ス　売却の手続

裁判所書記官は、入札（期間入札・期日入札）又は競り売りのいずれかの売却方法を選択し（民執64Ⅲ）、選択した売却方法にしたがって売却期日を定め、執行官に対して売却の実施を命ずることになるが、前述の通り、実務上は、ほとんどの場合、期間入札の方法が選択されている。

また、裁判所書記官は、入札又は競り売りの方法によって売却を実施しても適法な買受の申し出がなかった場合には、特別売却の方法により売却を実施することができることも前述の通りである（民執規51Ⅰ）。

また、執行裁判所は、売却決定期日において、最高価買受人に対する売却の許否を審査し、売却の許可又は不許可を言い渡すことになる（民執69）。

セ　代金納付

　　a　代金の納付

売却許可決定が確定したときは、買受人は、裁判所書記官の定める期限までに代金を裁判所書記官に納付しなければならない（民執78Ⅰ）。

その際、買受人が買受けの申し出の保証として提供した金銭及び民事執行法77条1項の保全処分のために納付した金銭は代金に充当される（民執78Ⅱ）。

また、買受人が配当又は弁済を受けるべき債権者である場合は、売却決定期日の終了までに執行裁判所に申し出て、配当又は弁済を受けるべき額を差し引いて代金を配当期日又は弁済金の交付の日に納付（差引納付）することができる（民執78Ⅳ）。

　　b　代金不納付の効果

買受人が納付期限までに代金を納付しないときは、期限の経過によって売却許可決定は当然にその効力を失い（民執80Ⅰ前段）、買受人は納付済みの買受申し出の保証の返還請求権を失うことになる（民執80Ⅰ後段）。

　　c　代金納付の効果

買受人は代金を納付した時に不動産の所有権を取得する（民執79）。

また、不動産の上に存する先取特権、使用及び収益をしない旨の定めのある質権並びに抵当権は、売却により消滅することになる（民執59Ⅰ）。

　ソ　引渡命令

　　a　意　義

引渡命令は、買受人の保護と適正な売却価格の形成を目的として、買受人が、不動産引渡請求訴訟を提起しなくとも、決定手続という簡易で迅速な手続によって不動産引き渡しの債務名義を取得できるようにする制度である。

　　b　申立人

引渡命令の申立人は、買受人又はその一般承継人である。買受人の特定承継人については、実務上は引渡命令の申立てを認められていない。

　　c　相手方

引渡命令については、その根拠条文（民執83）が、民事執行法の一部を改正する法律によって改正されたことにより、引渡命令の相手方については、債務者（所有者）又はその承継人の他に、買受人に対抗できない権原により占有している者に対しても、引渡命令の発令を受けることができることになった。

　　d　申立手続

引渡命令の申立ては、買受人が代金を納付した日から6か月以内に行わな

第2章　不動産執行・担保権実行

ければならない（民執83Ⅱ）。ただし、買い受けの時に民法395条1項の建物明渡猶予の保護を受ける占有者に対しては、明渡猶予期間中は、引渡命令の申立てを行うことはできないことから、申立期間は代金納付から9か月間に伸長されている。

　申立ては書面で行い、申立手数料として、相手方1人当たり金500円の収入印紙を納付する（書式2-12）。

　　タ　配当等の実施
　　　a　配当を受けるべき債権者
　配当等を受けることができる債権者は次の通り定められている（民執87）。
①　差押債権者（配当要求の終期までに強制競売又は一般の先取特権の実行としての競売の申立てをした債権者に限る。）
②　配当要求の終期までに配当要求をした債権者
③　最初の競売開始決定に係る差押えの登記前に登記された仮差押債権者
④　最初の競売開始決定に係る差押えの登記前に登記された担保権者
　配当を受ける順位等詳細については、前記Ⅱ・1・タ・b・(4)参照。

　　　b　配当等の実施
　代金納付がなされると、執行裁判所は、配当期日又は弁済金の交付の日を定め（民執規59Ⅰ）、債権者が1人の場合又は売却代金で配当を受けるべき債権者の債権額及び執行費用の全額を弁済できる場合は、売却代金の交付計算書を作成して債権者に弁済金を交付し（民執84Ⅱ）、それ以外の場合には、配当表を作成してこれに基づいて配当を実施する（民執84Ⅰ）。

　　チ　配当異議
　　　a　配当異議の申出
　配当表に記載された各債権者の債権又は配当の額について不服のある債権者及び債務者は、配当期日において、他の債権者への配当額を減殺し、自己の配当額を増額するよう申し出る（配当異議）ことができる（民執89Ⅰ）。

　　　b　申出手続
　配当異議の申出は、配当期日に口頭又は書面により行わなければならず、

書式2－12　不動産引渡命令申立書

不動産引渡命令申立書

平成〇年〇月〇日

〇〇地方裁判所民事〇〇部　御中

〇〇県〇〇市〇〇町〇丁目〇番〇号
申立人（買受人）　〇　〇　〇　〇
上記債権者代理人弁護士　〇　〇　〇　〇
同　　　　弁護士　〇　〇　〇　〇
電話　〇〇〇―〇〇〇―〇〇〇〇
ＦＡＸ　〇〇〇―〇〇〇―〇〇〇〇

〇〇県〇〇市〇〇町〇丁目〇番〇号
相手方（所有者）　　〇　〇　〇　〇

申立ての趣旨

相手方は申立人に対し別紙物件目録（略）記載の不動産を引き渡せ。

申立ての理由

1　申立人は、御庁平成〇年（ケ）第〇〇号競売事件において別紙物件目録記載の不動産を買い受け、平成〇年〇月〇日代金を納付した。
2　（相手方が所有者の場合）
　　相手方は、上記不動産の所有者である。
　　（相手方が所有者以外の第三者の場合）
　　相手方は、上記不動産を何らの正当な権限なく占有している。
3　よって、申立ての趣旨記載の裁判を求める。

債権者が配当期日に出頭しなかったり、配当期日に遅れて出頭した場合には、配当異議の申し出をすることはできない。

　　　c　効　果

執行裁判所は、配当異議の申出のない部分に限り、配当期日において配当を実施しなければならないこととなる（民執89Ⅱ）。

　　　d　配当異議の訴え

配当異議の申出をした債権者及び執行力ある債務名義の正本を有しない債権者に対して配当異議の申出をした債務者は、執行裁判所に対し、配当期日から1週間以内に配当異議の訴えを提起しなければならない（民執90）。

2　強制管理

　ア　意　義

強制管理とは、債権者の申立てにより、債務者所有の不動産を差押えるがこれを換価することなく、当該不動産から生ずる収益を管理人に収取させ、その収益を換価して債権者に配当することにより債務者の債務の弁済にあてる手続である。

しかし、強制管理手続は、管理人の費用負担が必要になること、賃料差押えを実行することにより強制管理と同様の目的が達せられること等の理由により、実際は、強制管理の手続はほとんど利用されていないのが実情であった。

平成15年法律第134号による民事執行法の改正により、担保不動産収益執行制度が創設されたことに伴い、強制管理の規定も見直され、不動産収益からの債権回収も再度見直されているところであり、今後の運用が期待される。

強制管理の手続は、担保不動産収益執行が、強制管理の規定を準用しているため、詳細は、担保不動産収益執行に関する部分を参照されたい。

　イ　申立手続

　　　a　強制管理申立書

強制管理の申立ては、債権者が、不動産の所在地を管轄する地方裁判所（民執44Ⅰ）に対して、強制管理の申立書を提出することにより開始する

Ⅲ　不動産執行

（書式2-13：不動産強制管理申立書）。

　　　b　貼用印紙

強制管理の申立書に債務名義1通につき収入印紙4,000円を貼付する。

　　　c　添付書類

① 執行力のある債務名義の正本
② 送達証明書
③ 公課証明書
④ 不動産登記事項証明書
⑤ 委任状（代理人による申立ての場合）
⑥ 資格証明書（当事者が法人の場合）
⑦ 公図、案内図、建物図面（建物に対して強制管理を行う場合）

　　　d　目録・予納郵券・予納金・登録免許税

これらについては、強制競売の場合と同様である。

　　イ　強制管理開始決定と差押えの効力について

　　　a　強制管理開始決定の発令

執行裁判所は、差押債権者の申立てが法定の要件を具備していると認めた場合に、強制管理開始決定を行い（民執93Ⅰ）、強制管理開始決定は債務者に送達しなければならない（民執93Ⅲ）。収益の給付義務を負う第三者（例えば賃借人）があるときは、当該第三者に対しても送達しなければならない（民執93Ⅲ）。

強制管理開始決定による差押えの効力は、決定が債務者に送達された時点、又は差押えの登記がなされた時点のいずれか早い時期に発生する（民執111・46Ⅰ）。

収益の給付義務を負う第三者に対しては、開始決定がその第三者に送達されたときに差押えの効力が生ずる（民執93Ⅳ）。給付義務者に対して開始決定を送達するに際しては、裁判所書記官は、開始決定の送達の日から2週間以内に、給付請求権に対する競合する差押命令の存否等の事項について、陳述すべき旨を催告しなければならない（民執93の3）。

第2章　不動産執行・担保権実行

書式2－13　不動産強制管理申立書

不動産強制管理申立書

平成〇年〇月〇日

〇〇地方裁判所民事第〇〇部　御中

債権者　〇〇〇〇株式会社　　　　
代表者代表取締役　〇　〇　〇　〇
上記債権者代理人弁護士　〇　〇　〇　〇
同　　　　弁護士　〇　〇　〇　〇
電話　〇〇〇－〇〇〇－〇〇〇〇
FAX　〇〇〇－〇〇〇－〇〇〇〇

　　　当　事　者 ｜
　　　請　求　債　権 ｜　別紙目録記載のとおり
　　　目　的　不　動　産 ｜

　債権者は、債務者に対し、別紙請求債権目録記載の判決正本表示の債権を有するので、債務者所有の上記不動産の強制管理を求める。

　なお、給付義務者の給付義務の内容は、上記不動産に対する債務者との賃貸借契約に基づく賃料債務である。

添　付　書　類

1　執行力ある判決の正本　　　　　　1　通
2　判決正本送達証明書　　　　　　　1　通
3　不動産登記事項証明書　　　　　　1　通
4　公課証明書　　　　　　　　　　　1　通
5　資格証明書　　　　　　　　　　　1　通
6　委　任　状　　　　　　　　　　　1　通

以　　　上

当事者目録

〒○○○—○○○○　　○○県○○市○○町○丁目○番○号
　　　　　　　　　　　債権者　　○○○○株式会社
　　　　　　　　　　　代表者代表取締役　　○○○○

〒○○○—○○○○　　○○県○○市○○町○丁目○番○号
　　　　　　　　　　　債　務　者　　　　○○○○

〒○○○—○○○○　　○○県○○市○○町○丁目○番○号
　　　　　　　　　　　○○マンション１階１号室（賃料月額金○○万円）
　　　　　　　　　　　　給付義務者　　　　　○○○○

　　　　　　　　　　　同　　　　　１階２号室（賃料月額金○○万円）
　　　　　　　　　　　　給付義務者　　　　　○○○○

　　　　　　　　　　　　以下記載省略

第2章 不動産執行・担保権実行

請求債権目録

　債権者、債務者間の○○地方裁判所平成○○年（ワ）第○○号貸金請求事件の確定判決に表示された下記債権

(1)　貸　　　金　　　　○○円
(2)　上記(1)に対する平成○年○月○日から支払済まで年○パーセントの割合による遅延損害金

物　件　目　録

所　　在　　○○県○○市○町○丁目○番地

家屋番号　　○○番

種　　類　　共同住宅

構　　造　　鉄筋コンクリート造5階建

床 面 積　　1　階　　○○平方メートル

　　　　　　2　階　　○○平方メートル

　　　　　　3　階　　○○平方メートル

　　　　　　4　階　　○○平方メートル

　　　　　　5　階　　○○平方メートル

Ⅲ　不動産執行

　　　b　差押えの効力
　差押えの効力が発生すると、債務者は、差押不動産を譲渡し、又は担保権や用益権を設定する等の処分・管理行為が禁止され、又、当該不動産の収益についても譲渡、放棄、質権の設定や取り立てはできなくなる。
　また、収益の給付義務を負う第三者は、債務者に支払いを行っても免責されず、管理人に対して支払いを行わなければならない。
　　　c　処分禁止効に反する債務者の行為
　債務者が、差押えの処分禁止に反して、差押不動産の処分行為を行った場合は、強制管理手続上は効力が認められないことになる。
　　　d　二重開始決定（民執93の２）
　強制管理においても、既に、強制管理の申立てがされ、開始決定が発令されている不動産について、重ねて申立てがなされた場合には、執行裁判所は、二重開始決定をする。執行裁判所は、後行の申立てについても開始決定をした上で、先行の強制管理手続を進めることとなる。
　　エ　管理人
　　　a　管理人の選任
　執行裁判所は、強制管理手続を実施するため、強制管理の開始決定と同時に管理人を選任しなければならない（民執94Ⅰ）。管理人には弁護士や執行官が選任されることが多いが、信託会社や銀行などの法人も管理人となることができる（民執94Ⅱ）。
　　　b　管理人の権限
　管理人は、強制管理の目的を達するために、目的不動産の性質によって定まる通常の用法に従って、不動産の管理、収益の収受に必要な一切の権限を有している。
　したがって、管理人は、目的不動産に賃借人が存在する場合には賃料を収受し、債務者が目的不動産を占有している場合には、その占有を解いて自らこれを占有した上で（民執96Ⅰ）、第三者に賃貸して賃料を収受することになる。

133

第2章 不動産執行・担保権実行

ただし、このような場合にも、一定の要件の下に、債務者から目的建物使用許可の申立て（民執97Ⅰ）や収益等の分与の申立て（民執98Ⅰ）がなされることもある。

オ 配当等の実施

a 配当実施の期間

管理人は、執行裁判所の定める期間ごとに、配当を実施しなければならない（民執107Ⅰ）。実務上は、賃借人の数や賃料額、管理人の管理の状況に応じて、執行裁判所の裁量により決せられる。

b 配当を受けるべき債権者

配当等を受けることができる債権者は、執行裁判所が定める期間内に強制管理の申立て又は配当要求をした次の債権者と定められている（民執107Ⅳ）。

① 配当期間の満了までに強制管理の申立てをした差押債権者
② 配当期間の満了までに一般の先取特権の実行として担保不動産収益執行の申立てをした者
③ 先行する強制管理の差押えの登記前に登記された担保権に基づいて、担保不動産収益執行の申立てをした者
④ 配当期間の満了までに仮差押の執行として強制管理の申立てをした仮差押債権者
⑤ 配当要求をした債権者（ただし、配当要求ができる債権者は、執行力のある債務名義の正本を有する債権者等に限られる（民執105Ⅰ）。）
⑥ 担保不動産収益執行に先立ち債権差押命令を得ている者、担保不動産収益執行に先立つ債権差押命令事件がその効力を停止する時までに当該手続きにおいて配当要求をした者、担保不動産収益執行に先立ち債権仮差押命令を得ている者（民執188・93条の4Ⅲ）
⑦ 交付要求をした公租公課庁（税徴82Ⅰ）

c 配当等の実施

管理人は、執行裁判所の定める配当を実施すべき期間の満了後2週間以内の日を配当協議の日又は弁済金交付の日と定めて、その日時及び場所を配当

Ⅲ　不動産執行

を受けるべき債権者及び債務者に通知しなければならない（民執規69）。

　そして、管理人は、債権者間で配当について協議が整った場合には、協議にしたがって配当を実施し（これを合意配当というが、実際にはこの合意配当によることはほとんどない）、協議が整わない場合には、その事情を執行裁判所に届出なければならない（民執107Ⅴ）。その場合には、執行裁判所が配当等の手続を実施することになる（民執109）。

第3章　物上代位に基づく賃料差押え

Ⅰ　総　　説

1　はじめに

ア　民事執行法では、確定判決、和解調書、公正証書などによる債権執行（後掲第5章）としての債権差押命令の申立ての他に、担保権の実行の一種である債権担保権実行としての債権差押命令申立てという手続を用意している。

そして、この債権担保権実行としての債権差押命令の申立手続の中には、給料の一般先取特権に基づく債権差押命令の申立手続などがある他、抵当権に基づく物上代位としての賃料（その他火災保険金など抵当目的物の価値代表物）への債権差押命令申立てや、動産売買先取特権に基づく物上代位としての転売代金債権差押命令申立てなどがある。

本書では、最も典型的でありまた多用されている抵当権に基づく物上代位としての賃料債権差押命令申立てについて解説する。

イ　物上代位とは、担保物権が目的物の交換価値から優先弁済を受ける権利であることから、その売却、賃貸、滅失、毀損等によりその所有者が受ける金銭など目的物の価値代表物に対しても担保物権を行使することができるとする制度である。

従来、抵当不動産の賃料債権に対して物上代位権を行使することができるか否かについては、抵当権の本質を如何に解するかという問題とも関連して、肯定説、否定説が対立していたが、最二判平成元年10月27日（判時1336号96頁）が、民法372条が準用する先取特権による物上代位の規定である民法304条の趣旨に基づき、これを肯定して以来、物上代位に基づく賃料債権に対する差押えが認められることについてはほぼ異論がなく、実務上解決されていた。

I　総　説

しかしながら、その実体的根拠をどこに求めるかに関しては、旧民法371条の解釈とも相まって、必ずしも明らかではなかった。

そのような中、平成15年の民法改正に伴い、改正民法371条により、債務者が被担保債権につき債務不履行に陥った後の果実（賃料債権など）に抵当権が及ぶことが明示され、これにより、それまで、判例上認められてきた賃料債権に対する物上代位の実体的根拠が明確にされた。

抵当権者は、被担保債権の弁済期が到来して不履行が生じていれば、債務名義を取得していなくても、担保権の存在を立証することにより、賃料債権に対する物上代位が可能であり、今後も、債権回収を図る銀行やノンバンク等の金融機関にとって、物上代位権の行使が、債権回収の強力な手段となることが期待されている。

2　物上代位のメリット・デメリット

物上代位に基づく賃料差押のメリットは、比較的簡易かつ低額な費用で抵当権者が賃料債権から債権を回収することが可能であり、申立てから差押命令の取得までに数日から1週間くらいと短期間で手続が進むこと、特に賃借人の賃料が高額な商業用の不動産の場合には、効果的な債権回収の手段になるという点にある。

反面、デメリットとしては、①賃料債権に対する差押えには、第三債務者たる賃借人の特定が不可欠であるところ、賃借人の特定が出来ないために、賃料債権に対する差押えが困難となる場合があること（悪質な債務者や所有者により執行妨害目的で賃借人の特定を困難ならしめる場合もある）、②賃貸アパートのように賃借人の人数が多数で賃料が低額な場合には、賃料債権の管理に手間がかかり、また、裁判所からの送達が不在等の理由でスムーズに行かない場合があること、③賃料債権を差し押さえると紛争にかかわるのを嫌う賃借人が抵当不動産から退去することがあり、その場合には新たな賃借人を当事者として債権差押えをかけ直さなければならないこと等の点が挙げられていた。

3　担保不動産収益執行の新設による物上代位制度の位置づけ

第3章　物上代位に基づく賃料差押え

　担保不動産収益執行制度を新設するにあたっては、物上代位に基づく賃料債権に対する差押えの制度を廃止すべきであるとの議論もあった。しかし、物上代位制度は、実務上、極めて有用な制度として定着していることなどから、実務界からは、物上代位制度の残存を望む声が大きかった。そこで、従来からの物上代位制度と新設の担保不動産収益執行制度を併存させることとして、抵当権者が、事案に応じて、適する制度を選択することができるものとされたのである。

　物上代位と担保不動産収益執行制度の比較については、第2章を参考にされたい。

4　申立ての手続の具体的な流れ

　物上代位に基づく賃料の差押えは、債権執行の一つであり、民事執行法193条1項後段に規定する債権及びその他の財産権についての担保権実行の規定に従って行う。また、債権執行の手続き（民執143以下）などが準用される（民執193Ⅱ）。

　基本的な流れは次のとおりである。

① 裁判所の債権執行係への債権差押命令の申立て（書式3－1：債権差押命令申立書）及び第三債務者に対する陳述催告の申立て（書式3－2：第三債務者に対する陳述催告の申立書）

② 裁判所の債権差押命令の発令

③ 債権差押命令の第三債務者（賃借人）への送達及び債権者への送付
　　→第三債務者への差押えの効力はこの送達のときに生じ、第三債務者はこの送達以後、債務者への賃料の支払いが禁止される。

④ 裁判所から債務者への債権差押えの送達
　　→債権者は、債務者に差押命令が送達された日から1週間が経過したときから、取立権を有する。

⑤ 債権者への送達通知書の送付

⑥ 第三債務者から債権者への陳述書による回答

⑦ 債権者から第三債務者への賃料の支払い請求（催告状の送付など）

(書式3-3:通知書)
⑧ 第三債務者からの賃料の直接取立て
⑨ 裁判所への取立届(書式3-4:取立届)、取立完了届(書式3-5:取立完了届)の提出

Ⅱ 物上代位に基づく賃料債権差押えの手続

1 管轄

物上代位に基づく債権差押えの申立ての裁判管轄は、原則として、債権執行(第5章参照)におけると同様、債務者の普通裁判籍の所在地を管轄する地方裁判所にある(民執193Ⅱ・144Ⅰ前段)。債務者が法人であればその本店所在地が、債務者が自然人であればその住所が管轄の基準である。ただし、債務者と抵当不動産の所有者(賃貸人)が異なる場合には、抵当不動産の所有者(賃貸人)の普通裁判籍の所在地を管轄する裁判所が執行裁判所となるので、注意が必要である。

普通裁判籍がない場合には、差し押さえるべき債権の所在地を管轄する地方裁判所が執行裁判所となり(民執193Ⅱ・144Ⅰ後段)、差し押さえるべき債権は、その債権の債務者(第三債務者)の普通裁判籍の所在地にあるものとされる(民執193Ⅱ・144Ⅱ)。

2 申立書の記載内容と概略の説明(書式3-1)

以下、物上代位に特有の申立書の記載内容について概略を説明するが、物上代位は債権差押手続の一例であるため、その余は本書第5章「債権・動産執行・その他の財産権執行等」を参照されたい。

ア 当事者の表示

申立債権者、債務者、抵当不動産の所有者、及び第三債務者、並びに代理人を当事者目録に一覧にして表示する。以下、本章においては、別段の断りのない場合、物上代位に基づく債権差押えの申立てを行った債権者を単に債権者、抵当不動産の所有者を単に所有者という。

債務者と所有者が同一の場合、「債務者兼所有者」として表示し、第三者

第3章 物上代位に基づく賃料差押え

が担保提供をしているため、債務者と所有者が別人の場合、債務者と所有者の双方が当事者になるので、債務者と所有者をそれぞれ表示する。

　当事者は、自然人の場合には、氏名及び住所を、法人の場合には、資格証明書のとおり正確に商号、主たる事務所又は本店所在地、及び代表者を記載する。申立書の債権者、債務者及び所有者の記載は、不動産登記事項証明書などの担保権の存在を証する文書の表示と同一でなければならないから、担保権設定登記後に住所等の変更があった場合には、不動産登記事項証明書上の住所等と現在の住所等を併記し、戸籍謄本（抄本）、住民票、資格証明書などの公文書を添付することにより、担保権の存在を証する文書の記載との同一性を証明する必要がある。

　なお、民事執行法上、弁護士以外の者（社員など）も、執行裁判所の許可を得て代理人になることができる（民執13Ⅰ）。

　　イ　担保権及び被担保債権の表示

　実務上、担保不動産競売申立書に準じて、「担保権・被担保債権・請求債権目録」の表題の下に、担保権として抵当権の具体的内容を表示し、被担保債権及び請求債権として、請求債権の元金、利息及び損害金を記載する。

　この場合、担保権としては、目的不動産、担保権の種類と登記の内容を記載して表示し、担保権が根抵当権の場合には、被担保債権の範囲及び極度額も記載する。

　また、被担保債権及び請求債権については、元金は、発生原因（契約原因）、発生日、金額で特定し、内金請求の場合にはその旨を記載する。

　利息、損害金は確定している必要があるので、債権者の側で申立日までの利息、損害金を計算して表示する必要がある。また、物上代位に基づく賃料差押えも抵当権の実行の一形態であることから、被担保債権が弁済期にある必要があるため、「債務者は、平成○年○月○日の分割金の支払を怠ったので、約定により、同日の経過により期限の利益を失った」などとして、弁済期の到来の事実を記載する。

　その他は担保不動産競売申立てとほとんど同様であるので、本書第2章

Ⅱ　物上代位に基づく賃料債権差押えの手続

（不動産競売）を参照されたい。

　　ウ　差押債権の表示
　差押さえるべき賃料債権を、差押債権目録に記載する。
　第三債務者が複数いる場合には、例えば、「第三債務者○○分」と記載して、請求債権を各第三債務者に割り付け、差押債権の合計が請求債権を超えないようにする。超過差押えを防ぐ趣旨である。
　具体的には、例えば、第三債務者として賃借人Ａ、Ｂ、Ｃの三人がおり、それぞれ賃料が月額10万円、20万円、30万円、請求債権が6,000万円であるときには、「第三債務者Ａ分　金1,000万円」、「第三債務者Ｂ分　金2,000万円」「第三債務者Ｃ分　金3,000万円」と賃料を基準に割り付け、割付額の合計が請求債権6,000万円を超えないようにする。第三債務者の賃料の割り付けの基準は、上記の例のように賃料額を基準にする方法の他に、賃貸部分の床面積を基準にする方法、単純に第三債務者の人数で頭割りにする等の方法がある。
　差押さえる賃料の具体的な賃貸借契約の内容、賃料の金額の表示については、これらが債権者に判明している場合は、差押債権目録に表示することが望ましいが、申立段階においては、債権者に賃貸借契約の具体的な内容が判明しない場合も多く、その場合には、これらを表示しなくても債権差押は可能である。
　また、第三債務者が複数いるときは、目的不動産のどの部分の賃料を差押さえるかを特定するために、「102号室」、「１階南側部分○○㎡」としたり、図面を添付して「図面の斜線部分」とするなどして特定する必要がある。

　　エ　目的不動産の表示
　不動産登記事項証明書の記載のとおり、賃貸借の対象となっている目的不動産を表示する。

　3　申立書の添付書類、印紙・郵券、目録等
　　ア　申立書の添付書類
　　　a　不動産登記事項証明書
　物上代位に基づく債権差押えは、担保権の実行であることから、担保権の

第3章　物上代位に基づく賃料差押え

書式3-1　債権差押命令申立書

債権差押命令申立書
（根抵当権に基づく物上代位）

○○地方裁判所民事部　御中
　　平成○年○月○日

　　　　　　　　　　　　　　　債　権　者　　○○○○株式会社
　　　　　　　　　　　　　　　代表者代表取締役　○　○　○　○
　　　　　　　　　　　　　　　上記債権者代理人弁護士　○　○　○　○
　　　　　　　　　　　　　　　同　弁護士　○　○　○　○
　　　電話　○○○-○○○-○○○○／FAX　○○○-○○○-○○○○

当　事　者
担保権・被担保債権・請求債権　　別紙目録のとおり
差押債権

　債権者は、債務者兼所有者に対し、別紙担保権・被担保債権・請求債権目録記載の債権を有するが、債務者兼所有者がその支払いをしないので、債務者兼所有者の別紙物件目録記載の不動産に対する別紙担保目録記載の根抵当権（物上代位）に基づき、債務者兼所有者が第三債務者らに対して有する別紙差押債権目録記載の債権（賃料債権）の差押命令を求める。

添　付　書　類

　1　資格証明書　　　　　　　　　　　　　　4通
　2　委任状　　　　　　　　　　　　　　　　1通
　3　不動産登記簿謄本　　　　　　　　　　　1通

Ⅱ　物上代位に基づく賃料債権差押えの手続

当事者目録

〒○○○—○○○○
　　○○県○○市○○町○丁目○○番○○号
　　　債　　権　　者　　　○○○○株式会社
　　　上記代表者代表取締役　　○　○　○　○

〒○○○—○○○○
　　○○県○○市○○町○丁目○番○号　○○ビル○階
　電話　○○○—○○○—○○○○／FAX　○○○—○○○—○○○○
　　　上記代理人弁護士　　　○　○　○
　　　　　同　　　　　　　　○　○　○　○

〒○○○—○○○○
　　○○県○○市○○町○丁目○番○号
　　　債務者兼所有者　　　　株式会社○○○○
　　　上記代表者代表取締役　　○　○　○　○

〒○○○—○○○○
　　○○県○○市○○町○丁目○番○号
　　　第三債務者　　　　　　○○不動産株式会社
　　　上記代表者代表取締役　　○　○　○　○

〒○○○—○○○○
　　○○県○○市○○町○丁目○番○号
　　　第三債務者　　　　　　○○有限会社
　　　上記代表者代表取締役　　○　○　○　○

　　　　　　　　　　　　　　　　　　　　　以上

第3章 物上代位に基づく賃料差押え

担保権・被担保債権・請求債権目録

1 担　保　権

　別紙物件目録記載の不動産について
⑴ 平成○年○月○日設定、平成○年○月○日変更、平成○年○月○日元本確定、平成○年○月○日移転の根抵当権
　　極　度　額　　金10億円
　　債権の範囲　　銀行取引、手形債権、小切手債権
⑵ 登　　　記　　○○県法務局○○出張所
　　主　登　記　　平成○年○月○日受付第○○○○○号
　　付記登記　　　平成○年○月○日受付第○○○○○号
　　付記登記　　　平成○年○月○日受付第○○○○○号
　　付記登記　　　平成○年○月○日受付第○○○○○号

2 被担保債権及び請求債権

　債権者の債務者兼所有者に対する下記⑴乃至⑶の債権の合計金14億円のうち極度額金10億円の範囲

⑴ 残　元　金　　金800,000,000円
　　但し、債権者の債務者兼所有者に対する平成○年○月○日付金銭消費貸借契約に基づく貸付金9億円の残元金
⑵ 利　息　金　　金40,000,000円
　　但し、上記⑴に対する平成○年○月○日から平成○年○月○日まで年5パーセントの割合による利息金（年365日の日割計算）
⑶ 損　害　金　　金560,000,000円
　　但し、上記⑴に対する平成○年○月○日から平成○年○月○日までの年14パーセントの割合による遅延損害金（年365日の日割計算）
　合　　計　　金1,400,000,000円

　債務者兼所有者は、平成○年○月○日以降、貸付金の返済を遅滞したため、債権者・債務者兼所有者間の銀行取引約定に基づき、債権者の請求により、平成○年○月○日、期限の利益を喪失した。

Ⅱ 物上代位に基づく賃料債権差押えの手続

差 押 債 権 目 録(1)

（第三債務者〇〇不動産株式会社分）
金500,000,000円
　但し、債務者兼所有者が第三債務者〇〇不動産株式会社に対して有する本命令送達日以降支払期日の到来する別紙物件目録記載の建物の1階部分の賃料債権（但し、管理費、共益費相当分を除く）にして、支払期の早いものから頭書金額に満つるまで。

差 押 債 権 目 録(2)

（第三債務者〇〇有限会社分）
金500,000,000円
　但し、債務者兼所有者が第三債務者〇〇有限会社に対して有する本命令送達日以降支払期日の到来する別紙物件目録記載の建物の2階部分の賃料債権（但し、管理費、共益費相当分を除く）にして、支払期の早いものから頭書金額に満つるまで。

物 件 目 録

所　　在　　〇〇県〇〇市〇〇町〇丁目〇番地
家屋番号　　〇番〇
種　　類　　事務所
構　　造　　鉄筋コンクリート造地下1階付2階建
底 面 積　　　1階　〇〇〇.〇〇平方メートル
　　　　　　　2階　〇〇〇.〇〇平方メートル
　　　　　　地下1階　〇〇〇.〇〇平方メートル

第３章　物上代位に基づく賃料差押え

存在を証明する書面の添付が必要であり、実務上は、ほとんど例外なく、不動産登記事項証明書が添付されている。

　　　b　資格証明書

当事者が法人の場合、資格証明書が必要である。

　　　c　委任状

弁護士が代理人として申立てる場合には、委任状が必要である。裁判所の許可を得て弁護士以外の者が代理人となった場合も同様である。

　　　d　その他

債権者が賃貸借契約書を入手している場合、添付書類として、賃貸借契約書を提出するが、入手が困難な場合があるため、実務上、賃貸借契約書の提出は必ずしも必要ではない。

　　イ　申立ての際の印紙・郵券、目録等

　　　a　収入印紙

申立書に申立手数料として、1件につき、4,000円の収入印紙を添付する。債権者と債務者が一名であれば、一通の申立書で申立てする場合、第三債務者が複数であっても、収入印紙は4,000円である。債務者が複数いる場合や担保権が複数の場合、債務者の人数や担保権の個数ごとに4,000円が必要になる。

　　　b　郵　券

予納郵券は、執行裁判所によって扱いが異なる。東京地裁は以下のとおりである。

　　　500円8組、80円10組、50円8組、10円10組

　　　合計　金5,300円

ただし、債務者又は第三債務者が増えると加算されるので、詳細は、各執行裁判所に確認されたい。

　　　c　目　録

債務者兼所有者及び第三債務者が各1名の場合、当事者目録、請求債権目録、差押債権目録各5部ずつを裁判所に提出し、当事者、第三債務者が1名増える毎に各目録を1部ずつ追加する。

Ⅱ 物上代位に基づく賃料債権差押えの手続

4 第三債務者に対する陳述催告の申立て
ア 総説
債権者は差押さえた賃料債権の存否、賃料の金額、賃料の支払日、賃料の支払意思の有無、他の債権者からの差押え、仮差押えの有無等といった具体的な内容、状況を知ることができない場合がある。そのため、債権者は賃借人（第三債務者）に対して上記の情報の報告を求めるため、裁判所に対する債権差押えの申立てとともに陳述催告の申立てをすることができる（民執193Ⅱ・147Ⅰ）。

イ 手続
債権者により陳述催告の申立てがなされると、裁判所書記官は債権差押命令正本の送達と同時に、第三債務者に陳述の催告を行う（書式3－2）。この陳述催告を受けた第三債務者は送達の日から2週間以内に、催告を受けた陳述事項について陳述すべき義務を負う。債権者は第三債務者から書面で陳述書の提出を受け、これによって、差し押さえた賃料債権について具体的な情報を得ることができる。債権者としては、物上代位に基づく債権差押の申立てと同時に、陳述催告の申立てをするのが一般である。

5 差押命令の発令と送達
ア 債権差押命令の発令
物上代位に基づく債権差押えの申立てがあると、執行裁判所は申立ての方式、内容について審査し、債務者、第三債務者を審尋することなく、債権差押命令を発する（民執193Ⅱ・145Ⅱ）。通常、申立てから債権差押命令が発せられるまで数日程度である。

執行裁判所は、差押命令において、債務者に対して債権の取立てその他の処分を禁止し、第三債務者に対しては債務者への弁済を禁止する旨を宣言する。物上代位に基づく賃料債権差押えの場合、賃料債権という継続的債権を対象とすることになるが、とくに限定しない限り差押金額に満つるまで、継続的に支払われる賃料に差押えの効力が及ぶことになる（民執193Ⅱ・151）。

第3章　物上代位に基づく賃料差押え

書式3－2　第三債務者に対する陳述催告の申立書

第三債務者に対する陳述催告の申立書

平成○年○月○日

○○地方裁判所民事部　御中

　　　　　　　　　　　　　申　立　債　権　者　　○○○○株式会社
　　　　　　　　　　　　　債権者代理人弁護士　　○　○　○　○

　　　　　　　　（担　当）　同　弁　護　士　　○　○　○　○
　　　　　　　　　　　　　電話　○○○－○○○－○○○○
　　　　　　　　　　　　　FAX　○○○－○○○－○○○○

当事者　　別紙当事者目録（略）記載の通り

　本日御庁に申立てた上記当事者間の債権差押命令申立事件について、民事執行法147条第1項により第三債務者に対し陳述の催告をされたく申立てる。

イ　債権差押命令の送達

　債権差押命令が発令されると、執行裁判所は債務者及び第三債務者に対し、差押命令を送達しなければならない（民執193Ⅱ・145Ⅲ）。第三債務者に送達される前に債務者に送達されると、差押えの効力が発生する前に被差押債権が処分されるリスクがあるので、執行裁判所は最初に第三債務者に送達を行い、数日ずらして債務者に送達をする。

　債権者に対する告知方法は、相当の方法によるが、普通郵便による送付の方法や交付でなされる。

また、執行裁判所は、債権者に対し、債務者及び第三債務者に対する送達の日時又は不送達の旨を、送達通知書により通知することとしている。債権者は、この送達通知書により、債務者及び第三債務者への送達の日時を知ることができ、直接取立権（後述Ⅲ2）の発生時点を知ることができる。

　ウ　債権差押えの効力の発生時期

債権差押えの効力は、第三債務者に差押命令が送達されたときに生じる（民執193Ⅱ・145Ⅳ）。

従って、物上代位に基づく債権差押えの場合は、賃借人（第三債務者）に対し、裁判所からの差押命令が送達された時点で効力を生じ、その後に弁済期が到来する賃料から賃借人は賃貸人への賃料の支払いが禁止されることになる。

差押えの効力発生後、賃貸人が差押さえられた賃料債権を処分し、又は、賃借人（第三債務者）が賃料を賃貸人に支払っても、これらを債権者に対抗することはできない。

Ⅲ　賃借人からの賃料の回収方法

1　総説

債権者が執行裁判所から債権差押命令を得て、送達が完了しただけでは、裁判所が債務者に賃料債権の処分を禁止し、第三債務者に賃料の支払いを禁止しただけであるから、これだけでは、債権者が自己の債権の満足を得ることはできない。そこで、債権者は、賃借人（第三債務者）から賃料債権を取立て、これによって、自己の債権の回収を図ることになる。

2　直接の取立て

債権者は、債務者に債権差押えが送達されて1週間が経過すれば、直接賃借人から賃料債権を取立てることができる（民執193Ⅱ・155Ⅰ）。そのため、差押さえた賃料債権に、他の債権者からの差押え、仮差押え、滞納処分に基づく差押等が競合していない場合には、債権者は直接賃借人から賃料債権を取立てることになる（他の債権者からの差押え、仮差押え、滞納処分に基づく差

第3章　物上代位に基づく賃料差押え

押えが競合した場合の法律関係については後述する)。

具体的には、債権者は賃借人に内容証明郵便等で通知書を出して、賃料の支払を催告し、直接、債権者の銀行口座に振り込んでもらうのが一般的である（書式3－3）。

債権者が、賃借人から賃料の支払を受けた場合、その支払を受けた額の限度で、請求債権は弁済されたものとみなされる（民執193Ⅱ・155Ⅱ）。そして、債権者は、支払を受けた場合は、執行裁判所に対し、その旨の届け出をする必要がある（民執193Ⅱ・155Ⅲ。書式3－4、3－5）。

3　取立訴訟

債権者に取立権が発生した後も、賃借人（第三債務者）が任意に賃料の支払をしない場合には、債権者は、差押等の競合が生じていなければ、賃借人（第三債務者）に対して、差押えた賃料を直接自己へ支払うよう求めて訴訟を提起することができる（取立訴訟—民執193Ⅱ・157Ⅰ）。

また、賃料債権について差押えの競合を生じている場合には、賃借人（第三債務者）に対して賃料債権を供託することを求める取立訴訟を提起することになる。

なお、取立訴訟において、将来弁済期が到来する賃料債権を請求する場合には、民事訴訟法135条が規定する将来の請求の訴えの要件を満たす必要がある。下級審判例には、取立訴訟で将来弁済期が到来する賃料債権を請求する訴えが、将来請求の訴えとして不適法であると判示したものがある（東京地判平成10年6月25日金法1542号65頁）。

4　賃料が供託された場合の手続

ア　供託と事情届けの提出

第三債務者は差押さえられた金銭債権の全額を供託することができ（民執193Ⅱ・156Ⅰ—権利供託）、後述のように差押えの競合が生じた場合には供託義務が生じる（民執193Ⅱ・156Ⅱ—義務供託）。

第三債務者は、権利供託をした場合には、差押命令の発令裁判所に、義務供託をした場合には、最初に送達を受けた差押命令の発令裁判所に、供託し

書式3－3　通知書

通　知　書

平成○年○月○日

○○不動産株式会社　御中

通　知　人　○○銀行株式会社
上記代理人弁護士　○　○　○　○
同　弁護士　○　○　○　○

　拝啓　時下益々ご清祥のこととお慶び申し上げます。さて、当職らは通知人を代理して、以下のとおりご通知します。

1　貴社は、株式会社○○○○から、○○県○○市○○町○丁目○番地所在の建物の1階部分○○㎡（以下、「本件建物」といいます）を賃借されておりますところ、貴社もご存知の通り、この度、○○地方裁判所より、貴社の株式会社○○○○に対する賃料を差し押さえる旨の債権差押命令が発令されました（平成○年（ナ）第○号債権差押命令事件）。

2　従って、通知人は、上記債権差押命令に基づいて、貴社から直接賃料債権をお支払い頂くことができることとなります。
　　貴社には大変ご面倒をおかけ致しますが、裁判所から貴社に対して債権差押命令が送達された日以降の賃料を、通知人の下記銀行口座までお支払い頂きますようお願い致します。

記

　　○○銀行　○○支店　普通預金　口座番号　○○○○○○
　　○○銀行株式会社名義

以上

3　上記に関しましてご不明な点等がございましたら、当職ら宛てにご連絡下さいますようお願い致します。

敬具

第3章 物上代位に基づく賃料差押え

書式3－4 取立届

取 立 届

平成○年○月○日

○○地方裁判所 御 中

差 押 債 権 者　　○○銀行株式会社
上記代理人弁護士　　○　○　○　○

差押債権者　　○○銀行株式会社
債務者兼所有者　株式会社○○○○
第三債務者　　○○不動産株式会社

　上記当事者間の平成○年（ナ）第○号債権差押命令に基づき、平成○年○月○日午後○時○分に、債権者は、第三債務者から金○○○○円を取り立てました。尚、取立てはまだ継続しております（差押債権額金○○○○円、取立累計額金○○○○円、残額金○○○○円）。

以上

た旨の事情を届け出なければならない（民執193Ⅱ・156Ⅲ）。事情届出の方式は、供託事由や供託金額等の民事執行規則138条1項各号所定の事項を記載した書面に、供託書正本を添付して提出しなければならない（民執規179Ⅱ・138Ⅰ・Ⅱ）。

　イ　配当又は弁済金の交付の手続
　　a　配当期日及び弁済金交付日の指定
　執行裁判所は事情届の提出を受けると、配当期日又は弁済金交付日を定めて、配当手続又は弁済金交付手続を実施する（以下、これらを合わせて「配当等」という）。

Ⅲ　賃借人からの賃料の回収方法

書式3－5　取立完了届

取立完了届

平成○年○月○日

○○地方裁判所　御　中

差　押　債　権　者　　○○銀行株式会社
上記代理人弁護士　　○　○　○　○

差押債権者　　○○銀行株式会社
債務者兼所有者　株式会社○○○○
第三債務者　　○○不動産株式会社

　上記当事者間の平成○年（○）第○号債権差押命令に基づき、平成○年○月○日、午前○時○分に、債権者は、第三債務者から金○○○○円を取り立てました。尚、取立ては全額完了致しました（差押債権額金○○○○円、取立累計額金○○○○円、残額金○円）。

以上

---

b　配当期日等の呼出し

　執行裁判所が、配当の手続を実施する場合、配当を受けるべき債権者及び債務者に対して配当期日呼出状を送達する方法により呼び出さなければならない（民執193Ⅱ・166Ⅱ・85Ⅲ）。

　配当等を受けるべき地位にある債権者であれば、配当等の交付を受ける見込みがなくとも呼び出さなければならない。

　弁済金交付手続を実施する場合には、弁済金の交付を受けるべき債権者と債務者に対し、その日時及び場所を通知する（民執規59Ⅲ）。通知の方法は、適宜の方法によることができるので（民執規3Ⅰ）、普通郵便、口頭、電話等

第3章 物上代位に基づく賃料差押え

でも差し支えないが、実務上は、送達の方法で行う場合が多い。

　　　ｃ　債権計算書の提出の催告
　配当期日又は弁済金交付日の通知と同時に、配当等を受けるべき債権者に対して、債権の元本、配当期日等までの利息、損害金及び執行費用の額を記載した計算書を1週間以内に提出するよう催告しなければならず（民執規60）、執行裁判所は、提出された計算書に基づき、配当表又は弁済金交付計算書を作成する。

　　ウ　配当期日等の手続
　配当等の実施は、執行裁判所の書記官が行い（民執規61）、債権者又は債務者に配当すべき金額を供託金から払い渡すべき旨を記載した支払委託書を供託所に送付すると同時に、債権者又は債務者に対して供託金から払渡しを受けるべき金額を記載した支払証明書を交付する（供託規則30Ⅰ）。

　　エ　法務局での供託金の払渡し
　債権者は、法務局において、上記証明書を添付して供託金払渡請求書を提出することにより、配当金等を受け取ることができる。

　　Ⅳ　物上代位に基づく賃料差押えの実務上の問題点

　1　不動産競売との選択的な申立ての可否
　　ア　総　説
　目的不動産が賃貸物件である場合、目的不動産に対する不動産競売の申立てと併存して又は選択的に、物上代位に基づく賃料差押えの申立てが可能である。不動産競売手続は長期に及ぶことがあるため、目的不動産が賃貸物件である場合、不動産競売手続中の賃料債権に対する物上代位権の行使を認めることは、債権者にとって大きなメリットがある。

　　イ　極度額との関係
　根抵当権者は、不動産競売手続と物上代位に基づく賃料債権差押えの両方からの回収額の合計が根抵当権の極度額を超える場合、そのような回収を認めてよいかという問題がある。

Ⅳ　物上代位に基づく賃料差押えの実務上の問題点

　根抵当権については、民法375条の適用はなく、民法398条の3第1項が適用される。この規定については民法375条と同様に優先弁済権の範囲を定めたものと解する見解もあるが、根抵当権の極度額は、被担保債権の範囲、換価機能の限度を意味すると解するのが判例であり（最一小判昭和48年10月4日判時723号42頁）、実務の取り扱いである。
　したがって、根抵当権者が物上代位権行使によって賃料債権を回収した場合には、競合する差押債権者の有無にかかわらず、その回収額を極度額から控除した金額を限度として、不動産競売から配当を受けることができるにすぎない。

2　管理費、共益費の問題

　賃貸借の管理費、共益費は賃貸物件の維持、修繕のための費用であり、物上代位の対象にはならないものと解されている。下級審判例も、物上代位は賃料とは別個に金額を明示して約定されている共益費債権には行使できないと判断している（東京高決平成5年12月27日金法1379号34頁）。賃貸借契約の中で、賃料と管理費、共益費が明確に区分されている場合には、債権者は賃借人から賃料だけを取立て、管理費、共益費は賃貸人に支払ってもらえばよい。問題は、「賃料」の中に管理費、共益費が含まれてしまっている場合であり、この場合には、管理費・共益費込みの賃料全額が差押えの対象となるものと解されている。しかし、債権者が管理費・共益費を取得してしまえば、不動産の管理に支障を来すこととなるため、実務上は、賃借人と連絡を取って、事実上の管理費、共益費に相当する部分を控除した賃料だけを取立てたり、債権者が取立てた賃料のうち事実上の管理費・共益費にあたる金額を賃貸人に支払うなどの工夫をすることが望ましいものと考えられる。

3　賃料相当損害金に対する物上代位の可否

　賃料相当損害金に対して物上代位に基づき差押えが可能か否かについては、賃料相当損害金が損害賠償請求権であるため、従来争いのあったところであるが、東京地裁執行センターでは、賃貸借契約終了後、明渡し済みまでの賃料相当損害金に対する差押えを認める扱いをしている。

第3章　物上代位に基づく賃料差押え

賃料相当損害金であっても、目的物の交換価値のなし崩し的現実化という点においては賃料の場合と異ならないこと、また、その法的性質も、賃貸借契約終了に基づく目的物返還請求権の債務不履行責任であることから、民法304条1項にいう「賃貸」によって債務者が、「受けるべき金銭」ということができることを根拠とする（金法1658号93頁）。

4　倒産法制と物上代位

ア　破産手続等との関係

物上代位に基づく賃料債権の差押えは、担保権の実行の一形態であり、抵当権の効力に基づくものである。従って、債務者又所有者に破産手続、特別清算、会社整理が開始されても、抵当権その他の担保権が別除権として、その制約を受けずに行使できることから、債権者は上記破産等の倒産手続の制約は受けずに物上代位に基づく賃料債権の差押の申立てが可能である。

イ　民事再生法との関係

平成12年4月から施行されている民事再生法においても、抵当権その他の担保権は別除権として、民事再生手続によらないで権利を行使することができる（民再53Ⅱ）。よって、債権者は債務者又は所有者に対し民事再生手続が開始されても物上代位に基づく賃料債権の差押えの申立てが可能である。ただし、裁判所は、再生債権者の一般の利益に適合し、かつ、競売申立人に不当な損害を及ぼすおそれがないものと認めた場合には、再生債権者の財産に対してなされている担保権の実行手続を中止させることができる（民再31）。

ウ　会社更生法との関係

以上に対し、会社更生手続においては、抵当権その他の担保権はすべて更生担保権として取り込まれ、会社更生手続以外での行使をすることができない。従って、債務者又は所有者に対し会社更生開始決定がなされた後は、物上代位に基づく債権の差押えの申立てはできないし、それ以前に申し立てられていた物上代位に基づく差押えは中止されてしまう（会更50Ⅰ）。

5　賃借人の反対債権による相殺の主張

Ⅳ 物上代位に基づく賃料差押えの実務上の問題点

ア 総説

賃貸借契約においては、賃借人は、賃貸人に対して担保として敷金を差し入れているため敷金返還請求権を有する場合が多く、また、これとは別に、賃借人が賃貸人に対して貸金等の一般債権を有している場合もある。このように、第三債務者たる賃借人が、賃貸人に対して反対債権を有している場合において、債権者から、物上代位に基づいて賃料債権の差押えがなされた場合、賃借人は、債権者に対して、賃貸人に対して有する債権を自働債権とし、賃料債権を受働債権とする相殺を対抗することができるかという問題がある。

以下、賃借人が賃貸人に対して借金債権など一般債権を有する場合と、敷金返還請求権を有する場合とに分けて検討する。

イ 一般債権を有する場合

a 最三小判平成13年3月13日

最三小判平成13年3月13日（判時1745号69頁）は、「抵当権者が物上代位権を行使して賃料債権の差押えをした後は、抵当不動産の賃借人は、抵当権設定登記の後に賃貸人に対して取得した債権を自働債権とする賃料債権との相殺をもって、抵当権者に対抗することはできない」と判示し、抵当権設定登記の時点と賃借人が賃貸人に対する債権を取得した時点の先後を物上代位権と賃借人の相殺との優先関係の判断基準として、抵当権設定登記後に取得した債権を自働債権とし、賃料債権を受働債権とする相殺が、物上代位に劣後することを明らかにして、この点に関し、最高裁の初めての判断が示された。

そして、その理由として、「物上代位により抵当権の効力が賃料債権に及ぶことは抵当権設定登記により公示されているとみることができ」、相殺に対する賃借人の期待を、抵当権の効力に優先させる理由はないと述べている。

b 合意による相殺

賃貸人と賃借人との間で、賃料債権と賃借人が賃貸人に対して有する債権を対等額で相殺する旨の合意が予めなされていた場合において、その合意が成立した後に、抵当権者が、物上代位に基づき賃料債権を差し押さえた場合、物上代位と相殺の合意のどちらが優先するかという問題についても、上記最

第3章　物上代位に基づく賃料差押え

　三小判平成13年3月13日は、次のように述べて、相殺の効力を抵当権者に対抗することはできないと判示した。

　「抵当不動産の賃借人が賃貸人に対して有する債権と賃料債権とを対等額で相殺する旨を上記両名があらかじめ合意していた場合においても、賃借人が上記の賃貸人に対する債権を抵当権設定登記の後に取得したものであるときは、物上代位権の行使としての差押えがされた後に発生する賃料債権については、物上代位をした抵当権者に対して相殺合意の効力を対抗することができない」と判示して、相殺の合意による場合においても、賃借人は、相殺を抵当権者に対抗しえないことを明らかにした。

　　ウ　敷金返還請求権の場合

　賃貸人が物上代位による賃料差押えを受ける場合には、賃貸人の財務状況が悪化している場合が多く、かかる場合には、賃借人としては、敷金返還請求権を自働債権とし、賃料債権を受働債権として相殺することに強い期待を有している場合が多い。

　この点について、下級審裁判例は、相殺を肯定したものと否定したものに分かれていたが、最高裁は、これを肯定する結論を示した。

　　　a　下級審裁判例

　保証金返還請求権との相殺を肯定した裁判例（東京地判平成10年6月25日金法1542号65頁）

　敷金返還請求権との相殺を否定した裁判例（東京地判平成12年5月10日金法1587号72頁）

　保証金返還請求権との相殺を否定した裁判例（大阪地判平成8年10月31日金法1486号116頁、東京地判平成10年7月30日判時1677号78頁、東京地判平成11年5月10日金法1557号78頁）

　　　b　最一小判平成14年3月28日の結論

　最一小判平成14年3月28日（判時1783号42頁）は、「敷金が授受された賃貸借契約に係る賃料債権につき抵当権者が物上代位権を行使してこれを差し押さえた場合においても、当該賃貸借契約が終了し、目的物が明け渡されたと

きは、賃料債権は、敷金の充当によりその限度で消滅する」と判示して、目的物が返還された後、未払賃料等がある場合には、相殺の意思表示を待たずに敷金が当然に充当され、これは、物上代位権の行使にも妨げられないことが明らかにされた。

目的物返還時における敷金の充当による未払賃料等の消滅は、敷金契約から当然に発生する効果であって、相殺のように当事者の意思表示を必要とするものではないからである。

この最一小判平成14年3月28日により、前掲最三小判平成13年3月13日の射程が物上代位権の行使と敷金の賃料への充当との優劣関係には及ばないことが明らかにされた。

6　物上代位と債権譲渡との優劣

ア　債権譲渡との優劣関係

抵当権者が目的不動産に抵当権を設定していたところ、抵当不動産の賃貸人が、目的不動産の賃料債権を第三者に債権譲渡をして、対抗要件を満たしてしまった後においても、抵当権者が物上代位権を行使することができるのかについては、古くから争いがあったところであり、大審院判例はこれを否定していた（大決昭和5年9月23日民集9巻9号918頁等）。

高裁の判断は分かれていたが、最高裁判所は、大審院判例を変更して、物上代位権の行使を肯定した（最二小判平成10年1月30日、最三小判平成10年2月10日判時1628号3頁）。

これらの最高裁判例の要旨は、民法372条において準用する民法304条1項ただし書が、抵当権者が物上代位権を行使するには、「払渡し又は引渡し」の前に差し押さえをすることを要するとした趣旨は、主として第三債務者を二重弁済の危険から保護することにあり、このような民法304条1項ただし書の目的に照らすと、「払渡し又は引渡し」には、債権譲渡は含まれず、抵当権者は、物上代位の目的債権が、譲渡され、第三者に対する対抗要件が具備された後においても自ら目的債権を差し押さえて物上代位権を行使することができるものというものであり、高裁において判断が分かれていた問題に

第3章　物上代位に基づく賃料差押え

ついて終止符を打った。

　もっとも、動産売買の先取特権において、物上代位の目的債権が譲渡され、第三者に対する対抗要件が備えられた後においては、目的債権を差し押さえて物上代位権の行使をすることはできないとする否定判例が出た（最三小平成17年2月22日判時1889号46頁）。

　動産売買の先取特権には、抵当権と異なり公示方法がないことから、第三者の利益を図る必要があるため上記のように抵当権の場合と動産先取特権の場合とで結論に差異がでたものと考えられる。

　イ　債権質等との関係

　上記の抵当権に関する最高裁判例は債権譲渡に関する判例であるが、抵当権設定後に、別の債権者が債務者から賃料債権に債権質又は債権譲渡担保の設定を受けた場合には、抵当権者と債権質権者（又は譲渡担保権者）のどちらが優先するかという問題もあり、実務上問題になるケースが多い。上記最高裁判例の射程は、直接、債権質や債権譲渡担保のケースに及ぶものではない。むしろ、下級審判例では、抵当権の目的物である建物の火災保険金請求権に債権質が設定された場合における保険金請求権に対する質権と抵当権に基づく物上代位との優劣という問題において、第一審（鹿児島地判昭和32年1月25日下級民集8巻1号114頁）は保険金請求権に対する物上代位の公示方法としては抵当権の登記で十分として物上代位を優先させる判断をしたが、控訴審（福岡高宮崎支判昭和32年8月30日下民集8巻8号1619頁）は、物上代位の優先のためには、抵当権の登記では足らず物上代位による差押えが質権設定の対抗要件（確定日付）の具備よりも先になされていることが必要であるとした例がある。

　この点は、債権質や債権譲渡担保の場合も、債権譲渡の場合と同じく債権の処分であるから抵当権による物上代位との優劣の問題において別異に考えるべき理由は乏しい。とすると、前記最高裁判例の後では、抵当権の登記が、債権質（又は債権譲渡担保）の対抗要件より先であれば、物上代位に基づく債権差押えの前に、質権設定又は譲渡担保権が設定されていても、物上代位

V 物上代位とその他の債権者との差押えの競合

が優先するという判例がでる可能性が高いであろう。しかし、この点は今後の判例に期待するしかない。

V 物上代位とその他の債権者との差押えの競合

1 総説

同一の第三債務者に対する賃料債権について、抵当権者の物上代位に基づく差押えと他の債権者の差押えが競合することがある。物上代位に基づく差押えに競合する差押債権者としては、一般債権者、他の抵当権者、租税債権者等が考えられるが、実際にも、抵当権者が物上代位により債務者の賃料債権を差押さえる場合、債務者は事実上の倒産状態にあり、他の債権者が回収可能な賃料債権を取り合うような状況になることが非常に多い。

民事執行法156条は、差押えが競合した場合の手続について規定しているが、これは一般債権者のケースを想定したものであり、物上代位に基づく差押えは担保権に基づく債権差押であるため、実体法上、抵当権は一般債権者等に優先することを反映して、若干の考察が必要である。

なお、判例上、民法304条1項ただし書の差押えの目的は優先権の保全に求められており、優先弁済権を主張する抵当権者自らが同条項の差押えをすることを要する。よって、以下の説明は、抵当権者自らが物上代位に基づく債権差押を申立て、差押え命令が第三債務者に送達され、差押えの効力が生じていることが前提である。

2 差押えの競合と供託手続

ア 差押えの競合の意義と効果

差押えの競合とは、差押えと差押えが重複し、各差押債権額の総額が被差押債権の額を超えるときをいう。このような場合、各差押えの効力は拡張し、被差押債権の全額に効力が及ぶことになる。物上代位の場合、第三債務者である賃借人が、差押えられた賃料債権について取立訴訟の訴状の送達を受けるときまでに、差押えられた賃料債権のうち差押えられていない部分を超えて発せられた差押命令の送達を受け、賃料債権に差押えが競合することに

161

第3章 物上代位に基づく賃料差押え

なったときは、賃借人は、その賃料の全額に相当する金銭を債務の履行地の法務局に供託しなければならない（義務供託。民執193Ⅱ・156Ⅱ）。

そして、この場合、賃借人は執行裁判所に供託した旨の事情届けを提出しなければならない（民執193Ⅱ・156Ⅲ）。

　イ　裁判所の配当等の手続

執行裁判所は賃借人から事情届けの提出を受けると、前記Ⅲ・4・イ及び同ウ記載の通り、配当の手続を行う。配当を受けるべき各債権者への配当の額は、総債権者の合意が成立しない限り法律の定めるところによって配当表に記載されるが（民執193Ⅱ・166Ⅱ・85Ⅴ）、配当の優先順位は以下に述べるとおりとなる。結局、物上代位に基づく債権差押と他の債権差押が競合した場合であっても、第一順位の抵当権者が物上代位権を行使している場合、配当手続においてその抵当権者が優先し、配当を受けるケースが多いと思われる。

以下、項を改めて説明する。

　3　債権者間の優先関係

　　ア　一般債権者との優先関係

抵当権者は、担保権のない一般債権者に常に優先することから、物上代位に基づく債権差押と一般債権者の債権差押が競合した場合、常に物上代位が優先する。

　　イ　物上代位相互間の優先関係

物上代位に基づく債権差押が競合した場合、優先関係は担保権の優先関係による。すなわち、第一順位の抵当権者が、物上代位に基づき債権差押をした場合、後順位抵当権者の物上代位に優先するし、他の担保権者（質権者等）の物上代位との優先関係は、抵当権とその担保権との優先関係による。

　　ウ　租税債権者との優先関係

抵当権の物上代位に基づく債権差押と、租税債権者の滞納処分に基づく差押えが競合したときは、租税の法定納期限等と抵当権設定登記の前後によって、優先関係が決せられる（税徴16、地税14の10）。

4 差押えが競合した場合の供託以外の賃料の直接回収

　物上代位に基づく債権差押と他の債権差押が競合した場合、実務上は、賃借人から賃料の供託と事情届の提出を待って、執行裁判所が配当等の手続で優先権のある抵当権者等の担保権者に配当等がなされる。

　この点は、第一順位の抵当権者と第二順位の抵当権者の物上代位が競合したり、物上代位と一般債権者の差押えが競合したりして、優先関係が明らかである場合、供託と配当等の手続によらないで、優先権のある差押債権者が、直接、賃借人から賃料を取り立てることができないかという問題がある。第三債務者たる賃借人にとっては、毎月供託手続をとるよりも直接優先する抵当権者に支払えた方が都合が良いし、他方、抵当権者としても、直接取立てた方が、回収と債権管理が容易であるというメリットがある。また、差押債権者の物上代位が配当で優先することが明らかな場合には、直接取立てによる他の差押債権者への不利益はないことから、このような、直接の取立てを肯定してもよいという見解もある。しかしながら、このような運用は現在の実務では確立されておらず、今後の判例、実務の運用に委ねられる領域である。

Ⅵ　転貸借と物上代位に基づく債権差押

1　総　説

　目的不動産を債務者が第三者に賃貸しており、その第三者がさらに別の第三者に目的不動産を転貸している場合、抵当権者は、目的不動産の賃借人の転貸賃料債権に対して物上代位に基づく債権差押を行使することができるかという問題がある。

　特に、原賃貸借契約上の賃料が低額に設定され、転貸賃料が高額に設定されているケースでは、転貸賃料債権に物上代位を行使することを認めるメリットがある。また、バブル崩壊後、悪質な債務者が金融機関の抵当権の実行（担保不動産競売、物上代位）を免れるために、虚偽の賃貸借を仮装する執行妨害行為が巧妙化したという事情もあり、転貸賃料に対し、物上代位に基づづ

第3章　物上代位に基づく賃料差押え

く債権差押を行使するメリットが大きかった。

2　従前の下級審判決の動向と実務

転貸賃料に対する物上代位に基づく差押えの可否については、民法372条によって抵当権に準用される同法304条1項の「債務者」に抵当不動産の賃借人が含まれるかという解釈上の問題と結びついて、学説が対立し、実務においても判断が分かれていた。

① 　後順位賃借権限定説（限定的肯定説）（東京地決平成4年10月16日金法1346号47頁）

原賃借権が、抵当権設定登記後に設定されたものであり、抵当権に劣後する場合には、抵当権者は、転貸賃料に対して物上代位による差押えをすることができるとする見解

この見解に対しては、賃料債権そのものを差し押さえる場合には、抵当権設定登記との先後関係は問題とされないこととの論理一貫性がないとの批判が加えられている。

② 　執行妨害等要件説（原則否定説）（大阪高決平成7年6月20日金法1434号41頁）

原則として転貸賃料に対する物上代位を否定するが、例外的に、執行妨害目的による転貸借や所有者と賃借人とが同一視される場合にはこれを認める見解

3　最二小判平成12年4月14日

最二小判平成12年4月14日（金商1090号32頁）は、「民法372条によって準用される同法304条1項に規定する「債務者」には、原則として、抵当不動産の賃借人（転貸人）は含まれないものと解すべきである」とした上で、「抵当権者は、抵当不動産の賃借人を所有者と同視することを相当とする場合を除き、右賃借人が取得すべき転貸賃料債権について物上代位権を行使することができない」と判示して、基本的に、前記の②執行妨害等要件説（原則否定説）によるべきことを明らかにした。

4　転貸賃料に対する物上代位の申立て（書式3－6：物上代位に基づく転

貸賃料に対する差押命令申立書）

　ア　転貸賃料に対する物上代位の要件

　前記最二小判平成12年4月14日は、例外的に、転貸賃料債権に対して物上代位権の行使が認められる場合として、「所有者の取得すべき賃料を減少させ、又は抵当権の行使を妨げるために、法人格を濫用し、又は賃貸借を仮装した上で、転貸借関係を作出したものであるなど、抵当不動産の賃借人を所有者と同視することを相当とする場合」という要件を挙げている。

　そこで、今後、抵当権者が転貸賃料に対して物上代位に基づく債権差押を申立てるためには、通常の賃料債権に対する差押え申立ての要件に加えて、最高裁判例の述べる「抵当不動産の賃借人を所有者と同視することを相当とする」事実の主張・立証が必要となる。

　イ　転貸賃料に対する物上代位の立証方法

　抵当権者が「抵当不動産の賃借人を所有者と同視することを相当とする」事実を立証するための書面としては、担保不動産競売手続の現況調査報告書、債権者が実際に現地を調査した調査報告書等、虚偽の内容や執行妨害目的が明白な内容の賃貸借契約書、所有者と賃借人の資格証明書等が考えられる。いずれにせよ、法人格の濫用や賃貸借の仮装、詐害行為目的等により賃借人と所有者を同視しうる場合であることを債権者において立証する負担を負わされる結果となる。その他、上記の要件は執行妨害と重なるため、執行妨害の章を参照していただきたい。

Ⅶ　物上代位に基づく債権差押手続の終了

1　物上代位の終了原因

物上代位に基づく債権差押の終了原因としては、次のようなものが考えられる。

　① 賃料債権の取立ての完了（執行裁判所は、取立完了届をもって、事件完結の手続を行うこととなる）

　② 不動産競売手続での売却による抵当権の消滅（民執59Ⅰ）

第3章　物上代位に基づく賃料差押え

書式3－6　債権差押命令申立書

債権差押命令申立書
（根抵当権に基づく物上代位）

平成〇年〇月〇日

〇〇地方裁判所民事部　御中

申立債権者代理人弁護士　〇　〇　〇　〇

当事者　　　　　　　　別紙目録のとおり
担保権・被担保債権・請求債権
目的不動産

申　立　の　趣　旨

　債権者は、債務者兼所有者に対し、別紙請求債権目録記載の債権を有するが、債務者兼所有者がその弁済をしないので、債務者兼所有者及び所有者らの別紙物件目録記載の不動産に対する別紙担保権目録記載の根抵当権（物上代位）に基づき、賃借人兼転貸人が第三債務者に対して有する別紙差押え債権目録記載の債権（転貸賃料）の差押命令を求める。

申　立　の　理　由

1　本件建物は、形式上、債務者兼所有者らが賃借人兼転貸人に賃貸し、賃借人兼転貸人から第三債務者に転貸されている形を取っているが、目的不動産の賃借人兼転貸人を所有者と同視することができるから、債権者の本件差押えは認められるべきである。

Ⅶ　物上代位に基づく債権差押手続の終了

2　よって、債権者は、御庁に対し、根抵当権に基づいて、賃借人兼転貸人の第三債務者に対する賃料債権について債権差押命令を申し立てる次第である。

以　　上

添　付　書　類

1　資格証明書　　　　　　　　　　　　　3通
2　訴訟委任状　　　　　　　　　　　　　1通
3　不動産登記簿謄本　　　　　　　　　　1通

当事者目録

〒〇〇〇―〇〇〇〇
　　〇〇県〇〇市〇〇町〇丁目〇番〇号
　　　　債権者　　　　　　株式会社〇〇銀行
　　　　上記代表者代表取締役　　〇〇〇〇

〒〇〇〇―〇〇〇〇
　　〇〇県〇〇市〇〇町〇丁目〇番〇号　　　〇〇法律事務所
　　　　上記代理人弁護士　　　〇　〇　〇　〇

〒〇〇〇―〇〇〇〇
　　〇〇県〇〇市〇〇町〇丁目〇番〇号
　　　　債務者兼所有者　　　株式会社〇〇
　　　　上記代表者代表取締役　　〇〇〇〇

〒〇〇〇―〇〇〇〇
　　〇〇県〇〇市〇〇町〇丁目〇番〇号
　　　　賃借人兼転貸人　　　株式会社〇〇
　　　　上記代表者代表取締役　　〇〇〇〇

第3章　物上代位に基づく賃料差押え

```
〒○○○—○○○○
　　○○県○○市○○町○丁目○番○号
　　　　第三債務者　　　　　　株式会社○○
　　　　上記代表者代表取締役　　○○○○
```

```
　　　　　　　　差　押　債　権　目　録


　金○○円
　但し、賃借人兼転貸人の第三債務者に対する、平成○年○月○日付賃貸借
契約に基づく、別紙物件目録記載の建物の○階部分の賃料債権（月額賃料金
○○円）について、本命令送達日以降に支払期が到来するものから頭書額に
満つるまで（但し、管理費及び共益費相当部分を除く）
```

　　③　任意売却の成立等による抵当権の解除
　　④　賃貸人と賃借人（第三債務者）の賃貸借の終了により、賃料債権が
　　　発生しなくなったこと
　　⑤　債権差押の取下げ
　2　取下げ手続
　取下げは、執行裁判所に取下書を提出することによって行う（書式3－7：取下書）。取下げについては、書面によらなければならないとする規定はないが、手続の安定性、確実性の観点から、書面によるべきであり、実務上も取下書の提出によって行われている。取下げをするには、債務者及び第三債務者の同意は必要ない。

　取下書の印影は、債権差押申立書の印影と同一でなければならない。同一でない場合には、実印を使用し、印鑑証明書を添付するなど、取下書が債権者の意思に基づくものであることを確認することが出来る方法によることが必要である。

Ⅶ 物上代位に基づく債権差押手続の終了

書式3-7　取下書

平成○年（○）第○号債権差押命令申立事件

　　　　　　　　　　取　　下　　書

　　　　　　　　　　　　　　　　　　　　　　平成○年○月○日
　○○地方裁判所　民事部　御中

　　　　　　　　　　　　　　　申　立　債　権　者　　株式会社○　○

　　　　　　　　　　　　　　　債権者代理人弁護士　　○　○　○　○

　　　　当　事　者　　　別紙当事者目録記載の通り
　　　　目的不動産　　　別紙物件目録記載の通り

1　上記当事者間の頭書債権差押命令申立事件において、今般、別紙物件目録記載の不動産について任意売却が成立し、抵当権が解除されました。
2　よって、債権者は、既に第三債務者から取立を完了した賃料を除いて、債権差押命令の取下げを致します。

　　　　　　　　　　　　　　　　　　　　　　　　　　　　　　以上

　また、代理人によって取下げる場合には、特別授権を要する（民執20、民訴55Ⅱ）。
　取下げは、全部又は一部についてすることができるが、一部取下げの場合には、取下げの範囲を明確に記載することが必要である。例えば、第三債務者により供託がなされたが、配当手続が未了の場合に、供託された部分を除いた残余について取下げをする場合には、その供託部分を除く旨を明記する。
　3　取下げの効果
　取下げの効果は、差押え命令の送達の前後を問わず、取下書が執行裁判所

に提出され、受理されたときに確定的に生じ、これにより、差押命令に基づく処分制限、取立制限、支払制限その他の差押えの効力は失われ、執行手続きは終了する。

しかし、債権者が取下げまでにした取立て、配当の効果、第三債務者が取下げまでにした供託の効果は失われない。

差押命令の送達により生じた執行債権の時効中断の効力は、差押命令申立の取下げによりその効力を失う（民154）。

4　差押命令申立取下げの通知

裁判所書記官は、債権者から差押命令申立の取下げがなされた場合には、債務者及び第三債務者に対し、その旨の通知をしなければならない（債務者につき民執規14、第三債務者につき民執規179Ⅱ・136Ⅰ）。もっとも、債務者又は第三債務者に差押命令の送達が未だされていない段階で、取下げられた場合には、この通知は不要である。

第4章　不動産執行妨害への対処

Ⅰ　総　　説

　不動産競売事件の目的不動産の所有者は、多くの場合債務者であり、通常倒産状態にあるので、目的不動産の管理には意欲がなく、他方で、既に高利の貸金業者などから資金の融通を受け、その見返りに目的不動産を占有させたり、賃借権の仮登記を設定したりする場合が多い。また、目的不動産の任意売却にからんで立退料、登記の抹消料等の名目で不当に収益を得ようとしたり、競売手続を妨害しつつ値下がりを待って殊更に安く買い受けようなどと画策したりする事件屋、占有屋と言われる人々が介入したりすることも少なくない。そこで民事執行法上このような執行妨害に対しては、保全処分等の対策が用意されている。

Ⅱ　売却のための保全処分

1　制度の意義
　不動産競売事件により差し押さえられた目的不動産についても、債務者（所有者）は、売却により他に所有権移転されるまでは、これを使用収益することができる。そこで、所有者において、不動産競売手続の妨害を図るために、目的不動産を自ら又は第三者を介して物理的に毀損し又は第三者に使用させる等してその価値を減少させたりする事態が生じうる。

　しかし、これでは、民事執行法に則った競売手続での債権の満足は図れないので、民事執行法55条1項（担保権に基づく競売の場合は民執188により準用）は、不動産の債務者（所有者）又は占有者が、価格減少行為（不動産の価値を減少させ、又は減少させるおそれがある行為）をするときは、差押債権者の申立により、差押債権者の競売申立時から買受人が代金を納付するまでの間は、執行裁判所は、一定の保全処分又は公示保全処分（執行官に、保全処

分の内容を不動産の所在する場所に公示書その他の標識を掲示する方法で公示させる保全処分）を命じることができるものと定めた。これが売却のための保全処分である。

2　申立ての主体
差押債権者に限られる。すなわち、強制競売又は担保不動産競売の申立てをした差押債権者であり、二重開始決定を受けた後の差押債権者も含まれる。ただし、配当要求の終期後にこうした申立てをした差押債権者は、配当を受けられない関係で除外される（民執55Ⅰ・188）。

3　申立ての相手方
債務者（所有者）又は不動産の占有者（民執55Ⅰ・188）である。ただし、8で述べるように、執行官保管の保全処分又は公示保全処分や占有移転禁止を伴う執行官保管の保全処分及び公示保全処分は、相手方が、不動産を占有する債務者（所有者）又は差押債権者、仮差押債権者若しく民事執行法59条1項（188条）により売却により消滅する権利（先取特権、使用収益をしない定めある質権、抵当権）を有する者に占有権原を対抗できない占有者である場合にのみ発令される（民執55Ⅱ・188）。

なお、平成8年改正の前は、申立ての相手方は、債務者（所有者）に限られていたため、それ以外の第三者が占有している場合に、債務者が「関与」したこととして拡張解釈していたが、同改正により申立ての相手方として、「不動産の占有者」が加えられたので、債務者の「関与」を主張・立証（疎明）する必要がなくなり、第三者が不動産を占有していることを疎明すれば足りることとなった。

4　申立ての時期
ア　申立ての始期は、競売申立てが裁判所に受理されたときである。この場合、保全処分の決定は、競売開始決定後になされる。

なお、かつては、競売申立てをしないと一切保全処分の申立てができず、競売開始決定前の保全処分の決定は認められなかった。しかし、これでは、担保権実行による競売の申立て前に所有者らに抵当不動産の価値減少行為

をされた場合は、これを阻止できなくなるので、平成8年改正により、「特に必要がある場合」には、担保不動産について、競売開始決定前の保全処分の申立てが認められるようになった（民執187。詳細は、本章Ⅲ4参照）。

イ　申立ての終期は、買受人が代金を納付した時点である（民執55Ⅰ・188）。代金納付により、不動産の所有権は買受人に移転するので（民執79・188）、差押債権者には価格減少行為を阻止すべき利益がなくなるからである。

なお、売却実施後の抵当不動産の価値減少行為に対しては、最高価買受申出人又は買受人も保全処分の申立てをなしうるので（民執77・188）、代金納付までは、売却のための保全処分申立てと競合することもある。

5　管轄裁判所

強制競売又は担保不動産競売の申立事件の係属する裁判所の専属管轄である。

6　保証金等の担保の提供

保全処分の決定をするときは、「申立人に担保を立てさせることができる」ものとして、申立人に担保を立てさせるかどうかは執行裁判所の裁量によるが（民執55Ⅳ本文・188）、執行官保管の保全処分（相手方の不動産の使用を許さないもの。民執55Ⅰ②・188）については、「担保を立てさせなければ」ならないものとされる（民執55Ⅳ但書・188）。この場合の担保は、相手方が保全処分命令を受けたことにより蒙る損害を担保するためのものであり、差押対象不動産の価額減少行為等という相手方が引き起こした原因事情に鑑みて、通常、担保の価額は低廉である。

7　要　件　「価格減少行為（不動産の価格を著しく減少する行為をするとき、又はそのおそれがある行為）をするとき」

ア　ここにいう「価格減少行為」とは、物理的に不動産を毀損するなどして価格を減少させる行為と競争売買を阻害して価格を減少させる行為とに大別されている。

第4章　不動産執行妨害への対処

　①　物理的に不動産を毀損するなどして価格を減少させる行為としては、差し押さえた建物を取り壊す行為、建物所有者が施錠もせず建物を去り無断侵入者の溜まり場となって火災発生等の危険を生じる状態で放置する等の行為（書式4－1：保全処分命令申立書（民事執行法55条1項による場合））、土砂や産業廃棄物などを搬入する行為等が挙げられる。
　②　競争売買を阻害して価格を減少させる行為としては、暴力団関係者や占有屋、事件屋への占有移転行為（書式4－2：保全処分命令申立書（民事執行法55条1項による場合））、差押の対象である更地に建物を建築する行為、暴力団員等がその支配を誇示するために看板や張り紙をする行為等が挙げられる。こうした場合、買受希望者は激減し不動産売却価格は低下するのが通常だからである。

　なお、平成15年改正前は、「価格減少行為」について、不動産の価格を「著しく」減少する行為、又はそのおそれがある行為とされていたが、同改正により、「著しく」の要件が撤廃された。即ち、従前は、「著しく」の要件を満たそうとして、明白な執行妨害の意図といった主観的な事情についての疎明を求められることが多かった。しかし、昨今において、一見明白には執行妨害の意図はわからないが、通常の使用形態とは言えないような場合、例えば実態が判明しない法人の表示があったり、言葉の通じない外国人が多数寝泊りしていたりするような場合においては、保全処分の申立は極めて困難となってしまい、それでは、不動産の競売手続は支障をきたすことが明らかであるので、前記の通り、要件が緩和されたものである。

　イ　当該価格減少行為による不動産の価値の減少又はそのおそれが軽微であるときは、保全処分は認められない（民執55Ⅰ柱書但書・188）。

　これは、前記のとおり、平成15年改正により「著しく」の要件が撤廃されたが、これでは、正常な賃貸借であっても、当該賃貸借のために建物価額が低く評価される場合等には「価格減少行為」と評価され得ることとなってしまうところ、こうした占有者は保護に値し保全処分を認めることは相当でないことから、価格減少行為が軽微である場合を保全処分の発令

Ⅱ 売却のための保全処分

書式4－1　民事執行法55条1項による売却のための保全処分命令申立書

保全処分命令申立書

　　　　　　　　　　　　　　　　　　　　　　　　　印　紙
○○地方裁判所民事部　御中　　　　　　　　　　　500円

　　　　　　　　　　　　　　　　　　　平成　年　月　日
　　　　　　　　　　　　申立人（差押債権者）　○○○○銀行
　　　　　　　　　　　　　　　申立人代理人　弁護士　○○○○
　　　　　　　　　　　　　　　電話　○○○－○○○－○○○○
　　　　　　　　　　　　　　　ＦＡＸ　○○○－○○○－○○○○
当事者の表示　　　　別紙当事者目録記載の通り

申立ての趣旨

　相手方は、別紙物件目録記載の建物（以下、本件建物という）を施錠して管理せよ。
　執行官は、○○○を公示するために適当な方法をとらなければならない。
との裁判を求める。

申立ての理由

1．申立人は、本件建物につき、御庁に抵当権実行としての競売申立をし、平成○年○月○日、御庁平成○年（ケ）第○○号不動産競売事件として競売開始決定がなされ、同年○月○日付で差押登記がなされた。
2．相手方が本件建物を放置する行為は、本件建物の価値を著しく減少する行為と考えられ、前記競売手続において本件建物につき買受希望者の出現は期待できなくなること明らかであり、その結果、本件建物の価値は著しく減少することになる。
3．よって、申立人は、民事執行法188条、同55条1項に基づき、申立の趣旨記載の通りの裁判を求める。

第4章　不動産執行妨害への対処

```
              添付書類
1．不動産登記事項証明書        1通
2．資格証明書               2通
3．委任状                 1通
```

註：　申立手数料として印紙500円を申立書に貼付する。なお、これは相手方が1人の場合の手数料であり、相手方が1人増えるごとに500円ずつ加算される。

```
                当 事 者 目 録
〒○○○―○○○○
   ○○県○○市○○町○丁目○番○号
            申立人              ○○○○銀行
            代表者代表取締役       ○○○○
〒○○○―○○○○
   ○○県○○市○○町○丁目○番○号       ○○○○銀行○○支店
            支配人              ○○○○
〒○○○―○○○○
   ○○県○○市○○町○丁目○番○号       ○○ビル○階
            申立人代理人    弁護士   ○○○○
            電話   ○○○―○○○―○○○○
            ＦＡＸ  ○○○―○○○―○○○○
〒○○○―○○○○
   ○○県○○市○○町○丁目○番○号       ○○ビル○階
            相手方             ○○○○株式会社
            代表者代表取締役      ○○○○
```

Ⅱ　売却のための保全処分

```
　　　　　　　　　　物　件　目　録
　　所　　　在　　○○県○○市○○町○丁目○番○号
　　家屋番号　　　○○番
　　種　　　類　　居　宅
　　構　　　造　　木造亜鉛メッキ鋼板葺2階建
　　床面積　　　　1階　　○○○．○○平方メートル
　　　　　　　　　2階　　○○○．○○平方メートル
```

要件から外したものである。

8　保全処分の内容

ア　平成15年改正により、現行法上、価格減少行為の禁止又は一定の行為を命じる保全処分（民執55Ⅰ①・188）、執行官保管の保全処分（同55Ⅰ②・188）、及び占有移転禁止を伴う執行官保管の保全処分（同55Ⅰ③・188）の3方法が用意されており、申立権者は、そのいずれを選択することも可能である。

この点、ことに、平成15年改正前は、原則として、まず価格減少行為の禁止又は一定の行為を命じる保全処分の申立をし、そうした保全処分命令の違反があったとき、又は、そうした命令によっては不動産の価格の「著しい」減少を防止することができない特別の事情があるときに、執行官保管の保全処分が発令された。しかし、これでは、明らかに価格減少行為がなされる場合でも、それをみすみす放置する事態となりかねないという不都合が生じたので、改正法は、価格減少行為の禁止又は一定の行為を命じる保全処分と執行官保管の保全処分とには、優劣や順序をつけることなく、申立人側の必要に応じた保全処分の発令により実効性を確保しようとしたものである。

イ　民事執行法55条1項（民執188）が用意する保全処分は、以下のとおりである。

①　債務者（所有者）又は不動産の占有者に対して、価格減少行為の禁止

第4章　不動産執行妨害への対処

書式4－2　民事執行法55条1項による売却のための保全処分命令申立書

保全処分命令申立書　　　　　　印　紙
　　　　　　　　　　　　　　　　1000円

○○地方裁判所民事部　御中　　　　　　平成○年○月○日

　　　　　　　　　　　　申立人（差押債権者）　　○○○○東南銀行
　　　　　　　　　　　　　申立人代理人　弁護士　　○　○　○　○
　　　　　　　　　　　　　　　　　電話　○○○―○○○―○○○○
　　　　　　　　　　　　　　　　　ＦＡＸ　○○○―○○○―○○○○
　　　当事者の表示　　　別紙当事者目録記載の通り

　　　　　　　　　　　　　申立ての趣旨
1．買受人が代金を納付するまでの間、相手方株式会社西北組（以下、相手方会社という）は、別紙物件目録記載の建物（以下、本件建物という）の占有を移転し、又は占有名義を変更してはならない。
2．相手方乙野次郎（以下、相手方乙野という）は、同人に対する本決定送達後、本件建物を占有してはならない。
3．買受人が代金を納付するまでの間、執行官は、相手方らに対して第1項及び第2項の命令が発令されていることを公示しなければならない。
との裁判を求める。

　　　　　　　　　　　　　申立ての理由
1．申立人は、本件建物につき、御庁に根抵当権実行としての競売申立てをし、平成○年○月○日、御庁平成○年（ケ）第○○号不動産競売事件として競売開始決定がなされ、同年○月○日付で差押登記がなされた。
2．相手方が、今後も、本件建物を占有しようとする恐れは強く、そうなれば、本件建物に競売手続が進行しても、買受人の出現が困難になること明らかであり、しかも、本件建物が地域ショッピングセンターとして賑わい

Ⅱ　売却のための保全処分

のある場所である反面、事件屋に対しては極めて無防備で傷つけられやすい場所であり、本件建物の占有という事態によりその価値が激減することは、容易に予測できるものといえる。
3．よって、申立人は、民事執行法188条、同55条第1項に基づいて、申立の趣旨記載どおりの裁判を求める。

　　　　　　　　　　　添　付　書　類
1．不動産登記事項証明書　　　1通
2．資格証明書　　　　　　　　2通
3．住民票　　　　　　　　　　1通
4．委任状　　　　　　　　　　1通

註：　申立印紙は、相手方が2人のため、1000円分貼付する。

　　　　　　　　　　当　事　者　目　録
〒○○○─○○○○
　　○○県○○市○○町○丁目○番○号
　　　　　　　申立人　　　　　　　　○○○○銀行
　　　　　　　代表者代表取締役　　　○○○○
〒○○○─○○○○
　　○○県○○市○○町○丁目○番○号　○○○○銀行○○支店
　　　　　　　支配人　　　　　　　　○○○○
〒○○○─○○○○
　　○○県○○市○○町○丁目○番○号　○○ビル○階
　　　　　　　申立人代理人　　　弁護士　　○○○○
　　　　　　　　電話　○○○─○○○─○○○○
　　　　　　　　ＦＡＸ　○○○─○○○─○○○○
〒○○○─○○○○

第4章　不動産執行妨害への対処

```
　　　　○○県○○市○○町○丁目○番○号　　○○ビル○階
　　　　　　　相手方　　　　　　　　　　○○○○
　　　　　　　代表者代表取締役　　　　　○○○○
〒○○○―○○○○
　　　　○○県○○市○○町○丁目○番○号　　○○ビル○階
　　　　　　　相手方　　　　　　　　　　○○○○
```

物　件　目　録

一、一棟の建物の表示

　　　　所　　　在　　　○○県○○市○○町○丁目○番地
　　　　建物の番号　　　○○○○

　　専有部分の建物の表示

　　　　家屋番号　　　　○○町○丁目○番○
　　　　種　　　類　　　店　舗
　　　　構　　　造　　　鉄骨鉄筋コンクリート4階建
　　　　床面積　　　　　地下1階部分　○○○.○○平方メートル
　　　　　　　　　　　　1階部分　　　○○○.○○平方メートル
　　　　　　　　　　　　2階部分　　　○○○.○○平方メートル
　　　　　　　　　　　　3階部分　　　○○○.○○平方メートル

　　敷地権の表示

　　　　土地の符号　　　1
　　　　所在及び地番　　○○町○丁目○番○
　　　　地　　　目　　　宅　地
　　　　地　　　積　　　○○○.○○平方メートル
　　　　敷地権の種類　　所有権
　　　　敷地権の割合　　○○○○○分の○○○○

又は一定の行為を命じる保全処分がある。この場合、執行裁判所が必要と認めるときは、公示保全処分も併せて発令される（民執55Ⅰ①・188）。
② 不動産を占有する債務者（所有者）、又は差押債権者、仮差押債権者若しくは民事執行法59条1項（民執188）により売却により消滅する権利（先取特権、使用収益をしない定めある質権、抵当権）を有する者に占有権原を対抗できない占有者に対して、不動産の占有を解いて執行官に引き渡し執行官の保管を命じる執行官保管の保全処分がある。この場合、執行裁判所が必要と認めるときは、公示保全処分も併せて発令される（民執55Ⅰ②・188）。
③ ②の者に対しては、同様に執行官への引渡しと執行官保管を命じ、かつ不動産の占有の移転を禁止することを命じ、債務者の占有を許すという占有移転禁止を伴う執行官保管の保全処分及びその公示保全処分がある（民執55Ⅰ③・188）。

ウ 公示保全処分

執行裁判所が、当該保全処分の内容を、執行官に、不動産の所在する場所に公示書その他の標識を掲示する方法により公示させることを内容とする保全処分をいう（民執55Ⅰ・188）。

従来、実務上行われていたものについて、平成15年改正にて、これを明文化したものである。

上記イ①ないし③の保全処分のうち、①の価格減少行為の禁止又は一定の行為を命じる保全処分、及び②の執行官保管の保全処分については、執行裁判所が必要と認めるときに公示保全処分も併せて発令されるが、③の占有移転禁止を伴う執行官保管の保全処分については、必要的に公示保全処分も発令される。これは、占有移転禁止の保全処分は、占有移転が禁止されていることは当然には外形的に判らないので、第三者に不測の損失を与えるおそれがあることから、公示保全処分も伴うこととしたものである。

エ 相手方を特定しない保全処分

上記イ①ないし③の保全処分のうち、②の執行官保管の保全処分、及び③

第 4 章　不動産執行妨害への対処

の占有移転禁止を伴う執行官保管の保全処分については、当該保全処分の執行の前に、相手方を特定することが困難と認められる特別の事情があるときは、執行裁判所は、相手方を特定しないで、保全処分を発令することができる（民執55の 2 ・188）。平成15年改正により新設された制度である。

　昨今の執行妨害の典型例として、ことさら占有者を不明なままにしたり、次々と入れ替えたりするものが見られた。こうした場合、平成15年改正前においては、占有者が不明なままでは、保全処分の名宛人を特定できないし、例えば、対象建物の表札や聞き込みなどをもとに、名宛人を「甲」として保全処分の申立をしてその発令と執行文付与を得ても、現実の占有者は「甲」ではなく「乙」であると判明した場合は、名宛人の特定に誤りがあったものとして、当該執行文に基づく執行が不能となった。そこで、今度は、「乙」を名宛人として保全処分申立を再度行い、債務名義を得たところ、占有者はいつの間にか別の者に変わっていたという場合は、またもや同様の結果となり、占有屋等により債務名義上の占有者と現実の占有者とが一致しない状況を作出するという執行妨害を許す結果となっていた。

　そこで、平成15年改正法は、占有者を不明なままにしたり、次々と入れ替えたりする執行妨害を可能な限り排除するために、相手方を特定することが困難と認められる特別の事情があるときは、保全処分の発令時点では、相手方の特定を不要とした。そして、執行時において、相手方の特定を要求するにとどめたものである。

　「特別の事情」とは、不動産を外部から観察して表札の有無等を確かめるとともに、居住者への質問を試みるなど、申立債権者において通常行うべき調査を行った上で、なお相手方を特定することができないという場合に認められるとされる。

　相手方の特定については、「不動産の占有を解く際に」占有者を特定することが、保全処分の執行のために必要である（民執55の 2 Ⅱ・188）。

　相手方を特定しない保全処分は、民事執行法上のその他の保全処分である買受けの申出をした差押債権者のための保全処分（民執68の 2 Ⅳ・188）、最

高価買受申出人又は買受人のための保全処分（民執77Ⅱ・188）、及び担保不動産競売の開始決定前の保全処分（民執187Ⅴ・188）においても、その規定が準用されている。

なお、申立書へは、当事者の表示の欄に、相手方を特定することができない旨を記載する（民執規27の2Ⅰ①・188。書式4－3：保全処分命令申立書（民事執行法55条1項2号の執行官保管の保全処分・相手方を特定しないで発する保全処分による場合））。

9　疎明資料

差押え後に設定された賃借権などの登記や仮登記（保全処分の相手方を権利者とする場合が少なくない）の存在等を明らかにする不動産登記簿謄本、差押不動産の現状と担保設定当時とを比較した報告書や写真等を提出する。そのために、担保権者の場合は、担保設定当時から不動産の状況（特に占有状況）についても写真撮影する等の確認をしておくことがきわめて肝要である。

10　保全処分命令とその執行

ア　保全処分命令は、確定手続を要せず即時に執行できる。ただし、執行抗告という不服申立の手段は用意されている（民執55Ⅵ・188）。

イ　価格減少行為の禁止又は一定の行為を命じる保全処分（民執55Ⅰ①・188）には、種々の内容の禁止命令、作為命令があるが、特に、競争売買を阻害して価格を減少させる行為について、占有者に対する建物退去命令、更には、更地上に建物が建築された場合の建物収去命令などがある。

こうした保全処分命令の強制執行の方法については、建物退去命令の場合は、民事執行法168条に準拠して執行官が占有を解く方法による。他方、建物収去命令は、代替執行の方法による（民執171）。なお、平成15年改正法により、建物収去命令の執行は、間接強制の方法によっても行うことができるようになった（民執173Ⅰ）。

ウ　執行官保管の保全処分（民執55Ⅰ②・188）については、不動産引渡の執行（民執168）に準じて、執行官が債務者（所有者）の不動産に対する現実の占有を解いて、執行官自身の占有に移す方法により行われる。執行官保

第4章　不動産執行妨害への対処

書式4－3　法55条1項2号による保全処分命令（執行官保管の保全処分・相手方を特定しないで発する保全処分）

保全処分命令申立書

○○地方裁判所民事部　御中

平成○年○月○日
申立人（差押債権者）　○○○○銀行
申立人代理人　弁護士　○　○　○　○
電話　○○○－○○○－○○○○
ＦＡＸ　○○○－○○○－○○○○

当事者の表示　　　　別紙当事者目録記載の通り

申立ての趣旨

　相手方の別紙物件目録記載の建物（以下、本件建物という）に対する占有を解いて、○○地方裁判所執行官に保管を命ずる。
　執行官は、その保管していることを公示するために適当な方法をとらなければならない。
との裁判を求める。

申立ての理由

1．申立人は、本件建物につき、御庁に抵当権実行としての競売申立をし、平成○年○月○日、御庁平成○年（ケ）第○○号不動産競売事件として競売開始決定がなされ、同年○月○日付で差押登記がなされた。
2．相手方は、本件建物を占有しているものの、同建物の所有者ではなく、また同建物に住民票を有する居住者でもなく、申立人においてその氏名を特定することは困難である。
3．よって、執行時の占有者である相手方の占有を解いて、執行官にその保

Ⅱ　売却のための保全処分

管を命じるよう、民事執行法188条、55条の2第1項、55条1項2号に基づき、申立の趣旨記載のとおりの裁判を求める。

添付書類

1．不動産登記事項証明書　　　1通
2．資格証明書　　　　　　　　2通
3．委任状　　　　　　　　　　1通

当事者目録

〒○○○―○○○○
　　○○県○○市○○町○丁目○番○号
　　　　申立人　　　　　　○○○○銀行
　　　　代表者代表取締役　○○○○

〒○○○―○○○○
　　○○県○○市○○町○丁目○番○号　○○○○銀行○○支店
　　　　支配人　　　　　　○○○○

〒○○○―○○○○
　　○○県○○市○○町○丁目○番○号　○○ビル○階
　　　　申立人代理人　弁護士　○○○○
　　　　電話　○○○―○○○―○○○○
　　　　ＦＡＸ　○○○―○○○―○○○○

　相手方
　　　本件命令の執行の時において別紙物件目録記載の不動産を占有する者

（以下、物件目録省略）

第4章　不動産執行妨害への対処

管の保全処分や占有移転禁止を伴う執行官保管の保全処分又は各公示保全処分の命令は、相手方に送達される前でも行うことができる（民執55Ⅸ・188）が、申立人に告知された日から2週間を経過した後は執行することはできない（同55Ⅷ・188）。

エ　相手方を特定しない保全処分については、その執行は、申立人に告知されてから、2週間を経過したときは、執行してはならない（民執55の2Ⅳ・55Ⅷ・188）。また、前記のとおり相手方を特定しないで申立てすることはできるが、その執行においては、占有者から不動産の占有を解く際に、その占有者を特定する必要があり、その特定ができない場合は、執行することができない（民執55の2Ⅱ・188）。この場合、相手方の特定のために、平成15年改正により執行官に質問権や文書提示権（民執168Ⅱ）を行使する権限が認められ（前記のとおり、執行官保管等の保全処分の執行は民事執行法168条の規定により行われる）、相手方が正当な理由なく協力しない場合は、民事執行法205条1項3号により6月以下の懲役又は50万円以下の罰金の刑事罰が課されることとされた。

11　保全処分の効力

ア　当事者恒定効

民事執行法上の保全処分のうち、占有移転禁止を伴う執行官保管の保全処分及びその公示保全処分が執行されたときは、買受人は、当該保全処分の相手方に対する引渡命令の申立てをし、その引渡命令に基づいて、

① 　保全処分の執行がなされたことを知って不動産を占有した者
② 　保全処分の執行後にその執行がなされたことを知らないで相手方の占有を承継した者

に対して、引渡命令の執行をすることができる（民執83の2Ⅰ・55Ⅰ③・188）。

これは、平成15年改正により新設された制度である。従前は、民事執行法上の保全処分として占有移転禁止を命じる形式のものはあったが、せいぜい公示するにとどまり、当事者恒定効は法律上認められていなかった。また、当事者恒定効の認められる民事保全法上の占有移転禁止の仮処分の規定（民

保62）は、民事執行法上の保全処分には適用されない。そのため、買受人としては、占有移転禁止の保全処分が執行されても、その後に占有者が変更すれば、そうした保全処分の効果は無駄となり、改めて、現在の占有者を特定してからこの者に対する引渡命令を得る、という手続をとる必要があった。しかし、これでは、占有者を次々と変更していく執行妨害のやり方に対しては、到底対処できないので、改正法は、旧民事執行法55条における保全処分には規定がなかった新たな形態として当事者恒定効が付与された占有移転禁止の保全処分を明文化し、買受人のための引渡命令を実効あらしめようとしたものである。

　イ　悪意の推定

　保全処分の執行後に当該不動産を占有した者は、保全処分が執行されたことを知って占有したものと推定される（民執83の2Ⅱ・188）。これにより、買受人としては、保全処分の執行後に当該不動産を占有した者に対しては、立証（疎明）が容易となり、前記のア①の場合に当たるとして、引渡命令の実効が上がることとなった。

12　不服申立

　保全処分命令に対しては、執行裁判所からその告知を受けたときから1週間の不変期間内に執行抗告をすることができる（民執55Ⅵ・10・188）。これは、以下に記載する民事執行法上の他の保全処分についても同様である。

13　申立手数料等

　手数料として相手方の数に500円を乗じた金額の収入印紙を申立書に貼付する。この他に、送達のための郵券を納める必要がある。

14　売却のための保全処分の費用

　売却のための保全処分の申立て（民執55Ⅰ・188）及び執行官保管の保全処分の執行（民執55Ⅰ②③・188）に要した費用は、その不動産の競売手続においては共益費用とされる（民執55Ⅹ・188）。

第4章 不動産執行妨害への対処

Ⅲ 担保不動産競売の開始決定前の保全処分

1 制度の意義

担保不動産については、担保権に基づく競売の開始決定前に価格減少行為等がなされる場合は、これを放任するのは妥当ではなく、民事執行法55条の売却のための保全処分の申立て（まず競売の申立を要する）によることなく、直ちに執行妨害に対処することが必要な場合がありうる。そこで、担保権に基づく競売の開始決定前の保全処分が、平成8年の改正法により創設された（改正前の民執187の2）。

もともと、本制度は、平成15年度改正前に、抵当不動産につき第三取得者等の滌除権者がいる場合など、抵当権の実行通知の到達後1か月間は不動産競売の申立てをすることができない間に、抵当権実行通知を契機として執行妨害をされることが念頭におかれていた。しかし、滌除の制度が廃止された平成15年改正法のもとでも、担保権設定者の相続開始の際に相続人の確定に時間がかかるような場合があり、その間は担保権の実行ができないため、その間の執行妨害に対処する実践的な意義はあるので、平成15年改正のもとでも維持された。そして、民事執行法の保全処分全体について改正がなされた一環として、民事執行法55条と同内容で一部改正されている（民執187）。

2 申立ての主体

不動産につき担保不動産競売の申立てをしようとする者である。すなわち、担保権者のうち担保不動産競売を申立てようとする者に限られ、担保権者であっても担保不動産収益執行の申立てをしようとする者や、単に債務名義を有するに過ぎない者は申立てができない。また、担保権実行の要件を満たしている必要があり、被担保債権につき弁済期が到来していることを要する。

3 申立ての相手方

価格減少行為の禁止又は一定の行為を命じる保全処分については、債務者又は不動産の所有者もしくは占有者である。

他方、民事執行法55条1項の売却のための保全処分におけると同様、執行

Ⅲ　担保不動産競売の開始決定前の保全処分

官保管の保全処分又はその公示保全処分、並びに占有移転禁止を伴う執行官保管の保全処分及びその公示保全処分の相手方については、目的不動産を占有する債務者もしくは所有者、又は不動産の占有者の占有権原を申立人である担保権実行者に対抗できない占有者に限られる（民執187Ⅱ）。

4　申立ての時期

被担保債権の弁済期到来後、競売開始決定前の間まではいつでも申立てできる。

競売申立以降は、売却のための保全処分の申立が可能となるが、その場合でも、競売開始決定前に保全処分の決定を得ることが必要な場合には、競売開始決定前の保全処分の申立てをすることに意味があることになる。

5　管轄裁判所

担保権の設定された不動産の所在地を管轄する裁判所の専属管轄である。

6　保証金等の担保の提供

売却のための保全処分の場合と同様である。

7　要　件

　ア　売却のための保全処分（民執55Ⅰ）の場合と同様、前記の相手方が価格減少行為等をすることを要する。

　イ　更に「特に必要があるとき」という限定がなされている。これは、具体的には、抵当権設定者に相続が開始し、相続人を確定するのに時間がかかるという場合等、差押えをしようとしても客観的に差押えに相当の時間がかかるなどの事情がある場合に認められる（書式4－4：保全処分命令申立書（民事執行法187条による場合））。

8　手　続（不動産競売の申立て）

申立人は、担保不動産競売の開始決定前の保全処分の告知を受けた日から3か月以内に、担保不動産の競売申立てをしたことを証する文書を提出しなければならず、そうしないと相手方又は担保不動産の所有者の申立てにより保全処分は取り消される（民執187Ⅳ）。

9　保全処分の内容と執行

第4章　不動産執行妨害への対処

書式4－4　民事執行法187条による保全処分命令（不動産競売の開始決定前の保全処分命令）の申立書

保全処分命令申立書

印　紙
500円

○○地方裁判所民事部　御中　　　　　　　　　　　平成○年○月○日

　　　　　　　　　　　申立人（差押債権者）　　○○○○銀行
　　　　　　　　　　　申立人代理人　弁護士　　○　○　○　○
　　　　　　　　　　　電話　○○○―○○○―○○○○
　　　　　　　　　　　ＦＡＸ　○○○―○○○―○○○○

　　　　　当事者の表示　　　別紙当事者目録記載の通り

申立ての趣旨

1．相手方は、別紙物件目録記載の建物を収去せよ。
2．相手方は、本決定送達後7日以内に、別紙物件目録記載の土地から退去せよ。
3．執行官は、相手方に対し、第1項及び第2項の命令が発せられていることを公示しなければならない。

との裁判を求める。

申立ての理由

1．申立人は、現在、競売申立を準備しているところである。しかし、相手方が本件建物を所有し本件土地を占有すれば、前記競売手続において本件土地につき買受希望者の出現は期待できなくなること明らかであり、その結果、本件土地の価値は著しく減少することは明らかである。のみならず、前記のような事情からすると、直ちに保全処分の発令を受けないときは、相手方が、本件建物を第三者に貸与して占有させる等一層の本件土地の価格減少行為がなされるおそれが十分にある。
2．よって、申立人は、民事執行法187条第1項に基づき、申立の趣旨記載の通りの裁判を求める。

Ⅳ 買受の申出をした差押債権者のための保全処分

```
        添付書類
1．不動産事項証明書           2通
2．資格証明書                2通
3．委任状                   1通
 (当事者目録、物件目録省略)
```

註： なお、以上の不動産競売の開始決定前の保全処分申立においては、当事者目録、物件目録の他に、「担保権・被担保債権・請求債権」の目録を作成提出する。

保全処分は、売却のための保全処分の場合と同様である。

また、執行についても、売却のための保全処分の場合と同様である。

10 申立手数料等

手数料として相手方の数に500円を乗じた金額の収入印紙を申立書に貼付する。この他に、送達のための郵券を納める必要がある。

11 担保不動産競売開始決定前の保全処分の費用

担保不動産競売開始決定前の保全処分の申立て及び執行官保管の保全処分の執行に要した費用は共益費用とされている（民執187Ⅴ・55Ⅹ）。

Ⅳ 買受の申出をした差押債権者のための保全処分

1 制度の意義

買受の申出をした差押債権者のための保全処分は、いわゆる占有屋等が競売物件の売却を阻害する原因となっていることに鑑みて、売却前の段階で執行官又は債権者に不動産の保管をさせ、市民が安心して買受の申出をすることができるようにすると同時に、売却手続の円滑化を図るために平成10年改正により新設された規定である。制度新設の当時は後記6のとおり、旧民事執行法55条2項よりも緩和された要件のもとで執行官保管の保全処分が発せられる点に特色があったところ、平成15年の改正により民事執行法55条の執行官保管の要件が緩和されたことから、その存在意義が問われることとなっ

第4章　不動産執行妨害への対処

たが、後記7のとおり、不動産を差押債権者に保管させることができるという点に存在意義が認められ、公示保全処分の明文化や債務者を特定しないで発する保全処分に関する規定の準用等の一部改正がなされた上で、存続することとなった。

2　申立人

差押債権者であり、二重開始決定を受けた者を含む。ただし、配当要求の終期後に強制競売又は競売の申立てをした差押債権者は除外される（民執68の2Ⅰ・188）。

3　相手方

不動産を占有する債務者（所有者）又は不動産の占有権原を差押債権者、仮差押債権者若しくは民事執行法59条1項（民執188）により売却により消滅する権利（先取特権、使用収益をしない定めある質権、抵当権）を有する者に対抗できない占有者である（民執68の2Ⅳ・55Ⅱ・188）。

4　申立ての時期

入札又は競り売りの方法によって売却を実施しても買受の申出がなかった時から申立てが可能となり、代金納付までの間申立てができる（民執68の2Ⅰ・188）。

5　管轄裁判所

強制競売又は担保不動産競売の申立事件の係属する裁判所の専属管轄である。

6　要　件

入札又は競り売りの方法によって売却を実施しても買受の申出がなかったことが前提である。

前記の相手方が、「不動産の売却を困難にする行為をし又はその行為をするおそれがあるとき」が発令の要件である。「不動産の売却を困難にする行為」とは、積極的に買受希望者が現れにくくなるような行為、例えば、正当な占有権原がないのに賃借権があるかのように外形を作出したり、執行妨害をする者に占有を移転したり、虚偽の留置権を主張したりする場合がこれに

Ⅳ　買受の申出をした差押債権者のための保全処分

あたるとされる。

　この発令要件は、平成10年改正のときに定められたものであり、当時から既に、旧法55条１項の「不動産の価格を著しく減少する行為」という要件よりも緩和されており、買受申出をした差押債権者の保護の趣旨がうかがわれる（書式４－５：保全処分命令申立書（民事執行法68条の２による場合））。

　７　保全処分の内容

　執行官保管の保全処分の他に、不動産に対する占有を解いて申立人の差押債権者に引き渡し保管させる差押債権者保管の保全処分という発令形態がある。

　８　手　続

　申立ての際は、同時に買受可能価額以上の額（以下、「申出額」という。）を定めて、次の入札又は競り売りの方法による売却の実施において買受の申出がないときは自ら申出額で買受ける申出をし、かつ申出額に相当する金額の保証金の提供もしなければならない（民執68の２Ⅱ・188）。

　９　担　保

　担保を立てることは必要的である（民執68の２Ⅰ本文・188）。これは、前記の買受申出額に相当する保証金とは別に必要となる。

　10　執　行

　相手方に送達される前であっても執行することができる（民執68の２Ⅳ・55Ⅸ・188）が、申立人に告知された日から２週間を経過したときは執行できない（民執68の２Ⅳ・55Ⅷ・188）。

　執行方法は、売却のための保全処分の規定である民事執行法55条１項２号（民執188）にいう執行官保管の保全処分の執行に準じて行われ、民事執行法168条の不動産引渡の執行に準じて、執行官が、相手方の不動産の占有を解いて、その占有を執行官自身の占有に移すか、又は差押債権者の占有に移す方法により執行される。

　11　申立手数料等

　手数料として相手方の数に500円を乗じた金額の収入印紙を申立書に貼付

第4章　不動産執行妨害への対処

書式4－5　民事執行法68条の2による保全処分（買受の申出をした差押債権者のための保全処分）の申立書

保全処分命令申立書　　　　印　紙
　　　　　　　　　　　　　　1000円

平成○年○月○日

○○地方裁判所民事部　御中　　　申立人（買受人）　　○○○○不動産
　　　　　　　　　　　　　　　　申立人代理人　弁護士　○　○　○　○
　　　　　　　　　　　　　　　　電話　○○○－○○○－○○○○
　　　　　　　　　　　　　　　　ＦＡＸ　○○○－○○○－○○○○

　　当事者の表示　　　別紙当事者目録記載の通り

申立ての趣旨

1．執行官は、相手方らの別紙物件目録記載の建物に対する占有を解いて、申立人にその保管のためにその占有を取得させなければならない。
2．申立人は、買受人が代金を納付するまでの間、同建物を保管しなければならない。
3．執行官は、同建物が申立人の保管にかかることを公示するために適当な方法をとらなければならない。
との裁判を求める。

申立ての理由

1．申立人は、本件建物に関し、買受の申出をした差押債権者のための保全処分の申立てをするため、民事執行法188条、68条の2第2項に基づき、下記の通り本件土地及び本件建物を買い受ける旨の申し出をする。

記

　申出額を金○○円と定める。
次の開札期日において上記申出額に達する買受の申出がないときは、申立人が上記申出額にて本件土地及び本件建物を買い受ける。

Ⅴ　最高価買受申出人又は買受人のための保全処分

2．よって、申立人は、民事執行法188条、68条の2第1項に基づき、申立の趣旨記載の通りの裁判を求める。

添付書類

1．不動産登記事項証明書　　　　1通
2．資格証明書　　　　　　　　　2通
3．住民票　　　　　　　　　　　1通
4．委任状　　　　　　　　　　　1通

（以下、目録省略）

する。この他に、送達のための郵券を納める必要がある。

12　差押債権者のための保全処分の費用

担保不動産競売開始決定前の保全処分の申立て及び決定の執行に要した費用は共益費用とされている（民執68の2Ⅳ・55Ⅹ・188）。

Ⅴ　最高価買受申出人又は買受人のための保全処分

1　制度の意義

本来、競売対象の不動産の買受人は、代金を納付して不動産の所有権を取得しなければその引渡を請求できない。しかしながら、まだその段階に至らないときでも、不動産の最高価買受申出人又は買受人は、その買受申出当時の状態における引渡を期待するのが当然である。そこで、後述（Ⅵ）する引渡命令の執行までの間を保全する必要がある。

そうした理由から、民事執行法77条（民執188）は、後記6のとおり、平成15年度改正前から、旧民事執行法55条よりも緩和された発令要件で、かつ、執行官保管の保全処分にかかる加重要件もなく、保全処分を認めていた。すなわち、債務者又は不動産の占有者が、価格減少行為等（目的不動産の価値を減少させ又は引渡を困難にする行為）をし、又はこれらの行為をするおそれがあるときは、執行裁判所は、最高価買受申出人又は買受人の申立てにより、

第4章　不動産執行妨害への対処

引渡命令の執行までの間、代金又はその額に相当する金銭を納付させ、かつ担保を立てさせ又は立てさせないで、こうした者に対して、一定の保全処分を命じることができる旨定めていた。

そのため、平成15年度改正においては、発令要件の緩和は行われず、占有移転禁止を伴う執行官保管の保全処分に関する規定（民執77Ⅰ③・188）の整備や公示保全処分の明文化（民執77Ⅰ・188）がなされ、相手を特定しないで発する保全処分に関する民事執行法55条の2の規定が準用される（民執77Ⅱ・188）等の民事執行法55条の改正に準じた改正がなされた。

2　申立ての主体

目的不動産の最高価買受申出人又は買受人である。

3　申立ての相手方

価格減少行為の禁止又は一定の行為を命じる保全処分については、債務者（所有者）又は不動産の占有を差押債権者、仮差押債権者若しくは民事執行法59条1項（民執188）により売却により消滅する権利（先取特権、使用収益をしない定めある質権、抵当権）を有する者に占有権原を対抗できない占有者が申立ての相手方である。

また、執行官保管の保全処分及び占有移転禁止を伴う執行官保管の保全処分については、不動産を占有する債務者（所有者）又は不動産の占有を差押債権者、仮差押債権者若しくは民事執行法59条1項（民執188）により売却により消滅する権利（先取特権、使用収益をしない定めある質権、抵当権）を有する者に占有権原を対抗できない占有者が相手方となる（民執77Ⅱ・55Ⅱ・188）。

4　申立ての時期

最高価買受申出人が定められたとき（期間入札の場合は改札期日終了時）から引渡命令の執行までの間である。

しかし、最高価買受申出人又は買受人のための保全処分は、引渡命令の執行までの間を保全する制度であるから、買受人が代金納付した日から原則として6か月以内に引渡命令の申立てをなさず、これにより引渡命令の申立て

Ⅴ　最高価買受申出人又は買受人のための保全処分

ができなくなった（民執83Ⅱ・188）後は、同保全処分の申立てもできなくなると解される。ただし、この期間は、代金納付のときに抵当権に対抗できない賃借権者（平成15年改正の民395Ⅰにより6か月間明渡が猶予される）が占有していた建物の買受人については、9か月である（民執83Ⅱ・188）。

5　管轄裁判所

　強制競売又は担保不動産競売による売却手続をした裁判所の専属管轄である。

6　要　件

　前記の相手方が「価格減少行為等（不動産の価格を減少させ、又は不動産の引渡しを困難にする行為をいう。以下この項において同じ。）をし、又は価格減少行為等をするおそれがあるとき」である（民執77Ⅰ・188。書式4－6：保全処分命令申立書（民事執行法77条による場合））。

　売却のための保全処分（民執55Ⅰ・188）と異なり、「引渡を困難にする行為」又はその行為をするおそれある場合も追加されている。

　なお、価格減少行為の基準時期については、最高価買受申出人又は買受人は、買受申出当時の競売不動産の評価や状態を前提に買受申出をしているので、価格減少行為は、原則として、買受申出以降の行為に限られる。ただし、例外として、買受申出直前に価格減少行為がなされ、最高価買受申出人又は買受人がかかる行為を前提とせずに買受申出をしたことがやむを得ないような事情がある場合には発令要件をみたすものと考えられる。

　また、引渡しを困難にする行為の基準時期についても、原則として、買受申出以降の行為に限られる。しかし、例外として、買受申出前から継続して第三者が占有しており、第三者がそのまま占有を継続すること自体が引渡しを困難にする行為に当たる場合がありうる。

7　保全処分の内容と執行

　保全処分としては、売却のための保全処分と同様である（民執77Ⅰ①～③・188）。相手方を特定しない保全処分についても、準用される（民執77Ⅱ・55の2・188）。また、占有移転禁止を伴う執行官保管の保全処分の当事

第4章　不動産執行妨害への対処

書式4－6　民事執行法77条による保全処分（買受人のための保全処分）の申立書

保全処分命令申立書

印　紙
500円

○○地方裁判所民事部　御中　　　　　　　　　　平成○年○月○日

　　　　　　　　　　　　　　　申立人（買受人）　　○○○○不動産
　　　　　　　　　　　　　　　申立人代理人　弁護士　○　○　○　○
　　　　　　　　　　　　　　　電話　○○○—○○○—○○○○
　　　　　　　　　　　　　　　ＦＡＸ　○○○—○○○—○○○○

　　　当事者の表示　　　　別紙当事者目録記載の通り

申立ての趣旨

　相手方の別紙物件目録記載の不動産に対する占有を解いて、○○地方裁判所執行官に保管を命ずる。
　執行官は、その保管していることを公示するために適当な方法をとらなければならない。
との裁判を求める。

申立ての理由

1．申立人は、買受けの申出をし、平成○年○月○日の開札期日において代金○○○万円にて最高価買受申出人となり、同年○月○日代金納付により買受した。
2．そして、相手方の行為は、本件土地の「引渡を困難にする行為」（民事執行法77条1項）であるとともに、本来の本件土地の価格についてこれを「減少させ」る行為（同上）と認められる。
3．よって、申立人は、民事執行法188条、77条1項に基づき、申立ての趣旨記載の通りの裁判を求める。

Ⅵ 引渡命令

添付書類	
１．不動産登記事項証明書	1通
２．資格証明書	2通
３．委任状	1通

者恒定効についても定めがある（民執83の2・188）。

また、執行手続は、売却のための保全処分の場合と同様である。

8 保証金等の担保の提供

担保を立てさせるかどうかは執行裁判所の裁量による。

9 申立手数料等

手数料として相手方の数に500円を乗じた金額の収入印紙を申立書に貼付する。この他に、送達のための郵券を納める必要がある。

10 最高価買受申出人又は買受人のための保全処分の費用

最高価買受申出人又は買受人のための保全処分の申立て等に要した費用については、民事執行法55条10項を準用していないため、共益費用とはならない。

Ⅵ 引渡命令

1 制度の意義

引渡命令とは、不動産に対する強制競売又は担保不動産競売の手続において、執行裁判所が代金を納付した買受人の申立てにより、債務者又は一定範囲の不動産の占有者に対して、不動産を買受人に引き渡すべきことを命じる裁判である（民執83Ⅰ・188）。

強制競売又は担保不動産競売において、買受人が代金を納付すると買受人に所有権が移転し、その移転登記がなされるが、不動産の占有移転までは当然には保障されていない。そこで、買受人としては、別途、所有権に基づいて明渡又は引渡を求める訴訟を提起し、勝訴判決を得て強制執行すべきことになる。しかし、それでは手間暇がかかり強制競売又は担保不動産競売の手

第4章　不動産執行妨害への対処

書式4－7(1)　不動産引渡命令申立の書式

不動産引渡命令申立書

|印　紙|
|500円|

○○地方裁判所民事部　御中　　　　　　　　平成○年○月○日

　　　　　　　　　　　申立人（差押債権者）　　○○○○銀行
　　　　　　　　　　　　申立人代理人　弁護士　○　○　○　○
　　　　　　　　　　　　電話　○○○－○○○－○○○○
　　　　　　　　　　　　ＦＡＸ　○○○－○○○－○○○○

　　当事者の表示　　　別紙当事者目録記載の通り

申立ての趣旨

相手方は申立人に対し別紙物件目録記載の不動産を引き渡せ。

申立ての理由

　申立人は、御庁平成○年（ケ）第○号不動産競売事件において別紙物件目録記載の不動産（以下、本件不動産という）を買受け、平成○年○月○日代金を納付した。

　しかしながら、相手方は、同事件の債務者兼所有者であるところ、依然として、本件不動産に居住しこれを占有している。

　よって、申立の趣旨記載の通りの裁判を求める。

註：　申立手数料として印紙500円を申立書に貼付する。なお、これは相手方1人の場合の手数料であり、相手方が1人増えるごとに500円ずつ加算される。

Ⅵ 引渡命令

書式4－7(2) 不動産引渡命令の書式

```
平成○年（ヲ）第○○号
                    不動産引渡命令

           当事者    別紙目録記載のとおり

  申立人は、当裁判所平成○年（ヲ）第○○号 強制競売 ／ 競売事件に
おいて別紙物件目録記載の不動産を買い受け、代金を納付した上、引渡命令
の申立をしたので、これを相当と認め、次のとおり決定する。
                    主   文
  相手方は申立人に対し別紙物件目録記載の不動産を引き渡せ。

             平成○年○月○日
             ○○地方裁判所  民事部
                   裁判官  ○○○○
```

書式4－7(3) 執行文付与申立書の書式

```
                執行文付与の申立書
○○地方裁判所民事部  御 中
                              平成○年○月○日
                          申立人 ○  ○  ○  ○
      当事者の表示    別紙目録記載の通り

  上記当事者間の御庁平成○年（ヲ）第○○号引渡命令申立事件について、
平成○年○月○日決定された引渡命令に対し、執行文を付与されたく申し立
てます。

              添付書類
    引渡命令正本        1 通
```

201

第4章　不動産執行妨害への対処

書式4－7⑷　送達証明申請書の書式

　　　　　　　　　　　送達証明申請
　　○○地方裁判所民事部　御　中
　　　　　　　　　　　　　　　　　　　　　平成○年○月○日
　　　　　　　　　　　　　　申立人
　　当事者の表示　　別紙目録記載の通り

　上記当事者間の御庁平成○年（ヲ）第○○号引渡命令申立事件について、平成○年○月○日決定された引渡命令の正本は、平成○年○月○日相手方に送達されたことを証明されたく申請します。

続の効用を減じる結果となる。そこで、民事執行手続の一環として、代金を納付した買受人のために簡易な手続により強制執行が可能となるようにしたのが、引渡命令の制度である（書式4－7：不動産引渡命令申立書、不動産引渡命令、執行文付与の申立書、送達証明申請）。

2　申立ての主体

　代金を納付した買受人、及びその一般承継人である。なお、買受人とは、売却許可決定（確定）を受けた当事者を指し、買受人が競売不動産を転売した場合でも、買受人は引渡命令の申立資格は喪失せず、買受人から転売を受けた者のような特定承継人は引渡命令の申立てをすることができない。

3　相手方

　強制競売の場合の債務者又は担保不動産競売の場合の所有者、これと同視できる者、及び、これらの者以外の不動産の占有者であって、「事件の記録上買受人に対抗することができる権原により占有していると認められる者」（民執83Ⅰ但書・188）以外の者、すなわち、買受人に対抗できる権原を有しない占有者が、相手方となる。

　具体的には、次のとおりである。

Ⅵ　引渡命令

　ア　強制競売の場合の債務者又は担保不動産競売の場合の所有者
　強制競売の場合の債務者又は担保不動産競売の場合の所有者は、引渡義務を負う者として、占有の有無に関わらず当然に引渡命令の相手方となる。
　イ　アと同視できる者
　以下のような例がある。
　①　被担保債務者で抵当権設定前から目的不動産を所有者から賃借する者。こうした賃借人は、抵当権に対抗できるとして引渡命令を拒絶することが考えられるが、被担保債務の債務不履行により物件が競売されるのに、自己の占有権限を主張するのは著しく信義に反するので、このような賃借人も引渡命令の相手方となる（東京地平成4年7月8日執行処分、判タ852号242頁、金法1348号40頁）。
　この点に関し、最高裁判例は、「抵当権の実行として競売の開始決定がされているときは、その債務不履行の事実は「民事執行法83条1項ただし書にいう「事件の記録上」明らかであるから、執行手続上もその賃借権を主張することが許されない場合に該当するといえる。しかし、当該抵当権の実行としての競売開始決定がされていない場合には、執行事件の記録上は、その債務不履行の事実が明らかということはできず、当該占有は買受人に対抗することができる賃借権によるものというべきである」と判示した（最決平成13年1月25日判タ1055号106頁、1103号156頁）。
　②　抵当権設定者たる代表者から目的不動産を賃借している法人。会社の規模、取締役会の構成とその非活動状況、代表者個人の財産の流用の経緯等から、法人格の形骸に過ぎないと認められるときは、目的不動産の占有関係につき当該法人を代表者と同視して引渡命令の相手方となし得る（東京高決昭和61年7月2日判時1204号106頁）。
　ウ　買受人に対抗できる権原を有しない占有者
　以下のような例がある。
　①　不法占有者・無権限占有者
　②　独立の占有を有しない者
　③　使用借権者

④　抵当権に対抗できない賃借権者
⑤　占有権限が不明の占有者
以下、④、⑤につき説明する。
④について、

民法395条1項によれば、抵当権に対抗できない賃借権（長期短期を問わない）であっても、買受人の代金納付の後6か月は明渡しが猶予される。そこで、その間は引渡命令を受けず、その経過後に引渡命令の対象となる。ただし、この6か月間の猶予期間内であっても、買受人の買受けの時より後に建物の使用をしたことの対価について、買受人が抵当建物使用者に対し相当の期間を定めてその1か月分以上の支払いの催告をし、その相当の期間内に履行がない場合には、引渡命令の対象となる（民395Ⅱ）。

また、執行妨害を目的とする賃借権や信義則上否認すべき賃借権については、明渡猶予の保護は受けえず、引渡命令の対象となる。

⑤について

買受人に対抗できる占有権原の立証責任は、占有者側にあると解されており、占有権原が不明の占有者の場合は、「事件の記録上買受人に対抗できる権原により占有している」とは認められない以上、引渡命令を発令されることになる。

4　申立ての時期

代金納付の翌日から起算して6か月以内に限られる。ただし、買受のときに明渡猶予制度の適用がある抵当建物使用者（民395Ⅰ）が占有する建物についての買受人の場合は、9か月以内とされる（民執83Ⅱ・188）。

5　管轄裁判所

強制競売又は担保不動産競売により不動産を売却した裁判所の専属管轄である。

6　申立手数料等

引渡命令の申立に際しては、手数料として相手方の数に500円を乗じた金額の収入印紙を申立書に貼付する。この他に、送達のための郵券を納める必

要がある。

7 審理

執行裁判所は、現況調査報告書、物件明細書その他競売事件記録に基づいて審理するが、相手方が債務者（又は所有者）以外のときは、これに対して審尋を行う（民執83Ⅲ本文・188）。ただし、事件の記録上相手方が買受人に対抗することができる権原により占有している者でないことが明らかであるとき、又は既にその者を審尋しているときは、審尋を行わない（民執83Ⅲ但書・188）。

8 引渡命令の執行

ア 引渡命令は、確定しなければその効力を生じない（民執83Ⅴ・188）。

イ 引渡命令に対しては、執行抗告という不服申立の方法がある。即ち、引渡命令の送達がなされた日の翌日から起算して1週間以内に、執行裁判所に対して執行抗告の申立てをしないと引渡命令は確定する（民執83Ⅳ・10・188）。

引渡命令が確定したときは、債務名義となるので、これをもって強制執行することが可能となる。この場合、執行裁判所に対して、強制執行申立の添付書類としては、引渡命令正本に執行文付与を得たものと引渡命令の送達証明書を要する。

ウ 引渡命令の強制執行においては、執行官は、不動産の引渡（又は明渡）を命じる確定判決による強制執行の場合と同様、相手方の不動産に対する占有を解いて申立人である買受人にその占有を取得させる方法により執行する（民執168）。

9 執行抗告による執行妨害と保全処分の活用

引渡命令は、前記のとおり、確定しなければ効力がなく執行ができないので、不動産の占有者が、引渡命令に対して執行抗告の申立てをして、その確定を阻止したり、更にその間に占有を次々と移転するような執行妨害を行うケースがあった。こうした場合は、元の占有者に対する引渡命令が執行抗告の却下のため確定しても、その引渡命令は無意味な債務名義となる。

第4章　不動産執行妨害への対処

　このため、平成10年改正により、民事執行を不当に遅延させる目的の執行抗告については執行裁判所において却下するものとされたが（民執10Ⅴ④）、それだけでは買受人の保護としては十分とはいえない。

　そこで、このような場合に備えて、既に述べた最高価買受申出人又は買受人のための保全処分（民執77・188）を活用することが考えられる。則ち、執行官保管の保全処分命令（民執77Ⅰ②・188）を得てこれを即時に執行する（民執77Ⅱ・55Ⅸ・188）ことにより、占有者の占有を強制的に排除して事実上第三者への占有移転を阻止することができる。また、平成15年改正により当事者恒定効を与えられた占有移転禁止を伴う執行官保管の保全処分命令（民執77Ⅰ③・83の2・188）を得ておいて、その相手方と同じ者を相手方として引渡命令の発令を受けることができ、当該保全処分が執行されたときは、買受人は、当該保全処分の相手方に対する引渡命令の申立てをし、その引渡命令に基づいて、第三者（保全処分の執行がなされたことを知って不動産を占有した者又は保全処分の執行後にその執行がなされたことを知らないで相手方の占有を承継した者）に対して、引渡命令の執行の拡張をすることができる（民執83の2Ⅰ・188）。

Ⅶ　刑事告訴等

1　刑事告訴

　「告訴」（刑訴230以下）とは、犯罪の被害者やその他法定代理人等一定範囲の者（告訴権者）が、捜査機関（検察官又は司法警察員）に対してある特定の犯罪事実を申告して犯人の処罰を求める意思表示を言う。

　また、こうした犯罪被害者ではなくても、「告発」という手段がある（刑訴239）。「告発」とは、告訴権者と犯人を除く第三者が捜査機関に対して犯罪事実を申告して犯人の処罰を求める意思表示を言う。

　執行妨害行為が、刑法等で規定されている犯罪に該当する場合も少なくない。

　例えば、封印破棄罪（刑96）は、公務員（裁判所執行官等）が施した封印又

は差押の表示を損壊、又はその他の方法で無効にすることにより成立する。強制執行妨害罪（刑96の2）は、強制執行を免れる目的で、財産を隠匿、損壊、仮装譲渡し、又は仮装の債務を負担することにより成立する。競売等妨害罪（刑96の3）は、偽計（人の正常な判断を誤らせる術策）又は威力（人の意思を制圧するに足りる力）を用いて、公の競売又は入札の公正を害すべき行為をすることにより成立する。

　こうした犯罪について、告訴又は告発する方法は、「書面又は口頭で検察官又は司法警察員にこれをしなければならない」（刑訴241Ⅰ）とされているが、「告訴状」「告発状」といった書面でするのが実務上は一般的である。検察官は、司法警察員から送付され、又は自ら受理して捜査した告訴事件又は告発事件について、各種証拠資料から有罪と認められる嫌疑があれば、公訴提起する。そして、公訴提起したかどうかについては、検察官は、速やかに告訴人又は告発人に対してその通知をしなければならないこととされている（刑訴260）。

2　暴力団員による不当な行為の防止等に関する法律

　暴力団員による不当な行為の防止等に関する法律9条12号では、執行妨害行為を規定しており、指定暴力団員は、その所属する指定暴力団等又は系列上位指定暴力団等の威力を示して、土地又は建物について占拠したり自己の氏名を表示したりして「支配の誇示」を行い、所有者やその債権者、賃借権者、担保権者、所有権等を取得しようとする者等に対して明渡料等の名目で金品を要求する行為をしてはならないこととされている。その違反者に対しては公安委員会から中止命令が出され（暴対11）、この中止命令に違反すれば刑事罰（暴対46）も加わる。被害者は、こうした中止命令の申立てを公安委員会にすることができる。この場合、競売申立又は強制競売申立前でも、上記の事実があれば、中止命令が発令されることとなる。相手方がこの中止命令に違反した場合には、上記刑事罰の適用がある他、こうした事情は、既に述べた不動産競売の開始決定前の保全処分の発令に際して、「特別の事情」の認定に役立つことになると解される（きんざい「執行妨害対策の実務（新版）」145頁）。

第5章　債権・動産・その他の財産権等執行

Ⅰ　債権に対する執行

1　債権執行・債権担保権の実行とは

債権に対する執行には、債権執行と債権担保権の実行がある。

債権執行とは、債権者が債務者の第三者に対する金銭の支払を目的とする債権（金銭債権）や、船舶若しくは動産の引渡しを目的とする債権（引渡請求権）を差し押さえ、換価・配当を行う手続である（民執143ないし166）。

債権担保権の実行とは、債権を目的とする担保権の実行又は物上代位権の行使（民執193）をいう。

そこで、以下では、実務上大半を占める金銭債権執行について述べ、金銭担保権実行、動産等引渡請求権執行について順次述べる。

2　金銭債権執行

ア　請求債権について

a　請求債権の範囲

債務名義に表示された請求債権の一部について債権執行を求める場合は、申立書にその旨及びその範囲を記載しなければならないとされており（民執規21Ⅳ）、申立て後の請求債権の拡張は認めない取り扱いがなされている。

また、債権執行については、不動産執行とは異なり、申立時以後に発生する利息・損害金は、請求債権とはできない扱いである。裁判所による配当手続ではなく、債権者による取立てが原則となるため、金額が不確定だと混乱を来たすからであろう。

更に、強制執行の費用で必要とされる費用（執行費用）は債務者の負担となり、債務名義がなくとも、当該強制執行手続で同時に取り立てることができるとされており（民執42ⅠⅡ）、執行費用を申立書に記載して請求するのが通例である。

Ⅰ 債権に対する執行

　　b　弁済期の到来の主張
　請求債権が確定期限の到来に係る場合、強制執行は、その期限到来後に限り開始することができるのが原則である（民執30Ⅰ）。したがって、債務名義上、請求債権に弁済期がある場合又は期限の利益の喪失が条件にかかる場合には、弁済期の到来又は期限の利益の喪失を主張する必要がある（なお、この例外として、後記カを参照）。
　イ　差押債権について
　　a　差押禁止債権
ⅰ　民事執行法による差押禁止債権
⑴　以下の①ないし③記載の債権については、各支払期に受けるべき給付の4分の3（請求債権が扶養義務等に係る債権のときは2分の1。なお、後記カを参照）に相当する部分については差押えが禁止されている（民執152）。
　①債務者が国及び地方公共団体以外の者から生計を維持するために支給を受ける継続的給付に係る債権（民執152Ⅰ①）
　②給料、賃金、俸給、退職年金及び賞与並びにこれらの性質を有する給与に係る債権（民執152Ⅰ②）
　③退職手当等給与の後払的性質を有する債権（民執152Ⅱ）
　ただし、上記①及び②の債権については、各支払期に受けるべき給付の4分の3に相当する額が、標準的な世帯の必要経費を勘案して政令で定める額（民執令2）を超える時には、政令で定める額に相当する部分の差押えが禁止されている。なお、政令で定める額は次のとおりである（平成16年度改正後）。
　　（ⅰ）①及び②の債権について（賞与及びその性質を有する給与を除く）
　　　支払期が毎月と定められている場合　　　　　　金33万円
　　　支払期が毎半月と定められている場合　　　　　金16万5,000円
　　　支払期が毎旬と定められている場合　　　　　　金11万円
　　　支払期が月の整数倍の期間ごとに定められている場合

209

第5章　債権・動産・その他の財産権等執行

	金33万円に当該倍数を乗じて得た金額に相当する額
支払期が毎日と定められている場合	金11,000円
支払期がその他の期間をもって定められている場合	
	金11,000円に当該期間にかかる日数を乗じて得た金額に相当する額
ⅱ　賞与又はその性質を有する給与について	金33万円

⑵　なお、このような差押禁止債権の範囲については形式的かつ画一的に規定されていることから、債権者又は債務者の申立てにより、執行裁判所は、債務者及び債権者の生活の状況その他の事情を考慮して、差押禁止債権の範囲の変更（縮減又は拡張）を行うことができるとされている（民執153Ⅰ）。

ⅱ　他の法律による差押え制限

この他にも、社会保障の見地から、労働基準法83条2項、国民年金法24条、雇用保険法11条等の各法規により、差押禁止の債権が規定されている（後掲「特別法によって差押えが禁止される債権一覧表」参照）。

ⅲ　その性質上差押えが禁止される債権

財産分与請求権（民768）や扶養請求権（民881）、遺留分減殺請求権（民1031）等については、その性質が債務者の一身に専属することから、差押えが禁止されるものと解されている。

ⅳ　譲渡禁止特約のある債権

当事者間で譲渡禁止特約が付された債権については、差押債権者の善意悪意を問わず、有効に差押えをなし得るとするのが判例である（最判昭和45年4月10日）。当事者の自由意思による差押禁止財産の創設を認めることはできないからである。

Ⅰ　債権に対する執行

特別法によって差押えが禁止される債権一覧表

1	恩給法	11条3項
2	介護保険法	25条
3	海上保安官に協力援助した者等の災害給付に関する法律	7条
4	簡易生命保険法　※法改正により一部差押えが可能	81条
5	警察官の職務に協力援助した者等の災害給付に関する法律	10条
6	刑事補償法	22条
7	健康保険法	68条
8	原子爆弾被爆者に対する援護に関する法律	45条
9	公害健康被害の補償等に関する法律	16条
10	厚生年金保険法	41条1項
11	公立学校の学校医、学校歯科医及び学校薬剤師の公務災害補償に関する法律	8条2項
12	国民健康保険法	67条
13	国民年金法	24条
14	国家公務員共済組合法	49条
15	国家公務員災害補償法	7条2項
16	雇用保険法	11条
17	砂防法	37条2項
18	自動車損害賠償保障法	18条、74条
19	児童手当法	15条
20	児童福祉法	57条の5第2項
21	児童扶養手当法	24条
22	小規模企業共済法	15条
23	証人等の被害についての給付に関する法律	10条
24	私立学校教職員共済法	25条
25	障害者自立支援法	13条
26	生活保護法	58条

第5章　債権・動産・その他の財産権等執行

27	船員法	115条
28	船員保険法	27条
29	戦傷病者戦没者遺族等援護法	47条
30	戦傷病者等の妻に対する特別給付金支給法	9条
31	戦傷病者特別援護法	26条
32	戦没者等の妻に対する特別給付金支給法	9条
33	戦没者の父母等に対する特別給付金支給法	11条
34	地方公務員等共済組合法	51条
35	地方公務員災害補償法	62条2項
36	中小企業退職金共済法	20条
37	土地収用法	45条の3第2項
38	未帰還者留守家族等援護法	31条
39	老人保健法	45条
40	労働基準法	83条2項

　　　b　差押債権の特定の必要性

　債権差押命令は、債務者にその処分を禁止し、第三債務者に債務者に対する弁済禁止効が生じることから、当事者にとって他の債権との識別可能性が必要であり、また、執行裁判所においても、差押禁止債権の該当性等を判断するために、差押債権の特定が必要となる。債権差押命令の申立書においては、差押債権の種類及び額その他債権を特定しうる事項を記載しなければならないとされており（民執規133Ⅱ）、差押債権が特定されない申立ては不適法却下され、仮に債権差押命令が発令された場合であっても、差押債権が不特定な債権差押命令は無効とされるため（最判昭和46年11月30日）、後に取立訴訟において第三債務者が抗弁として主張することが可能である。

　差押債権の特定の程度については、具体的な事案に応じて個別に判断されることになるが、一般的には、①種類及び金額（民執規133Ⅱ）、②発生原因、③発生年月日、④弁済期、⑤給付の具体的内容等を申立書に記載することに

より特定を行う。

　　c　差押債権の範囲
　i　請求債権よりも差押債権の額面が上回る場合
　この場合でも、1個の債権の全体を差押えることができるが（民執146Ⅰ）、その場合には他の債権を差押えてはならない（民執146Ⅱ）。
　ii　継続的給付に係る債権
　給料その他継続的給付に係る債権に対しては、請求債権及び執行費用の額を限度として、継続的に発生する将来債権を包括的に差押えることが可能である（民執151）。賃貸借に基づく地代や賃料、継続的な商業代理人の手数料、会社の役員報酬、国会議員の歳費等が継続的給付に該当すると考えられている（書式5－1：差押債権目録（給料債権等・賃料債権））。
　また、継続的給付には該当しない将来債権についても、既にその発生の基礎となる法律関係が存在し、近い将来における発生が相当程度見込める場合には、一定限度で差押えが認められており、保険契約に基づく解約返戻金請求権、強制競売における配当金交付請求権等がこれに該当する（書式5－2：差押債権目録（解約返戻金等請求権））。更に、売買・運送等の反復取引より生じる債権や保険医の診療報酬債権等の継続的な将来債権（これらの債権は民執151に定める継続的給付には該当しないと解されている）については、実務上、期間を区切って差押えを認める取扱いがされている（前者は発令時から6か月先まで、後者は発令時から1年先までに発生する債権について認められているのが現状である。）（書式5－3：差押債権目録（継続的売買代金債権）、5－4：差押債権目録（社会保険診療報酬債権・国民健康保険診療報酬債権））。
　iii　条件付債権
　条件付債権についても差押えは可能であるが、第三債務者は債務者に対して有していた抗弁を差押債権者に対しても主張できることから、実際に債権の取立てが可能となるのは条件成就後となる（書式5－5：差押債権目録（敷金返還請求権））。

第5章　債権・動産・その他の財産権等執行

書式5－1　差押債権目録（給料債権等・賃料債権）

差　押　債　権　目　録

金○○円

　ただし、債務者（○○商事勤務）が第三債務者に対して有する本命令送達日以降支払期の到来する

1　給料債権（基本給及び諸手当。ただし通勤手当を除く。）から所得税、住民税及び社会保険料を控除した残額の4分の1
　　ただし、上記残額が月額44万円を超えるときは、その残額から33万円を控除した金額
2　賞与債権から1と同じ税金等を控除した残額の4分の1
　　ただし、上記残額が44万円を超えるときは、その残額から33万円を控除した金額
にして、頭書金額に満つるまで。
　なお、1及び2による金額が頭書金額に満たないうちに退職したときは、
3　債務者が第三債務者に対して有する退職金債権から所得税、住民税を控除した残額の4分の1にして、1及び2と合計して頭書金額に満つるまで。

差　押　債　権　目　録

金○○円

　ただし、債務者が第三債務者に対して有する本命令送達日以降支払期の到来する別紙物件目録記載の賃料債権（ただし、管理費及び共益費相当分を除く。）にして、支払期の早いものから頭書金額に満つるまで。

物　件　目　録

　　所　　在　　○○県○○市○○町○丁目○番地
　　家屋番号　　○番○
　　種　　類　　共同住宅
　　構　　造　　鉄筋コンクリート造陸屋根2階建
　　床　面　積　　1階　　○○．○○平方メートル
　　　　　　　　2階　　○○．○○平方メートル

書式5－2　差押債権目録（解約返戻金等請求権）

差押債権目録

金○○円

　ただし、債務者と第三債務者との間の下記保険契約に基づき、本命令送達日以降支払期の到来する①配当金請求権にして、支払期の早いものから頭書金額に満つるまで。①により完済されないうちに契約が中途解約された場合には、②解約返戻金請求権にして①と合計して頭書金額に満つるまで。さらに、①により完済されず、かつ、中途解約されないうちに契約が満期を迎えた場合には、③満期金請求権にして①と合計して頭書金額に満つるまで。

記

保険契約の表示
　　保険証券番号　　○○○○号
　　契　約　日　　　平成○年○月○日
　　種　　　類　　　○○火災保険
　　保険期間　　　　○○年
　　保険金額　　　　○○円
　　保　険　者　　　第三債務者
　　被保険者　　　　債務者
　　契　約　者　　　○○○○
　　保険の目的　　　債務者所有の別紙物件目録の建物

iv　債務者以外の名義の債権

　差押えの対象となるのは債務者の有する債権であるから、債権の名義が債務者以外の者である場合、原則として差押えの対象とはなり得ないが、例外的に、債務者以外の名義の債権であっても差押えが可能な場合がある。実務上問題となることが多いのが他人名義の預金債権の差押えである。

第5章　債権・動産・その他の財産権等執行

書式5－3　差押債権目録（継続的売買代金債権）

　　　　　　　　　　差　押　債　権　目　録

金〇〇円

　ただし、支払方法を毎月〇日締め翌月〇日払いと定めた債務者と第三債務者との間の〇〇〇〇継続的売買契約に基づき、債務者が第三債務者に平成〇年〇月〇日から平成〇年〇月〇日までの間に〇〇〇〇を売り掛けたことにより債務者が第三債務者に対して有する売掛金債権にして、支払期の早いものから順次頭書金額に満つるまで。

---

(1) 債務名義に記載された債務者が「乙こと甲」のとき、「乙」名義の預金を差押える場合は、原則として同一性の証明は不要である。ただし、欠席裁判等、実質的な対席判決でない場合は、通謀して他人の口座を差押えようとしている可能性があるので、別途立証が必要とされる。

(2) 債務名義に記載された債務者が「甲」のとき、「乙」名義の預金を差押える場合は、高度の蓋然性をもって同一性を立証することが必要となる。

　(i) 口座番号を特定し、当該預金口座が甲の出捐によるものであることが立証された場合は、差押債権目録の「（金融機関への）届出住所欄」に「当事者目録における債務者の住所地と同一であることを要しない」旨表示して発令する。

　(ii) 上記(i)までの立証はされないが、口座番号を特定し、甲が一般的に通称乙を使用していることが立証された場合、届出住所欄に、当事者目録記載の債務者の住所地を記載する扱い（同姓同名の乙の口座に差押えの効力が及ばないようにするため）となっている。

(3) 弁護士が任意整理に際して回収金などを預託するために開設した

Ⅰ 債権に対する執行

書式5-4　差押債権目録（社会保険診療報酬債権・国民健康保険診療報酬債権）

※社会保険診療報酬債権の場合

差押債権目録

金○○円

　ただし、債務者が○○県○○市○○町○丁目○番○号所在、○○医院名義（開設者　　○○県○○市○○町○丁目○番○号　　○○○○＊）で第三債務者から支払を受ける、本命令送達日以降1年が経過するまでの間に支払期の到来する、債務者の診療に係る社会保険診療報酬、生活保護法に基づく診療報酬、結核予防法に基づく診療報酬、戦傷病者特別援護法に基づく診療報酬、障害者自立支援法に基づく診療報酬、児童福祉法に基づく診療報酬、精神保健法及び精神障害者福祉に関する法律に基づく診療報酬、母子保健法に基づく診療報酬及び老人保健法に基づく診療報酬の各債権にして、支払期の到来した順序で、支払期が同じ場合は金額の大きい順序で頭書金額に満つるまで。

＊開設者として債務者の住所氏名を記載する。

※国民健康保険診療報酬債権の場合

差押債権目録

金○○円

　ただし、債務者が○○県○○市○○町○丁目○番○号所在、○○医院名義（開設者　　○○県○○市○○町○丁目○番○号　　○○○○＊）で第三債務者から支払を受ける、本命令送達日以降1年が経過するまでの間に支払期の到来する、債務者の診療に係る国民健康保険法に基づく診療報酬及び老人保健法に基づく診療報酬の各債権並びに公費負担医療費にして、支払期の到来した順序で、支払期の同じ場合には金額の大きい順序で頭書金額に満つるまで。

＊開設者として債務者の住所氏名を記載する。

第5章　債権・動産・その他の財産権等執行

書式5－5　差押債権目録（敷金返還請求権）

　　　　　　　　　　差　押　債　権　目　録

金〇〇円

　ただし、債務者と第三債務者との間の下記建物の賃貸借契約に際し、債務者が第三債務者に差し入れた敷金及び保証金の返還請求権にして、敷金、保証金の順序により、頭書金額に満つるまで。
　なお、下記不動産は平成〇年〇月〇日に明渡し済みである。

　　　　　　　　　　　　　　　記
（物件の表示）

　　　　　　〇〇県〇〇市〇〇町〇丁〇番地所在
　　　　　　〇〇マンション〇階〇〇〇号室

　「〇〇（債務者名）預かり金口　弁護士〇〇」名義の口座に対し、債務者の債権者が差押えを申立てた場合は、債務者が出捐し執行妨害目的のために開設された場合であることが立証されない限り差押えは認められない。

　ウ　申立手続
　　a　管轄
　債権執行の申立ては、債権者が、債務者の普通裁判籍所在地を管轄する地方裁判所か、この普通裁判籍がないときには差し押さえるべき債権の所在地を管轄する地方裁判所（民執144Ⅰ）に対して、債権執行の申立書を提出することにより開始する。債務者の普通裁判籍所在地は、債務者が自然人の場合は住所により、法人の場合は主たる事務所又は営業所により定まるのが原則である（民執20、民訴4ⅡⅣ）。また、差し押さえるべき債権の所在地は、第

Ⅰ 債権に対する執行

三債務者の普通裁判籍の所在地とされている（民執144Ⅱ）。

  b 債権差押命令申立書（書式5－6：債権差押命令申立書）

①債権者及び債務者並びに代理人の表示、②債務名義の表示、③差押債権の表示及び債権執行を求める旨、④金銭の支払を命ずる債務名義に係る請求権の一部について強制執行を求めるときは、その旨及びその範囲、⑤第三債務者を記載する（民執規133Ⅰ・21・133Ⅱ）。③については差押債権の種類及び額その他債権を特定するに足る事項を記載する。

  c 貼用印紙

債権執行の申立書に債務名義1通につき収入印紙4,000円を貼付する。複数の債権者が又は複数の債務者に対して、1通の債務名義で強制執行を申し立てる場合には、債権者又は債務者1名ごとに収入印紙4,000円を加算する。なお、第三債務者の数は申立手数料に影響を及ぼさない。

  d 添付書類

①執行力のある債務名義の正本
②債務名義送達証明書
③委任状（債権者が法人の場合は資格証明書）
④債務者の資格証明書
⑤第三債務者の資格証明書

  e 目録・予納郵券

これらについては執行裁判所又は裁判所書記官の定めに従う。

 エ 債権差押命令の効力及び発生時期

  a 差押えの効力

執行裁判所は、差押命令において債務者に対して差押債権の取立てその他の処分行為を禁止し、第三債務者に対しては債務者への弁済を禁止する命令を発する（民執145Ⅰ）。

差押債権者は、差押えの効力発生後、債務者に債権差押命令が送達されてから1週間が経過すれば、差押債権を取立てることができる（民執155）。

債務者は、差押債権について、取立て、譲渡、放棄、免除、相殺等の差押

第5章　債権・動産・その他の財産権等執行

書式5-6　債権差押命令申立書

　　　　　　　　　　債権差押命令申立書

　　　　　　　　　　　　　　　　　　　平成○年○月○日

○○地方裁判所民事部　御中

　　　　　　　　　　　債　権　者　　　○○○○株式会社
　　　　　　　　　　　代表者代表取締役　　○○○○
　　　　　　　　　　　上記債権者代理人弁護士　○○○○　印
　　　　　　　　　　　電　話　○○○－○○○－○○○○
　　　　　　　　　　　ＦＡＸ　○○○－○○○－○○○○

　　当　事　者　┐
　　請求債権　　├　別紙目録のとおり
　　差押債権　　┘

　債権者は、債務者に対し、別紙請求債権目録記載の執行力ある債務名義の正本に記載された請求債権を有しているが、債務者がその支払をしないので、債務者が第三債務者に対して有する別紙差押債権目録記載の債権の差押命令を求める。

　　　　　　　　　　　添付書類
　　1　執行力ある債務名義の正本　　　　　　1　通
　　2　同送達証明書　　　　　　　　　　　　1　通
　　3　資格証明書　　　　　　　　　　　　　3　通
　　4　委任状　　　　　　　　　　　　　　　1　通

　　　　　　　　　　　当事者目録

〒○○○－○○○○　○○県○○市○○町○丁目○番○号

Ⅰ　債権に対する執行

　　　債　権　者　　　　　〇〇〇〇株式会社
　　　代表者代表取締役　　　〇　〇　〇　〇

（送達場所）
〒〇〇〇—〇〇〇〇　〇〇県〇〇市〇〇町〇丁目〇番〇号
　　　〇〇法律事務所
　　　　債権者代理人弁護士　〇　〇　〇　〇

〒〇〇〇—〇〇〇〇　〇〇県〇〇市〇〇町〇丁目〇番〇号
　　　債　務　者　　　　　〇〇〇〇株式会社
　　　代表者代表取締役　　　〇　〇　〇　〇

〒〇〇〇—〇〇〇〇　〇〇県〇〇市〇〇町〇丁目〇番〇号
　　　第三債務者　　　　　株式会社〇〇〇〇
　　　代表者代表取締役　　　〇　〇　〇　〇

請求債権目録

　〇〇地方法務局所属公証人〇〇〇〇作成の執行力のある平成〇年第〇〇〇号〇〇契約公正証書の執行力ある正本に表示された下記債権及び執行費用

記

1　元金　　　　金〇〇円
　　平成〇年〇月〇日の金銭消費貸借契約に基づく貸付金
2　利息金　　　金〇〇円
　　上記1に対する平成〇年〇月〇日から同年〇月〇日まで年1割5分の割合による利息金（1年を365日とする日割計算）
3　遅延損害金　　金〇〇円
　　上記1に対する平成〇年〇月〇日から同年〇月〇日まで日歩8銭2厘の割合による遅延損害金（1年を365日とする日割計算）

第5章　債権・動産・その他の財産権等執行

```
 4　執行費用　　　　　金○○円
　　（内訳）
　　　本申立手数料　　　　　　　　　　　金4,000円
　　　本申立書作成及び提出費用　　　　　金1,000円
　　　差押命令正本送達費用　　　　　　　金 ○○円
　　　資格証明交付手数料　　　　　　　　金 ○○円
　　　送達証明書申請手数料　　　　　　　金 ○○円
　　　執行文付与申立手数料　　　　　　　金 ○○円
 合　計　　　金○○円


　債務者は、平成○年○月○日を支払日とする分割金の支払を怠ったため、約定により同日の経過をもって当然に期限の利益を失った。
```

差押債権目録

金○○○円

　ただし、債務者が第三債務者に平成○年○月中旬に売り渡し、○○県○○市○丁目○番○号の○○の事務所に納入した株式会社○○○○製○○について、債務者が第三債務者に対して有する売却代金債権にして、頭書金額に満つるまで。

債権者の利益を害する行為が禁止される。債務者が、差押えの効力が発生した後に、差押債権について譲渡等の処分行為を行った場合、当該債権執行手続との関係においては対抗力を有しないことになる。ただし、債務者は、差押債権の基礎となった法律関係について処分・変更することは可能であり、例えば給料債権を差し押えられた後に債務者が会社を退職することは妨げられない。

　また、第三債務者は、債務者への弁済が禁止され、仮に弁済した場合には、差押債権者に弁済の効力を対抗できず、二重払いのリスクを負う。したがっ

Ⅰ　債権に対する執行

て、第三債務者は、差押債権者への弁済（民執155ⅠⅡ）又は供託（民執156Ⅰ）によってのみ債務を免れ得ることとなる。ただし、第三債務者は、差押え時に債務者に対して主張できた抗弁を全て差押債権者に対抗することができる。

　　b　効力の発生時期

　差押命令は、執行裁判所から債務者及び第三債務者に対して送達されるが（民執145Ⅲ）、差押えの効力は差押命令が第三債務者に送達されたときに生じる（民執145Ⅳ）。

　　c　送　達

　送達は、送達を受けるべき者の住所、居所、営業所又は事務所において行い、これらが判明しないとき又は支障があるときは、就業場所で行うこととされている（民執20、民訴103）。

　民事執行の手続において、執行裁判所に申立て等を行い又は執行裁判所から文書の送達を受けた者は、送達を受けるべき場所を執行裁判所に届け出なければならないとされている（民執16Ⅰ）。このような届出を行わない者に対する送達は、事件記録上の住所、居所、営業所又は事務所において行うこととされ（民執16Ⅲ）、補充送達及び差置送達ができない場合には、書類を書留郵便又は民間事業者による信書の送達に関する法律に規定する信書便役務のうち書留郵便に準ずるとされたものに付して発送する方法により送達することができる（民執16Ⅳ）。

　また、送達を受けるべき者の送達場所が知れないとき又は書留郵便等に付する送達ができないとき等の場合には、裁判所書記官は、申立てにより、送達すべき書類を保管し、いつでも送達を受けるべき者に交付すべき旨を裁判所の掲示場に掲示する方法で送達することができる（民執20、民訴110・111）。

　なお、債権差押命令が債務者及び第三債務者に対して送達されたときは、裁判所書記官は、差押債権者に対して、その旨及び送達年月日を通知することとされている（民執規134）。

第5章　債権・動産・その他の財産権等執行

オ　第三債務者に対する陳述の催告

a　意　義

債権差押命令は、債務者及び第三債務者を審尋しないで発せられることになるので（民執145Ⅱ）、差押債権者は、差押債権の存否や範囲、他の競合する差押えの有無等を確認する必要がある。

そこで、差押債権者は、執行裁判所に対し、裁判所書記官が第三債務者に債権の存否や弁済の意思の有無、他の競合する差押え等の有無について陳述の催告をするよう申し立てることができる（民執147Ⅰ）。

b　申立手続

陳述催告の申立てを行うか否かは、差押債権者の自由であるが、申立てを行う場合には、遅くとも差押命令の発送前に行う必要がある。実務上は、債権差押の申立てと同時にこれを行っている（書式5－7：第三債務者に対する陳述催告の申立書）。

c　催告の内容

差押債権者が第三債務者に対して催告すべき内容は次の通りとされている（民執規135Ⅰ）。

①差押債権の存否、債権の種類、額
②弁済の意思の有無及び弁済の範囲又は弁済しない理由
③差押債権者に優先する債権者の有無並びに優先債権者の表示及び優先権の種類、内容、範囲
④差押債権に対する他の債権者による差押え、仮差押えの執行の有無及び執行がなされている場合の事件、債権者の表示、送達の年月日及び差押えの範囲
⑤差押債権に対する滞納処分による差押えの有無、差押えがされている場合の徴収職員等の属する庁名、所在地、送達年月日及び差押えの範囲

d　不陳述・不実の陳述の効果

第三債務者が、故意又は過失により、陳述をしなかったり、不実の陳述をした場合には、これにより差押債権者に生じた損害を賠償する義務が生じる

Ⅰ 債権に対する執行

書式5－7　第三債務者に対する陳述催告の申立書

第三債務者に対する陳述催告の申立書

平成○年○月○日

○○地方裁判所民事部　御中

債　権　者　　○○商事株式会社
代表者代表取締役　　○　○　○　○
上記債権者代理人弁護士　　○○○○　印
電　話　○○○－○○○－○○○○
ＦＡＸ　○○○－○○○－○○○○

債　権　者　　○○商事株式会社
債　務　者　　○○○○株式会社
第三債務者　　株式会社○○○○

本日、御庁に申し立てた上記当事者間の債権差押命令申立事件について、第三債務者に対し、民事執行法147条1項に定める陳述の催告をされたく、申し立てる。

（民執147Ⅱ）。

　　カ　配当要求
　　　　a　総論
　配当要求とは、債権者が債権執行を申し立てる対象にしようとした債権について、既に他の債権者が差押えを行っている場合において、当該債権者が、先行する債権差押事件が係属している執行裁判所に対し、自己に対する配当を求める旨の申立てを行うことである。ただし、不動産執行の場合と異なり、債権執行の場合は、先行する差押えの有無を公示する方法がなく、また、先行する差押えがあっても重ねて差押えを行うことも認められていることから

(民執149)、実務上は配当要求の申立てがなされることは少ない。

　　　b　配当要求のできる債権者

　配当要求のできる債権者は、執行力ある債務名義を有する債権者及び先取特権者である（民執154Ⅰ）。

　　　c　配当要求の終期

　配当要求の終期は、第三債務者が民事執行法156条1項又は2項の規定による供託をしたとき、取立訴訟の訴状が第三債務者に送達されたとき、債権の売却命令により執行官が売得金の交付を受けたとき、動産引渡請求権の差押えの場合にあっては、執行官がその動産の引渡しを受けたときである（民執165）。

　　　d　申立手続

　配当要求の申立ては請求債権の原因及び額を記載した書面でしなければならない（民執規145・26。書式5－8：配当要求申立書）。

　添付書類としては、執行力ある債務名義の正本及びその送達証明書又は先取特権を有することを証する文書の原本である。

　また、申立手数料として債務名義1通につき金500円の収入印紙を貼付し、所定の郵便切手を予納する必要がある。

　　キ　差押債権者による取立て

　　　a　取立権の発生

　差押命令が債務者に送達されて1週間を経過したときは、差押債権者は、その債権及び執行費用の限度で、直接第三債務者から取立てを行うことができる（民執155Ⅰ）。取立権の内容として、差押債権者は、自己の名において、差押債権に関し、債務者の一身専属に属する権利を除く一切の権利を行使することができるとされている。したがって、差押債権者は、第三債務者に対して債務の弁済を求め、保証人に対する請求や担保権の実行等を行うことが可能となる。また、生命保険契約の解約返戻金請求権に関し、債権差押命令を得た差押債権者は、判例上、取立権に基づいて債務者の有する解約権を行使することができる（最判平成11年9月9日）とされており、差押債権者と

書式5－8　配当要求申立書

配当要求申立書

平成○年○月○日

○○地方裁判所民事部　御中

債　　権　　者　○○商事株式会社
代表者代表取締役　○　○　○　○
上記債権者代理人弁護士　○○○○　印
電　話　○○○－○○○－○○○○
ＦＡＸ　○○○－○○○－○○○○

　配当要求債権者は、御庁平成○年（ル）第○○○号債権差押申立事件に対し、配当要求をする。
1　債権の原因
　　平成○年○月○日付け金銭消費貸借契約に基づく貸付金およびその損害金
2　債権の額
　(1)　元金　　　　金○○円
　(2)　損害金　　　金○○円
　　　上記(1)に対する平成○年○月○日から平成○年○月○日まで年5％の割合による損害金
　(3)　配当要求申立費用　　金○○円
　　　（内訳）
　　　配当要求申立手数料　　金○○円
　　　配当要求通知費用　　　金○○円
　　　合計　金○○円
3　配当要求の資格
　　配当要求債権者は、別途の執行力のある債務名義の正本を有する。

添付書類

1　○○地方裁判所平成○年（ワ）第○○○○○号貸金請求事件の執行力ある判決正本　　　　　　　　　　　　　　　　　　　　　　　　1通
2　配当要求申立書副本　　　　　　　　　　　　　　　　　　　　1通

第5章　債権・動産・その他の財産権等執行

しては、取立権に基づいて保険契約を解約後、保険会社に対して解約返戻金の返還を求めることができる。

　　b　取立訴訟

債権差押命令が債務者に送達されて1週間が経過した後に、差押債権者が第三債務者に対して生じた取立権に基づいて取立てを行ったが、第三債務者が任意に支払に応じない場合、差押え等が競合したのにも関わらず供託しない場合には、差押債権者は取立訴訟を提起することができる（民執157。書式5－9：取立訴訟の訴状）。

差押債権者が原告となり、第三債務者を被告として、差押債権を基準として定まる管轄裁判所（原則として第三債務者が人の場合は住所地であり、法人の場合は事務所又は営業所所在地）に訴訟を提起することになる。競合する差押債権者が存在する場合には、受訴裁判所は、第三債務者の申立てにより、当該差押債権者に参加命令を発することができ（民執157Ⅰ）、参加命令を受けた差押債権者で取立訴訟に参加しなかった者に対しても、当該取立訴訟の判決の効力が及ぶものとされている（民執157Ⅲ）。

　　c　判決による執行

取立訴訟の給付判決は債務名義であるので、差押債権者は、これに基づいて第三債務者の財産に対して強制執行を行うことで、最終的な債権の満足を得ることになる。

　　d　取立ての効果

差押債権者が、取立権を行使して第三債務者から支払いを受けたときは、その限度で弁済を受けたものとみなされる（民執155Ⅱ）。

　　e　取立届

差押債権者は、取立権の行使により第三債務者から支払を受けたときは、直ちに、その旨を執行裁判所に届け出なければならないとされている（民執155Ⅲ）。なお、取立届は、①事件の表示、②債務者及び第三債務者氏名又は名称、③第三債務者から支払を受けた額及び年月日を記載した書面で行う（民執規137。書式5－10：取立届）。

書式5-9　取立訴訟の訴状

訴　状

平成○年○月○日

○○地方裁判所民事部　御中

原告訴訟代理人　○　○　○　○　印

〒○○○-○○○○　○○県○○市○○町○丁目○番○号
　　　原　　　　告　　○○商事株式会社
　　　代表者代表取締役　　○　○　○　○
　　　原告訴訟代理人弁護士　○　○　○　○　印
　　　電　話　○○○-○○○-○○○○
　　　ＦＡＸ　○○○-○○○-○○○○

〒○○○-○○○○　○○県○○市○○町○丁目○番○号
　　　被　　　　告　　○○○○株式会社
　　　代表者代表取締役　　○　○　○　○

請求の趣旨

被告は、原告に対し、金○○円を支払え。
訴訟費用は被告の負担とする。
との判決ならびに仮執行の宣言を求める。

請求の原因

1　訴外○○○○は、遅くとも平成○年○月○日以降現在まで被告会社に雇用されて勤務しており、少なくとも手取りで○○円の月給（基本給と通勤手当を除く諸手当の合計金から、給与所得税、住民税、社会保険料を控除した額）を得ている。
2　原告は、訴外○○○○の被告に対する給料債権のうち、金○○円（原告の

第5章　債権・動産・その他の財産権等執行

　　上記訴外人に対する執行債権及び執行費用）に満つるまでの部分について、平成〇年〇月〇日、債権差押命令（〇〇地方裁判所平成〇年（ル）第〇〇〇号）を得たところ、上記命令は同年〇月〇日に第三債務者である被告に対し、同月〇日に債務者である訴外〇〇〇〇に対し、それぞれ送達された。
　　　したがって、原告は、訴外〇〇〇〇の被告に対する給料債権のうち平成〇年〇月分から平成〇年〇月分までの各月〇〇円（手取額のうち〇〇円を超える部分）、合計〇〇円について差し押さえたので、同債権について取立権を有する。
　3　よって、原告は、被告に対し、訴外〇〇〇〇の被告に対する平成〇年〇月分から平成〇年〇月分までの給料債権合計金〇〇円の支払を求めて、本訴に及ぶ。

証拠方法

1　甲第1号証　　債権差押命令正本
2　甲第2号証　　送達通知書

添付書類

1　訴状副本　　　　　　　1通
2　甲各号証写し　　　　　各2通
3　資格証明書　　　　　　2通
4　訴訟委任状　　　　　　1通

　ク　第三債務者による供託
　　　a　権利供託
　債権差押命令の送達を受けた第三債務者は、差し押さえられた金銭債権の全額に相当する金銭を債務の履行地の供託所に供託することができ（民執156Ⅰ）、これにより第三債務者は供託額について弁済の効果を得る。また、第三債務者は、滞納処分による差押えがされている金銭債権について強制執行による差押命令の送達を受けたときは、その債権の全額に相当する金銭を債務の履行地の供託所に供託することができる（滞調20の6Ⅰ）。

Ⅰ 債権に対する執行

書式5－10 取立届

取　立　届

平成○年○月○日

○○地方裁判所民事部　御中

債　権　者　　○○商事株式会社
代表者代表取締役　　○　○　○　○
上記債権者代理人弁護士　　○○○○　印
電　話　○○○－○○○－○○○○
ＦＡＸ　○○○－○○○－○○○○

債　権　者　　○○商事株式会社
債　務　者　　○　○　○　○
第三債務者　　○○○○株式会社

　上記当事者間の平成○年（ル）第○○○号債権差押命令に基づき、平成○年○月○日午後○時○分に、債権者は第三債務者から金○○円を取り立てました。
　なお、取立てはまだ継続しています（差押債権額金○○円、取立額累計金○○円、残元金○○円）。

　権利供託は、債権差押命令の送達を受けた第三債務者が債務者に差押債権を支払うことができなくなり（民執145Ⅰ）、これにより弁済期を徒過した場合に履行遅滞の責任（民419Ⅱ）を負うことから、供託による免責を認めるという第三債務者の保護の観点から設けられた制度である。したがって、権利供託については、供託するか否かは第三債務者の自由である。

　　b　義務供託
　第三債務者は、取立訴訟の訴状の送達を受けるときまでに、差押債権のうち差し押えられていない部分を超えて発せられた差押命令又は仮差押命令の

送達を受けたときには、差押債権の全額に相当する金額を、配当要求があった旨を記載した文書の送達を受けたときは、差し押えられた部分に相当する金額を、それぞれ債務の履行地の供託所に供託しなければならない（民執156Ⅱ）。また、民事執行の差押え後に、滞納処分による差押えが競合したときも、第三債務者は差押債権の全額に相当する金額を供託する義務を負う（滞調36の6Ⅰ）。

ただし、差押債権の弁済期が到来していない場合には、弁済期が到来するまで供託義務は生じない。

　　　c　混合供託

第三債務者は、債務者の第三債務者に対する債権が譲渡され、その後、当該債権について差押えを受けたところ、先行する債権譲渡の有効性に疑義があるような場合、債権の譲受人と差押債権者のいずれに対して支払いを行えばよいのか判断ができなくなる。このような場合には、民法494条による債権者不確知を理由とし、かつ、民事執行法156条1項による権利供託を理由として供託を行うことができることとされている。なお、差押えが競合している場合には民事執行法156条2項の義務供託を理由とすることになる。

　　　d　事情届

第三債務者は、民事執行法156条1項又は2項に基づいて供託したときは、その事情を執行裁判所に届け出なければならないとされている（民執156Ⅲ）。滞調法36条の6第1項に基づいて供託したときも同様である（滞調36の6Ⅱ）。

　　ケ　転付命令

　　　a　意　義

転付命令とは、差押債権が金銭債権の場合に、差押債権を差押債権者の債権及び執行費用の支払に代えて、券面額で差押債権者に移転させることを命ずる裁判（民執159Ⅰ）のことをいう。

　　　b　要　件

①差押命令が有効であること

②転付債権が譲渡性を有すること

Ⅰ 債権に対する執行

したがって、法律上又はその性質上譲渡が禁止されている債権は被転付適格を有さないことになるが、譲渡禁止特約付きの債権については被転付適格が認められる。
③転付債権が発令時に券面額を有していること
したがって、将来債権や停止条件付債権、他人の優先する権利が付着している債権ではないことが必要である。
④転付命令が第三債務者に送達される時までに差押え又は仮差押えが競合しあるいは配当要求がなされないこと（民執159Ⅲ）

　　c　効　力

転付命令の効力としては、転付債権が同一性を保ちながら債務者から差押債権者に移転し、差押債権者の債権及び執行費用が、その券面額に相当する範囲で弁済されたものとみなされることになる（民執160）。したがって、転付命令を申し立てた差押債権者は、第三債務者の無資力の危険を負うことになる。

ただし、転付命令時に転付債権が存在しなかった場合には、転付命令の効力は生じない。

　　d　申立手続

転付命令の申立ては、債権差押命令を申し立てた執行裁判所に対して、転付を受ける債権の種類及び金額を明示して書面で行う（書式5－11：転付命令申立書）。

転付命令の申立ては、債権差押命令の申立てと同時になすことも、別途これをなすこともできるが、実務上は、債権差押命令の申立てと同時に行われる場合が多い。

なお、転付命令の申立てについては、申立手数料は不要である。

　　e　効力の発生時期

転付命令に対しては執行抗告が可能であり、転付命令は確定しなければその効力が生じない（民執159ⅣⅤ）。したがって、債務者が転付命令の送達を受けた日から1週間以内に執行抗告の申立てを行えば（民執10ⅡⅢ）、執行抗

第5章　債権・動産・その他の財産権等執行

書式5－11　転付命令申立書

転付命令申立書

平成○年○月○日

○○地方裁判所民事部　御中

債　権　者　○○商事株式会社
代表者代表取締役　○　○　○　○
上記債権者代理人弁護士　○○○○　印
電　話　○○○―○○○―○○○○
ＦＡＸ　○○○―○○○―○○○○

当事者
差押債権　｜別紙目録のとおり

　上記当事者間の平成○年（ル）第○○○号債権差押命令申立事件について、差押債権者は、御庁が平成○年○月○日に発した債権差押命令により差し押さえられた別紙債権目録記載の債権を、支払に代えて券面額で債権者に転付する旨の命令を求める。

当　事　者　目　録

〒○○○―○○○○　○○県○○市○○町○丁目○番○号
債　権　者　　　　○○商事株式会社
代表者代表取締役　○　○　○　○

（送達場所）
〒○○○―○○○○　○○県○○市○○町○丁目○番○号
　　　○○法律事務所

Ⅰ　債権に対する執行

```
　　　　債権者代理人弁護士　○　○　○　○

〒○○○―○○○○　○○県○○市○○町○丁目○番○号
債　務　者　　　　○○○○株式会社
代表者代表取締役　○　○　○　○


〒○○○―○○○○　○○県○○市○○町○丁目○番○号
第三債務者　　　　株式会社○○銀行
代表者代表取締役　○　○　○　○
（送達場所）
〒○○○―○○○○　○○県○○市○○町○丁目○番○号
　　　　　　　　　株式会社○○銀行○○支店
```

　　　　　　　　差　押　債　権　目　録

金○○円

　ただし、債務者が第三債務者（○○支店扱い）に対して有する下記預金債権にして、下記に記載する順序により頭書金額に満つるまで。
　　　　　　　　　　　　　　記
1　差押えのない預金と差押えのある預金があるときは、次の順序による。
　⑴　先行の差押え、仮差押えのないもの
　⑵　先行の差押え、仮差押えのあるもの
2　円貨建預金と外貨建預金とがあるときは、次の順序による。
　⑴　円貨建預金
　⑵　外貨建預金
　　ただし、本差押命令が第三債務者に送達された時点における第三債務者の電信買相場（先物為替予約がある場合にはその予約相場）により換算した金額（外貨）。
3　数種の預金があるときは次の順序による。
　⑴　定期預金

(2) 定期積金
(3) 通知預金
(4) 貯蓄預金
(5) 納税準備預金
(6) 普通預金
(7) 別段預金
(8) 当座預金
4 同種の預金が数口あるときは、口座番号の若い順序による。
なお、口座番号が同一の預金があるときは、預金に付せられた番号の若い順序による。

平成○年（ヲ）第○○○号

債 権 転 付 命 令

当 事 者　別紙目録記載のとおり

　差押債権者の申立てにより、上記当事者間の当庁平成○年（ル）第○○○号債権差押命令申立事件において差し押さえられた別紙差押債権目録記載の債権を、支払に代えて券面額で債権者に転付する。

平成○年○月○日
○○地方裁判所民事部
裁 判 官　　○　○　○　○　　印

告についての裁判までは転付命令は確定しない。
　　コ　譲渡命令・売却命令・管理命令
　　　a　意　義
　民事執行法は、差し押えられた債権が条件付きもしくは期限付きであるとき又は反対給付に係ることその他の事由によりその取立てが困難な場合の換

Ⅰ 債権に対する執行

価方法として、譲渡命令・売却命令・管理命令の方法を定めた（民執161Ⅰ）。

　　　b　譲渡命令

　執行裁判所は、差押債権者の申立てにより、その債権を執行裁判所が定めた価額で支払いに代えて差押債権者に譲渡する命令を発することができる（書式5－12：債権譲渡命令申立書）。転付命令においては差押債権が券面額で移転するが、譲渡命令は、評価人等の評価により差押債権を実質価額で移転する手続である。

　　　c　売却命令

　執行裁判所は、差押債権者の申立てにより、取立てに代えて執行裁判所の定める方法によりその債権の売却を執行官に命ずる命令を発することができる（書式5－13：債権売却命令申立書）。売却命令は、差押えの競合があっても発令することができる点において、転付命令及び譲渡命令とは異なる。

　　　d　管理命令

　執行裁判所は、差押債権者の申立てにより、執行裁判所は管理人を選任してその債権の管理を命ずる命令を発することができる。ただし、適切な管理人の選定が困難であり、実際上はほとんど利用されていない換価方法である。

　　サ　配当等の実施

　　　a　配当等の手続が実施される場合

　債権執行において配当等の手続が行われるのは、第三債務者による供託がなされた場合、売却命令による売却がなされた場合及び管理命令による管理がなされた場合である（民執166Ⅰ）。

　　　b　配当等実施の手続

　基本的には不動産強制競売の配当等の手続が準用される（民執166Ⅱ）。すなわち、配当等を受けるべき債権者が複数存在し、全ての債権者の請求債権及び執行費用について供託金等の配当原資で弁済ができない場合には、配当手続が実施される（民執166Ⅱ・88ないし92）。債権者が1名のとき又は複数の場合であっても全ての債権者の請求債権及び執行費用について供託金等の配当原資で弁済できる場合には、弁済金交付手続が実施される（民執166Ⅱ・

第5章　債権・動産・その他の財産権等執行

書式5－12　債権譲渡命令申立書

債権譲渡命令申立書

平成○年○月○日

○○地方裁判所民事部　御中

債　　権　　者　　○　○商事株式会社
代表者代表取締役　　○　○　○　○　印
上記債権者代理人弁護士　　○○○○　印
電　　話　　○○○－○○○－○○○○
ＦＡＸ　　○○○－○○○－○○○○

当事者　　　　　別紙目録のとおり

　上記当事者間の平成○年（ル）第○○○号債権差押命令申立事件について、差押債権者は、御庁が平成○年○月○日に発した債権差押命令により差し押さえられた別紙債権目録記載の債権を、支払に代えて御庁が定める価額で差押債権者に譲渡する旨の決定を求める。

当　事　者　目　録

〒○○○－○○○○　　○○県○○市○○町○丁目○番○号
債　権　者　　　　　○○商事株式会社
代表者代表取締役　　○　○　○　○

（送達場所）
〒○○○－○○○○　　○○県○○市○○町○丁目○番○号
　　○○法律事務所
　　　債権者代理人弁護士　　○　○　○　○

Ⅰ 債権に対する執行

```
〒〇〇〇—〇〇〇〇  〇〇県〇〇市〇〇町〇丁目〇番〇号
債 務 者      〇〇〇〇株式会社
代表者代表取締役   〇 〇 〇 〇

〒〇〇〇—〇〇〇〇  〇〇県〇〇市〇〇町〇丁目〇番〇号
第三債務者     株式会社〇〇〇〇
代表者代表取締役   〇 〇 〇 〇
 （送達場所）
〒〇〇〇—〇〇〇〇  〇〇県〇〇市〇〇町〇丁目〇番〇号
           株式会社〇〇〇〇  〇〇支店
```

差 押 債 権 目 録

金〇〇円

　但し、債務者が第三債務者に対して有する平成〇年〇月〇日から平成〇年〇月〇日までに発生した下記各債権のうち、支払期の到来した順序で、支払期が同じ場合は金額の大きい順序で頭書金額に満つるまで。

記
1　デジタル情報に関する一切の業務の報酬債権
2　コンピューターシステムに関する一切の業務の報酬債権
3　コンピューター・ソフトウェア、情報通信機器、事務用機器、周辺機器に関する一切の業務の報酬債権

84Ⅱ）。

　配当等を受けることのできる債権者は、配当要求の終期までに差押え、仮差押えの執行又は配当要求をした債権者である（民執165）。配当要求の終期は、第三債務者が民事執行法156条1項又は2項の規定による供託をしたとき、取立訴訟の訴状が第三債務者に送達されたとき、債権の売却命令により

第5章　債権・動産・その他の財産権等執行

書式5－13　債権売却命令申立書

債権売却命令申立書

平成○年○月○日

○○地方裁判所民事部　御中

　　　　　　　　　　　　　債　権　者　　○　○商事株式会社
　　　　　　　　　　　　　代表者代表取締役　　○　○　○　○
　　　　　　　　　　　　　上記債権者代理人弁護士　　○○○○　印
　　　　　　　　　　　　　電　話　○○○―○○○―○○○○
　　　　　　　　　　　　　ＦＡＸ　○○○―○○○―○○○○

　　　　　当事者　　　　　別紙目録のとおり

　上記当事者間の平成○年（ル）第○○○号債権差押命令申立事件について、差押債権者は、御庁執行官に対し、御庁が平成○年○月○日に発した債権差押命令により差し押さえられた別紙差押債権目録記載の債権を、動産執行の売却の手続により売却することを命じる旨の決定を求める。

当　事　者　目　録

〒○○○―○○○○　　○○県○○市○○町○丁目○番○号
債　権　者　　　　○○商事株式会社
代表者代表取締役　　○　○　○　○

（送達場所）
〒○○○―○○○○　　○○県○○市○○町○丁目○番○号
　　○○法律事務所
　　　債権者代理人弁護士　○　○　○　○

Ⅰ　債権に対する執行

```
〒〇〇〇―〇〇〇〇　〇〇県〇〇市〇〇町〇丁目〇番〇号
債　務　者　　　　〇〇〇〇株式会社
代表者代表取締役　　〇　〇　〇　〇


〒〇〇〇―〇〇〇〇　〇〇県〇〇市〇〇町〇丁目〇番〇号
第三債務者　　　　株式会社〇〇〇〇
代表者代表取締役　　〇　〇　〇　〇
（送達場所）
〒〇〇〇―〇〇〇〇　〇〇県〇〇市〇〇町〇丁目〇番〇号
　　　　　　　　　株式会社〇〇〇〇　〇〇支店
```

```
　　　　　　　差　押　債　権　目　録

金〇〇円

　但し、債務者が第三債務者に対して有する平成〇年〇月〇日から平成〇年〇
月〇日までに発生した下記各債権のうち、支払期の到来した順序で、支払期が
同じ場合は金額の大きい順序で頭書金額に満つるまで。
　　　　　　　　　　　　　　記
1　デジタル情報に関する一切の業務の報酬債権
2　コンピューターシステムに関する一切の業務の報酬債権
3　コンピューター・ソフトウェア、情報通信機器、事務用機器、周辺機器に
　関する一切の業務の報酬債権
```

執行官が売得金の交付を受けたとき、動産引渡請求権の差押えの場合にあっては、執行官がその動産の引渡しを受けたときである（民執165）。また、配当要求の終期までに交付要求（税徴82Ⅰ）を行った滞納処分庁も配当を受けることができる。なお、滞調法36条の3第2項本文により滞納処分による差押えをした旨を執行裁判所に通知した場合、又は滞調法36条の6第2項による事情届に係る差押え国税等については、滞納処分による差押えの時点で交

第5章　債権・動産・その他の財産権等執行

付要求があったものとみなされている（滞調36の10）。

　配当手続における配当の順位及び額については、総債権者の合意が成立しない限り、実体法の優先順位に従って決定される（民執166Ⅱ・85Ⅴ）。配当手続においては、全ての債権者が債権全額の満足を得られるわけではないので、配当表に記載された債権額及び配当額について異議がある債権者等は、配当異議の申出をすることができる（民執166Ⅱ・89Ⅰ）。

　　シ　担保付債権の差押え
　　　　a　担保権付債権の差押登記の申立て
　担保権の附従性により、被担保債権を差押えた効果は担保権にも及ぶ。登記された抵当権等によって担保される債権に対する差押命令が効力を生じたときは、裁判所書記官は、差押債権者の申立てにより、その被担保債権について差押えがされた旨の登記を嘱託する（民執150）。

　注意すべき点としては、

①申立てが必要であり、債権差押の附記登記は職権では嘱託されない。

②確定後だけでなく、確定前の根抵当権に対しても可能である。なお、抵当権の場合と異なり、差押債権の内容も登記事項となる。

③債権差押命令の申立てと同時に、また、債権差押命令申立書中になお書で記載するかたちで、差押附記登記の申立てをすることが可能である。

④執行債務者により、差押債権自体の処分（債権譲渡等）がなされ、第三債務者への差押命令の送達に先立って確定日付ある通知・承諾（民476Ⅱ）がされている場合は、たとえ債権譲渡による抵当権等の移転登記に差押の附記登記が先んじても差押債権者は劣後する。抵当権の譲渡等（民375）、担保権のみの処分がなされた場合との優劣は登記の先後で決まる。

⑤申立手数料は不要であるが、登録免許税の納付が必要となる（差押債権額の1000分の4）。

　　　　b　取立権の行使
　債務者に対する差押命令送達の日から1週間経過後は、差押債権者は直接

Ⅰ　債権に対する執行

に債務者から取立てることができるが（民執155Ⅰ）、この取立権に基づき、債権者は担保不動産につき不動産競売を申立てることができる。

　　　c　転付命令等の場合の移転登記の申立て

差押登記がなされた債権につき、転付命令・譲渡命令が確定した場合及び売却命令による売却が終了した場合は、裁判所書記官は、申立てにより、債権の取得者（差押債権者又は買受人）への移転登記及び差押登記の抹消を嘱託する（民執164）。

注意すべき点としては、

①申立てが必要であり、担保権の移転登記は職権では嘱託されない。

②転付命令が第三債務者に送達される時までに他の債権者による差押え等があった場合は転付命令は効力を生じないので（民執159Ⅲ）、この移転登記の申立てには、記録上明らかな場合を除き、他の差押え等の無いことを証する文書を提出しなければならない（民執規144）。

③申立手数料は不要であるが、登録免許税の納付が必要となる（移転登記分として登記されている債権額の1000分の2及び抹消登記分として不動産1個につき1,000円（20個を超えるときは1件につき2万円）。）。

④確定前の根抵当権には随伴性が無く、被担保債権が移転すると根抵当権によって担保されなくなる（民398ノ7）ので、移転登記の申立てはできない。

　　　d　債権差押登記の抹消

差押債権について支払い又は供託があったことを証する文書を提出して申立てがなされた場合や、債権執行の申立ての取下げ、差押命令の取消決定の確定の場合は、債権差押登記の抹消が嘱託される（民執164Ⅴ）。

　　ス　扶養義務等に係る定期金債権を請求債権とする場合の特例等（民執151の2）

　　　a　総　　論

平成15年の民事執行法改正により、子の養育費請求権、扶養料や婚姻費用の分担に係る請求権等の扶養義務等に係る定期金債権によって、債務者が有

第5章　債権・動産・その他の財産権等執行

する継続的給付にかかる債権（給料・賃料等）を差し押さえる場合において、期限が到来したのに支払われていない部分があるときは、確定期限到来前の請求債権についても債権執行を開始できるようになった。このような債権は定期金の金額が少額であることが多く、確定期限の到来をするごとに反復して強制執行の申立てをせざるを得ないとすると債権者の手続的負担が重過ぎるためである。

　　b　申立書作成上の留意点

　給料、賞与、退職金等の債権を差押さえる場合において、扶養義務等に係る債権（定期金債権とは限らない）を請求債権とする場合とそれ以外（例えば慰謝料）の債権を請求債権とする場合では、差押禁止債権の範囲が、前者が給付の2分の1に相当する部分で、後者が4分の3に相当する部分と異なるので（民執152ⅠⅢ）、請求債権目録・差押債権目録をそれぞれ別に作成する。

　また、期限到来後の扶養義務等に係る定期金債権と、期限未到来のそれでは、差押禁止債権の範囲は同じであるが、後者についてはその確定期限到来後に弁済期が到来する継続的給付に係る債権のみを差押えることができるので（民執151の2Ⅱ）、請求債権目録・差押債権目録の記載をそれぞれ別項目（同一の目録でも良いが）に分けて記載し、差押債権目録には、期限未到来の請求債権の分については、確定期限到来後に支払期が到来するものに限る旨を記載する（書式5－14：債権差押命令申立書（扶養義務等に係る定期金債権及び一般債権による差押え））。

　セ　少額訴訟債権執行制度（平成16年度改正）

　　a　総論

ⅰ　地方裁判所における通常の金銭債権執行制度に加えて、簡易裁判所において、少額訴訟に係る債務名義により金銭債権に対して強制執行をすることができる制度が、平成16年度民事執行法の改正により導入された。

ⅱ　少額訴訟とは、簡易裁判所において、訴訟の目的の価額が60万円以下（平成16年4月1日施行の民訴法改正により、30万円以下から60万円以下へと引き上げられている。）の少額の金銭債権に関する紛争について、一期

Ⅰ　債権に対する執行

書式5－14　債権差押命令申立書（扶養義務等に係る定期金債権及び一般債権による差押え）

債権差押命令申立書

（扶養義務等に係る定期金債権及び一般債権による差押え）
　　　　　　　　　　　　　　　　　　　　　　平成○年○月○日
○○地方裁判所民事部　御中

　　　　　　　　　　　　　　債　　権　　者　　○　○　○　○
　　　　　　　　　　　　　　上記債権者代理人弁護士　　○○○○　印
　　　　　　　　　　　　　　電　　話　○○○－○○○－○○○○
　　　　　　　　　　　　　　ＦＡＸ　　○○○－○○○－○○○○

　　　　　当事者　｜
　　　　　請求債権　｝別紙目録のとおり
　　　　　差押債権　｜

　債務者は、債権者に対し、別紙請求債権目録記載の執行力ある債務名義の正本に記載された請求債権を有しているが、債務者がその支払をしないので、債務者が第三債務者に対して有する別紙差押債権目録記載の債権の差押命令を求める。

添付書類

1　執行力ある債務名義の正本　　　　1通
2　同送達証明書　　　　　　　　　　1通
3　資格証明書　　　　　　　　　　　1通
4　戸籍謄本　　　　　　　　　　　　1通
5　住民票　　　　　　　　　　　　　1通
6　委任状　　　　　　　　　　　　　1通

第5章　債権・動産・その他の財産権等執行

当事者目録

〒○○○―○○○○　　　○○県○○市○○町○丁目○番○号
　　　　　　　　　　　債　権　者　　　　○　○　○　○

（送達場所）
〒○○○―○○○○　○○県○○市○○町○丁目○番○号
　　○○法律事務所
　　　債権者代理人弁護士　○　○　○　○

〒○○○―○○○○　　　○○県○○市○○町○丁目○番○号
　　　　　　　　　　　債　務　者　　　　○　○　○　○

〒○○○―○○○○　　　○○県○○市○○町○丁目○番○号
　　　　　　　　　　　第三債務者　　　　○○○○株式会社
　　　　　　　　　　　代表者代表取締役　○　○　○　○

請求債権目録(1)
（扶養義務等に係る定期金債権等）

　○○家庭裁判所平成○年（家イ）第○○○号事件の調停調書正本に表示された下記金員及び執行費用
1　確定期限が到来している債権及び執行費用金○○円
　⑴　金○○円
　　　ただし、調停条項第○項記載の平成○年○月から平成○年○月まで1ケ月○万円の養育費の未払分（支払期毎月末日）
　⑵　金○○円
　　　ただし、執行費用
　　　（内訳）　本申立手数料　　　　　　　　金4,000円
　　　　　　　本申立書作成及び提出費用　　　金1,000円

Ⅰ 債権に対する執行

　　　　差押命令正本送達費用　　　　　金 〇〇円
　　　　資格証明交付手数料　　　　　　金 〇〇円
　　　　送達証明書申請手数料　　　　　金 〇〇円
2　確定期限が到来していない各定期金債権
　　調停条項第〇項記載の平成〇年〇月から平成〇年〇月（債権者、債務者間の長男〇〇が満20歳に達する月）まで、毎月末日限り金〇万円ずつの養育費

請求債権目録(2)
（一般債権）

〇〇家庭裁判所平成〇年（家イ）第〇〇〇号事件の調停調書正本に表示された下記金員及び執行費用
1　金〇〇円
　　ただし、調停条項第〇項記載の〇〇万円の慰謝料の残金（支払期平成〇年〇月〇日）
2　金300円
　　ただし、執行費用
　　（内訳）　執行文付与申立手数料　　　金300円
　　合計　　金〇〇円

差押債権目録(1)
（請求債権目録(1)の債権について）

1　金〇〇円
2　平成〇年〇月から平成〇年〇月まで、毎月末日限り金〇万円ずつ（請求債権目録(1)記載の2）
　債務者（〇〇支店勤務）が第三債務者から支給される、本命令送達日以降支払期の到来する下記債権にして、頭書1及び2の金額に満つるまで。
　ただし、頭書2の金額については、その確定期限の到来後に支払期が到来する下記債権に限る。
記

(1) 給料（基本給と諸手当、ただし通勤手当を除く。）から所得税、住民税、社会保険料を控除した残額の2分の1（ただし、前期残額が66万円を超えるときは、その残額から33万円を控除した金額）
(2) 賞与から(1)と同じ税金等を控除した残額の2分の1（ただし、前期残額が66万円を超えるときは、その残額から33万円を控除した金額）
　なお、(1)、(2)により弁済しないうちに退職したときは、退職金から所得税、住民税を控除した残額の2分の1にして、(1)、(2)と合計して頭書金額に満つるまで。

差押債権目録(2)
（請求債権目録(2)の債権について）

金〇〇円

　債務者（〇〇支店勤務）が第三債務者から支給される、本命令送達日以降支払期の到来する下記債権にして、頭書金額に満つるまで。
記
(1) 給料（基本給と諸手当、ただし通勤手当を除く。）から所得税、住民税、社会保険料を控除した残額の4分の1（ただし、前期残額が44万円を超えるときは、その残額から33万円を控除した金額）
(2) 賞与から(1)と同じ税金等を控除した残額の4分の1（ただし、前期残額が44万円を超えるときは、その残額から33万円を控除した金額）
　なお、(1)、(2)により弁済しないうちに退職したときは、退職金から所得税、住民税を控除した残額の4分の1にして、(1)、(2)と合計して頭書金額に満つるまで。

日審理の原則や証拠調べの制限により迅速に審理を行い、少額債権者の負担を軽減し、その権利を保護する制度であり、民事訴訟法第6編（368ないし381）に規定されている。

　少額訴訟債権執行制度の導入は、少額債権者の権利の確定だけでなく、その実現についても簡易裁判所に分担させ、より円滑な権利の実現を図るもの

I　債権に対する執行

である。

  b　執行機関等
 i　少額訴訟に係る債務名義による金銭債権に対する強制執行は、通常の債権執行手続により地方裁判所が行うほか、申立てにより、少額訴訟に係る債務名義が成立した簡易裁判所の裁判所書記官が行うこととされている（民執167の2ⅠⅡ。書式5－15：少額訴訟債権執行申立書）。
 ii　少額訴訟債権執行は、裁判所書記官の差押処分により開始する（民執167の2Ⅱ）。
 iii　少額訴訟債権執行の手続において裁判所書記官が行う執行処分に関しては、その裁判所書記官の所属する簡易裁判所が執行裁判所となる（民執167の3）。
 iv　少額訴訟債権執行の手続において裁判所書記官が行う執行処分は、特別の定めがある場合を除き、相当と認める方法で告知することによって、その効力を生ずることとされた。この、裁判所書記官が行う執行処分に対しては、執行裁判所に執行異議を申し立てることができる（民執167の4・11）。

  c　差押処分
裁判所書記官は、差押処分において、債務者に対し金銭債権の取立てその他の処分を禁止し、かつ、第三債務者に対し債務者への弁済を禁止しなければならない（民執167の5Ⅰ）。

  d　第三者異議の訴えの管轄裁判所
少額訴訟債権執行の不許を求める第三者異議の訴えは、執行裁判所の所在地を管轄する地方裁判所が管轄する（民執167の7・38Ⅲ）。

  e　差押禁止債権の範囲の変更
民事執行法153条と同様の、差押禁止債権の範囲の変更の規定がある（民執167の8）。

第5章 債権・動産・その他の財産権等執行

書式5-15 少額訴訟債権執行申立書

少額訴訟債権執行申立書

平成○年○月○日

○○簡易裁判所　裁判所書記官　殿

　　　　　　　　　　債　権　者　　　○　○　○　○
　　　　　　　　　　上記債権者代理人弁護士　○○○○　印
　　　　　　　　　　電　話　○○○－○○○－○○○○
　　　　　　　　　　ＦＡＸ　○○○－○○○－○○○○

当事者
請求債権　｝別紙目録記載のとおり
差押債権

　債権者は、債務者に対し、別紙請求債権目録記載の少額訴訟に係る債務名義正本に表示された請求債権を有しているが、債務者がその支払をしないので、債務者が第三債務者に対して有する別紙差押債権目録記載の債権の差押処分を求める。

　☑　陳述催告の申立て（民事執行法167条の14、同法147条1項）

添付書類

1　少額訴訟に係る債務名義正本　　　1通
2　債務名義送達証明書　　　　　　　1通
3　資格証明書　　　　　　　　　　　　通
4　委任状　　　　　　　　　　　　　1通

（注）　該当する事項の□に✓を付する。

当　事　者　目　録

Ⅰ　債権に対する執行

〒〇〇〇―〇〇〇〇
　〇〇県〇〇市〇〇町〇丁目〇番〇号
　　債　権　者　　　　〇　　〇　　〇　　〇
（送達場所）☐　同上
　　　☑　〒〇〇〇―〇〇〇〇　〇〇県〇〇市〇〇町〇丁目〇番〇号〇
　　　　〇法律事務所
　　　　　　債権者代理人弁護士　　〇　　〇　　〇　　〇

〒〇〇〇―〇〇〇〇
　〇〇県〇〇市〇〇町〇丁目〇番〇号
　　債　務　者　　　　〇　　〇　　〇　　〇

〒〇〇〇―〇〇〇〇
　〇〇県〇〇市〇〇町〇丁目〇番〇号
　　第三債務者　　　　〇　　〇　　〇　　〇
（送達場所）☑　同上
　　　☐

（注）　該当する事項の☐に✓を付する。

請　求　債　権　目　録

　　簡易裁判所　平成〇年（少〇）第〇〇〇号事件の
　☑　少額訴訟における確定判決
　☐　仮執行宣言付少額訴訟判決　　　　　　　　　　｜正本に表示さ
　☐　執行力ある少額訴訟における和解調書　　　　　｜れた
　☐　執行力ある少額訴訟における和解に代わる決定　｜
　☐
下記金員及び執行費用

⑴　元　　金　　　　　　金〇〇円

第5章 債権・動産・その他の財産権等執行

  ☑ 主文第○項　の金員（☑内金　□残金）
  □ 和解条項第　項　の金員（□内金　□残金）
  □
(2)　損　害　金　　　　　　金○○円
  ☑ 上記(1)に対する、平成○年○月○日から平成○年○月○日まで年15％の割合による金員
  ☑ 上記(1)の内金○○円に対する、平成○年○月○日から平成○年○月○日まで年15％の割合による金員
  □
(3)　執行費用　　　　　　　金○○円
  （内訳）本申立手数料　　　　　　金4,000円
    　　本申立書作成及び提出費用　金1,000円
    　　差押処分正本送達費用　　　金　○○円
    　　資格証明書交付手数料　　　金　　　円
    　　送達証明書申請手数料　　　金　○○円
    　　執行文付与申立手数料　　　金　○○円

    合　　計　　金　　　○○円

□ 弁済期平成　年　月　日　　☑ 最終弁済期平成○年○月○日
□ なお、債務者は、　　　　　　　に支払うべき金員の支払を怠り、平成　年　月　日の経過により期限の利益を喪失した。
☑ なお、債務者は、○　○　○　○に支払うべき金員の支払を怠り、その額が金　○　○　円に達したので、平成○年○月○日の経過により期限の利益を消滅した。
□
(注)　該当する事項の□に✓を付する。

Ⅰ　債権に対する執行

　　　f　配当要求

民事執行法154条と同様の、配当要求の規定がある（民執167の9）。

　　　g　地方裁判所における債権執行の手続への移行

　ⅰ　転付命令等のための移行（民執167の10）

差押えに係る金銭債権について転付命令、譲渡命令、売却命令又は管理命令等を求めようとするときは、差押債権者は、執行裁判所に対し、転付命令等のうちいずれの命令を求めるかを明らかにして、債権執行の手続に事件を移行させることを求める旨の申立てをしなければならない。この申立てがあったときは、執行裁判所は、その所在地を管轄する地方裁判所における債権執行の手続に事件を移行させなければならない（書式5－16：移行申立書）。

　ⅱ　配当等のための移行等（民執167の11）

民事執行法156条等の規定により第三債務者による供託がされた場合において、債権者が2人以上であって供託金で各債権者の債権及び執行費用の全部を弁済することができないため配当を実施すべきときは、執行裁判所は、地方裁判所における債権執行の手続に事件を移行させなければならない。

　ⅲ　裁量移行（民執167の12）

執行裁判所は、差し押さえるべき金銭債権の内容その他の事情を考慮して相当と認めるときは、その所在地を管轄する地方裁判所における債権執行の手続に事件を移行させることができる。

　　3　金銭債権担保権実行（民執193Ⅰ前段）、物上代位権の行使（民執193Ⅰ後段）

　　　ア　総　論

金銭担保権の実行については、基本的に債権執行の手続が準用されている（民執193Ⅱ、民執規179Ⅱ）。なお、物上代位（担保権者が、目的物の売却・賃貸・滅失・損傷、目的物に対する物権の設定、土地収用法による収用その他の行政処分により、債務者が受けるべき金銭等に対して、民法等の法律の規定によってする権利の行使）については、担保目的物である不動産等が債権に転化した場合なので、金銭債権を担保目的物とした場合と同じ手続によることとし

第5章　債権・動産・その他の財産権等執行

書式5－16　移行申立書

移　行　申　立　書

平成○年○月○日

○○簡易裁判所　御中

債　権　者　　○　○　○　○
上記債権者代理人弁護士　　○○○○　印
電　話　　○○○―○○○―○○○○
ＦＡＸ　　○○○―○○○―○○○○

　　　当　事　者　　別紙当事者目録記載のとおり
　　　差押債権　　別紙差押債権目録記載のとおり

　上記当事者間の東京簡易裁判所平成○年（少ル）第○○○号債権差押処分申立事件について、差押債権者は、平成○年○月○日付け債権差押処分により差し押さえられた別紙差押債権目録記載の債権につき、下記の命令を求めるため、本件を○○地方裁判所に移行することを申し立てる。

記

1　支払に代えて券面額で差押債権者に転付する旨の命令
2　執行裁判所が定めた価額で支払いに代えて差押債権者に譲渡する命令
3　取立てに代えて、執行裁判所の定める方法により執行官に売却を命ずる命令
4　管理人を選任して管理を命ずる命令

たものである（詳細は第3章を参照）。

　　イ　差押禁止債権等

　担保権の実行による差押えの場合、設定契約が約定（合意）に基づくものであるから、差押禁止債権等に関する強制競売の規定（民執146Ⅱ・152・

153）は準用されていないが、法定担保物権であり、また債務者の一般財産を目的とする一般先取特権については、強制競売の規定が準用されている（民執193Ⅱ後段）。

なお、担保権設定自体が禁止されている場合がある（民343、労基83Ⅱ、年金24、雇保11等）。

ウ　動産売買先取特権による債権差押命令の申立て

a　総論

近年の経済情勢を反映して、動産売買先取特権に基づく物上代位としての債権差押命令申立が増加している。債務者が倒産状態に陥ってから申立てが行われることが多いが、執行裁判所においては、要証事実について厳格な証明が求められており、債務者が倒産状態に陥る前に作成に関与した文書を確保しておくことが重要である。具体的な申立ての注意点は次のとおりである。

b　申立書記載事項（書式5－17：債権差押命令申立書（動産売買先取特権に基づく物上代位））

ⅰ　当事者目録

申立時に既に債務者が破産している場合は破産管財人が当事者となる。誤って債務者を当事者とした場合は改めて申立てをし直す必要がある。

ⅱ　担保権・被担保債権・請求債権目録

動産売買先取特権は動産ごとに成立するので、動産ごとに売買代金額を特定して記載する必要がある（合計額は記載しない）。また、商品名の他、伝票番号・注文日・納入日・納入場所・製造番号等の記載をして目的物を特定する必要がある。

ⅲ　差押債権目録

上記ⅱと同様、動産ごとに金額を記載し、目的物を具体的に特定する記載が必要となる。

c　添付書類

ⅰ　要証事実

担保権の存在と被担保債権の存在であり、具体的には、動産に関する売買

第5章　債権・動産・その他の財産権等執行

書式5－17　債権差押命令申立書（動産売買先取特権に基づく物上代位）

債権差押命令申立書
（動産売買先取特権に基づく物上代位）

平成○年○月○日

○○地方裁判所民事部　御中

債　権　者　　○　○　○　○
上記債権者代理人弁護士　○　○　○　○　印
電話　○○○－○○○－○○○○
ＦＡＸ　○○○－○○○－○○○○

当　　事　　者 ｜
担保権・被担保債権・請求債権 ｜別紙目録のとおり
差　押　債　権 ｜

　債権者は、債務者に対し、別紙担保権・被担保債権・請求債権目録記載の債権を有しているが、債務者がその支払をしないので、別紙担保権目録記載の動産売買の先取特権（物上代位）に基づき、債務者が第三債務者に対して有する別紙差押債権目録記載の債権の差押命令を求める。

添付書類

1　売買契約書　　　　　　　1通
2　注文書　　　　　　　　　1通
3　納品書　　　　　　　　　1通
4　請求書　　　　　　　　　1通
5　得意先元帳　　　　　　　1通
6　資格証明書　　　　　　　2通
7　委任状　　　　　　　　　1通

Ⅰ　債権に対する執行

```
                    当事者目録

〒〇〇〇—〇〇〇〇　〇〇県〇〇市〇〇町〇丁目〇番〇号
    債　権　者　　　　〇　〇　〇　〇


（送達場所）
〒〇〇〇—〇〇〇〇　〇〇県〇〇市〇〇町〇丁目〇番〇号
    〇〇法律事務所
      債権者代理人弁護士　〇　〇　〇　〇


〒〇〇〇—〇〇〇〇　〇〇県〇〇市〇〇町〇丁目〇番〇号
    債　務　者　　　　〇〇〇〇株式会社
    代表者取締役　　　〇　〇　〇　〇


〒〇〇〇—〇〇〇〇　〇〇県〇〇市〇〇町〇丁目〇番〇号
    第三債務者　　　　株式会社〇〇〇〇
    代表者取締役　　　〇　〇　〇　〇
```

```
          担保権・被担保債権・請求債権目録

1　担保権
　　別紙商品目録記載の動産を、債権者が債務者に対し平成〇年〇月〇日に売
　却し、更に債務者が第三債務者に対し平成〇年〇月〇日に売却したことによ
　り、債務者が第三債務者から受けるべき金銭について債権者が物上代位に基
　づく動産売買の先取特権
2　被担保債権及び請求債権
　⑴　残元金　金〇〇円
　　　債権者の債務者に対する平成〇年〇月〇日に売却した別紙商品目録記載
　　の株式会社〇〇〇〇製〇〇１台の売買代金債権
```

第5章　債権・動産・その他の財産権等執行

(2)　執行費用　金〇〇円
　　（内訳）
　　　　本申立手数料　　　　　　　　　　金4,000円
　　　　本申立書作成及び提出費用　　　　金1,000円
　　　　本命令送達料　　　　　　　　　　金　〇〇円
　　　　陳述書送付料　　　　　　　　　　金　〇〇円
　　　　資格証明交付手数料　　　　　　　金　〇〇円
　　　　同申請書及び受領手数料　　　　　金　〇〇円
合　計　　金〇〇円

差押債権目録

金〇〇円

　ただし、債務者が第三債務者に平成〇年〇月〇日に売り渡した別紙商品目録記載の株式会社〇〇〇〇製〇〇１台について、債務者が第三債務者に対して有する売買代金債権にして、頭書金額に満つるまで。

商　品　目　録

売　渡　年　月　日　　　平成〇年〇月〇日
製　　　造　　　元　　　株式会社〇〇〇〇
型　　　　　　　式　　　〇〇〇〇
製　　品　　番　　号　　〇〇〇〇
品　　　　　　　名　　　〇　〇
材　　　　　　　質　　　〇〇〇〇
数　　　　　　　量　　　〇台
単　　　　　　　価　　　〇〇万円
金　　　　　　　額　　　〇〇万円

I　債権に対する執行

契約締結の事実、売買代金の弁済期到来の事実、同一動産に関する転売契約締結及び引渡しの事実を立証する必要がある。

　ⅱ　具体例

売買契約書、商品売買の基本契約書、注文書、納品書、請求書、配送伝票等である。

なお、迅速な審査のため、取引関係図（債権者から第三債務者に直送している場合か否か等）、証拠説明書・書証対照表（多種大量の商品を扱う場合など書証が多数にのぼる場合が多いため）も提出すべきである。

　ⅲ　注意点

債務名義に準ずるような直接的証明力をもつ書類でなくともよく、複数の文書を総合して証明することも可能である。

しかし、例えば債務者が破産している場合でも、動産売買先取特権に基づく差押えの発令を受けた債権者は一般の破産債権者ではなく別除権者となる等、債務者のみならず一般の債権者も強い利害関係を持つので、疎明では足りず、厳格な証明が必要とされる。原則として、倒産状態に陥る前に債務者が作成に関与した書面により立証を行う必要があり、債権者作成の請求書が提出されただけの場合では立証ありとは扱われず、債務者・破産申立代理人・第三債務者が調印した確認書等であっても、倒産状態となった後に作成されたものでは補強証拠程度の証拠価値しかないとされる。また、原則として、原本の提示が必要とされている。なお、転売代金額については、立証は不要である。

弁済期到来の事実の立証については、①期限の利益喪失条項の記載のある売買基本契約書等を提出する、②債務者の破産の事実を示す破産宣告通知書（民137①）を提出することになる。または③明確な支払期の合意が無い場合で手形が振り出されているときは手形の満期日が支払期日と推定される。

　　d　その他

　ⅰ　種類物の場合でも、物上代位の対象となり得るのは当該特定の動産の売買代金債権であり、同種の動産の売買代金債権というだけでは差し押

ii 消費税相当額については、被担保債権（民321「動産の代価」）及び差押債権（民304「債務者が受けるべき金銭」）、いずれにも含めうる。
iii 建築資材を納入した会社が、納入先の建設会社の注文者に対する請負代金債権について、動産売買先取特権による債権差押を行うことが可能か否かについては、差押債権は動産の代価である必要があり（民321）、請負人（債務者）の注文者（第三債務者）に対する報酬請求権に対しては、原則、物上代位権を行使できないが、請負代金債権の全部又は一部を動産の転売による代金債権と同視できる特段の事情がある場合は請負代金債権に対しても物上代位権を行使できるとした判例がある（最決平成10年12月18日）。

エ　申立手続
　　a　申立書記載事項（民執規179Ⅰ・170Ⅰ（書式5－18：債権差押命令申立書（質権に基づく差押え）））

申立書には、債権者、債務者、所有者及び第三債務者と担保権及び被担保債権の表示、担保権の実行に係る財産の表示、被担保債権の一部について担保権の実行を行う場合には、その旨及びその範囲を記載することとされている。

また、申立書には、収入印紙4,000円を貼付する（債権者・債務者・担保権の数ごとに加算する）。

　　b　添付書類

金銭債権を目的とする担保権の実行は、「担保権の存在を証する文書」が提出されたときに限り、開始する（民執193Ⅰ前段）。物上代位の場合も同様である（民執193Ⅰ後段）。「担保権の存在を証する文書」とは、①強制執行とは異なり、当然、債務名義は不要であり、②私文書でもよく、③担保権の存在が高度の蓋然性をもって証明されることが必要であり、④複数の文書を総合して裁判所の自由心証により認定できるとされる（東京高決平成10年1月23日ほか）。なお、平成15年度改正により、（有価証券を除き）債権証書を質権

書式5-18　質権に基づく債権差押命令申立書

債権差押命令申立書

平成○年○月○日

○○地方裁判所民事部　御中

　　　　　　　　　　　債　権　者　　○○○○
　　　　　　　　　　　上記債権者代理人弁護士　　○○○○　印
　　　　　　　　　　　電　話　○○○—○○○—○○○○
　　　　　　　　　　　ＦＡＸ　○○○—○○○—○○○○

　　　当　事　者
　　　担保権・被担保債権・請求債権 ｝別紙目録のとおり
　　　差　押　債　権

　債権者は、債務者に対し、別紙担保権・被担保債権・請求債権目録記載の債権を有しているが、債務者がその支払をしないので、別紙担保権目録記載の質権に基づき、債務者が第三債務者に対して有する別紙差押債権目録記載の債権の差押命令を求める。

添付書類

1	敷金担保差入れ書・印鑑証明書写し	1通
2	敷金預り証写し	1通
3	賃貸借契約書写し	1通
4	質権設定承諾書	1通
5	資格証明書	2通
6	委任状	1通

当事者目録

第5章　債権・動産・その他の財産権等執行

〒○○○―○○○○　○○県○○市○○町○丁目○番○号
　　債　権　者　　　　　○　○　○　○

（送達場所）
〒○○○―○○○○　○○県○○市○○町○丁目○番○号
　　○○法律事務所
　　　　債権者代理人弁護士　○　○　○　○

〒○○○―○○○○　○○県○○市○○町○丁目○番○号
　　債務者兼担保権設定者　　○○○○株式会社
　　代　表　者　取　締　役　○　○　○　○

〒○○○―○○○○　○○県○○市○○町○丁目○番○号
　　第三債務者　　　　　　株式会社○○○○
　　代表者取締役　　　　　○　○　○　○

担保権・被担保債権・請求債権目録

1　担保権
　別紙差押債権目録記載の債権について、(1)平成○年○月○日設定の質権(2)対抗要件　平成○年○月○日付け確定日付ある○○郵便局第○○○○号内容証明郵便による債務者から第三債務者に対する通知
2　被担保債権及び請求債権
　(1)　残元金　金○○円
　　　債権者の債務者に対し平成○年○月○日に貸し渡した金○○円
　(2)　遅延損害金　金○○円
　　　上記(1)に対する平成○年○月○日から同年○月○日まで年5％による遅延損害金（1年を365日とする日割計算）
　(3)　執行費用　金○○円
　　　（内訳）

本申立手数料	金4,000円
本申立書作成及び提出費用	金1,000円
本命令送達料	金　〇〇円
陳述書送付料	金　〇〇円
資格証明交付手数料	金　〇〇円
合　計　金〇〇円	

差押債権目録

金〇〇円

ただし、債務者が下記建物の賃貸借契約に際し、第三債務者に差し入れた敷金の返還請求権にして、頭書金額に満つるまで。

記

(物件の表示)

　　　　〇〇県〇〇市〇〇町〇丁〇番地所在
　　　　〇〇マンション〇階〇〇〇号室

者に交付することは権利質の成立要件ではなくなった（民363）。

　差押債権の存在及び弁済期の到来は申立ての要件であるが、申立書の記載において主張されておればよく、その証明文書の提出は不要である。

　　オ　実体上の不服の申立て方法

　担保権の不存在又は消滅等の実体上の不服を申し立てる手段としては、民事執行法193条2項が不動産競売の実体異議の規定（民執182）と執行抗告の規定（民執145Ⅴ）を準用していることから問題となるが、①実体上の不服は専ら執行抗告によるべきとの見解、②実体上の不服は執行異議によるべきと

の見解、③執行抗告期間中は執行抗告で実体上の不服を主張できるが、抗告期間が経過後は執行異議によるとの見解が分かれている。

4　動産等引渡請求権執行

ア　総論

債務者の所有する動産であっても、第三者が占有しその提出を拒む場合には、債権者は当該動産に対する強制執行を行うことができない（民執123Ⅰ・124）。したがって、動産を占有する第三者が任意に執行官に引渡さないときは、債権者は、債務者の第三者に対して有する動産の引渡請求権を差し押さえ、これを換価することで債権の満足を得ることになる（民執143）。これに対し、債務者、債権者又は提出を拒まない第三者の占有する動産の差押えについては動産執行の方法による（民執123Ⅰ・124）。

イ　申立書

債権者は、書面により、動産引渡請求権差押命令申立書を執行裁判所に提出する（書式5－19：動産引渡請求権差押命令申立書）。動産の引渡請求権に対する執行は、執行裁判所の差押命令により開始される（民執143）。管轄は、債務者の普通裁判籍の所在地を管轄する地方裁判所であり、これがないときは、引渡請求権の目的物である動産の所在地を管轄する地方裁判所が管轄裁判所となる（民執144ⅠⅡ）。

動産引渡請求権を差し押えた差押債権者は、譲渡命令、売却命令、管理命令等の換価方法により、動産引渡請求権を換価して債権の満足にあてることが可能である（民執161）。

また、差押債権者は、債務者に対する差押命令の送達日から1週間を経過したときは、第三債務者に対し、執行官に動産を引渡すよう請求でき（民執163Ⅰ）、第三債務者が応じないときは、差押債権者は、第三債務者を被告として引渡請求訴訟（民執157）を提起し、勝訴判決を得て、動産引渡執行の申立てを行うことになる（民執169）。

執行官は、引渡しを受けた動産について動産執行の売却手続により売却し、その売得金を執行裁判所に提出する（民執163Ⅱ）。売得金の交付を受けた執

Ⅰ 債権に対する執行

書式5－19 動産引渡請求権差押命令申立書

動産引渡請求権差押命令申立書

平成○年○月○日

○○地方裁判所民事部　御中

　　　　　　　　　　　　債　権　者　　○○○○
　　　　　　　　　　　上記債権者代理人弁護士　　○○○○　印
　　　　　　　　　　　　電　話　○○○－○○○－○○○○
　　　　　　　　　　　　ＦＡＸ　○○○－○○○－○○○○

　　　　　　当事者　｝
　　　　　　請求債権　｝別紙目録記載のとおり
　　　　　　差押債権　｝

　債権者は、債務者に対し、別紙請求債権目録記載の執行力のある債務名義正本に表示された請求債権を有しているが、債務者がその支払をしないので、債務者が第三債務者に対して有する別紙差押債権目録記載の動産引渡請求権の差押命令を求める。

添付書類

1　執行力ある債務名義正本　　　1通
2　債務名義送達証明書　　　　　1通
3　資格証明書　　　　　　　　　2通
4　委任状　　　　　　　　　　　1通

差押債権目録

　債務者が第三債務者に対して有する下記動産の引渡請求権

第5章　債権・動産・その他の財産権等執行

記
債務者が第三債務者に寄託をしている○○○○

動産引渡請求権差押命令

　　　　当事者　　　別紙当事者目録記載のとおり
　　　　請求債権　　別紙請求債権目録記載のとおり

1　債権者の申立てにより、上記請求債権の弁済に充てるため、別紙請求債権目録記載の執行力ある債務名義の正本に基づき、債務者が第三債務者に対して有する別紙差押債権目録記載の動産引渡請求権を差し押さえる。

2　債務者は、前項により差し押さえられた動産引渡請求権について、権利の行使その他の処分をしてはならない。

3　第三債務者は、第1項により差し押さえられた動産引渡請求権の目的動産を債務者に対し引き渡してはならない。

　　平成○年○月○日
　　○○地方裁判所民事部
　　　　　裁　判　官　　　○　○　○　○　　　印

行裁判所は、債権者に対する配当等を実施する（民執166Ⅰ③）。なお、登録自動車、建設機械または小型船舶の引渡請求権の差押えについても同様の申立手続によるが、執行官が引渡しを受けた後の手続については、それぞれ、自動車執行、建設機械執行または小型船舶執行の方法によることとされている（民執規143）。

　　ウ　貸金庫の内容物に対する執行
判例上、貸金庫の内容物については、銀行は貸金庫利用者と共同して占有

を有するが、当該占有は貸金庫の内容物全体に成立する包括的なものであり、また、貸金庫利用者は、銀行に対し、貸金庫契約に基づき、貸金庫の開扉に協力すべきことを請求する権利（貸金庫内容物引渡請求権）を有するとして、債権者は、貸金庫利用者の銀行に対する貸金庫契約上の内容物引渡請求権を差し押さえる方法（本項の方法）により強制執行が可能であるとされた。

　また、取立訴訟においても、差押債権者は、貸金庫の特定と、貸金庫契約の締結を立証すれば足り、貸金庫内の個々の動産まで特定していなくともよいとされた（最判平成11年11月29日）。

　なお、貸金庫内容物引渡請求権は、性質上不可分のものであるから、その一部の差押えをすることはできないと解されているが、差押債権者が貸金庫内に存在する特定の動産に限定して差押命令を申し立てた場合には、差押えの効力としては貸金庫内の動産全てに及ぶが、執行官が内容物の受領を行う場合には当該限定に服するものとされている。

Ⅱ　動産に対する執行

1　動産執行・動産競売とは

　動産に対する執行には、動産執行と動産競売がある。

　動産執行とは、債権者が債務者の責任財産を構成する動産に対して差押えを行い、換価、配当を行う手続である（民執122Ⅰ）。

　動産競売とは、動産を目的とする担保権の実行としての競売である（民執190ないし192）。

2　動産執行の手続

ア　動産執行の対象

民事執行法で動産執行の対象となる財産は次のとおりである（民執122Ⅰ）。

①民法上の動産

　　土地及びその定着物以外の物並びに無記名債権（民86ⅡⅢ）。登記・登録されていない自動車、航空機、建設機械、農業用動産、端船（ボートを含む）、櫓や櫂をもって運転する小舟及び総トン数20トン未満の船

舶及び製造中の船舶を含む。
②登記することができない土地の定着物
　　庭石、庭木、石灯籠、石垣、建設中の建物及び立木法の適用のない立木等
③土地から分離する前の天然果実で1か月以内に収穫することが確実であるもの
④裏書の禁止されていない有価証券
　　株券、国債、社債、手形、小切手及び倉庫証券等で裏書が禁止されていないもの

　イ　差押禁止動産

　民事執行法は、債務者の生活や生業を保護し、信教や社会福祉上の配慮から、次のとおり、一定の動産については差押えができないものとしている（民執131）。

①債務者及び債務者と生計を一にする同居の親族（内縁の夫婦又は養親子を含み、以下、債務者等という）の生活に欠くことのできない衣服、寝具、家具、台所用具、畳、建具
②債務者等の1か月の生活に必要な食料及び燃料
③標準的な世帯の2か月間の生活必要費を勘案して政令で定める額の金銭（金66万円・民執令Ⅰ）。なお、平成15年度改正により、②の差押禁止食料及び燃料の範囲については2か月間から1か月間に縮減されたが、③の差押禁止金銭の範囲については、1か月間から2か月間に拡大され、政令で定める額についても、民事執行法施行令の一部改正により、金21万円から金66万円に拡大された。
④小規模農業従事者の農業の継続に必要な器具、肥料等
⑤小規模漁業従事者の漁業の継続に必要な漁具、えさ等
⑥技術者、職人、労務者その他主として自己の知的又は肉体的労働により職業又は営業に従事する者の業務に不可欠な器具等
⑦実印その他の印で職業又は生活に欠くことのできないもの

⑧仏像・位牌その他礼拝又は祭祀に直接供するために欠くことができない物
⑨債務者に必要な系譜、日記、商業帳簿等の書類
⑩債務者又はその親族が受けた勲章その他名誉を表象する物
⑪債務者の学校その他の教育施設における学習に必要な書類等
⑫発明又は著作に係る物で未公表のもの
⑬債務者等に必要な義手、義足等
⑭建物その他の工作物について、災害の防止又は保安のため法令の規定により設備しなければならない消防用の機械等

ただし、執行裁判所は、申立てにより、債権者及び債務者の生活状況及びその他の事情を考慮して、差押えの全部又は一部を取り消し、または差押禁止動産についての差押えを許すことができる（民執132Ⅰ）。

ウ　申立手続

(1) 動産執行申立書

動産執行の申立ては、債権者が、差押えるべき動産の所在地を管轄する地方裁判所に所属する執行官に対して書面で行う（民執規1・99・21。書式5－20：動産執行申立書）。

(2) 手数料の予納

申立てに際し、収入印紙の貼付は不要であるが、執行官は、申立人に手数料及び職務の執行に要する費用の概算額を予納させることができる（執行官15Ⅰ本文）とされており、動産執行申立事件の終局までの処理に必要な額で執行官が適当と認める額を予納することになる。

(3) 添付書類

①執行力のある債務名義の正本
②債務名義送達証明書
③委任状（債権者が法人の場合は資格証明書）
④債務者の資格証明書
⑤目的物の所在する場所の略図

第5章 債権・動産・その他の財産権等執行

書式5－20 動産執行申立書

強制執行申立書	受付印	
○○地方裁判所　執行官室　御中 　　　平成○年○月○日	予納金　　　　円	担当　　区

住所（〒○○○－○○○○）○○県○○市○○町○丁目○番○号 　　債　権　者　　　　　　　　○　○　○　○　　　　　　　　　　印 　　（電話番号）　　○○○　－　○○○　－　○○○○
住所（〒○○○－○○○○）○○県○○市○○町○丁目○番○号 　　債権者代理人　　　　　　　○　○　○　○　　　　　　　　　　印 　　（電話番号）　　○○○　－　○○○　－　○○○○
住所（〒○○○－○○○○）○○県○○市○○町○丁目○番○号 　　　フ　リ　ガ　ナ　　　　　　マル　マル　マル　マル 　　債　権　者
執行の目的及び執行の方法　　　動産執行（家財・商品類・機械・貴金属・その他）
目的物の所在地（住居表示で記載する） ☑　上記債務者の住所 □
債務名義の表示 □　　　　　　　地方 　　　　　　　　　裁判所　　　　支部　平成　年（　）第　　　号 　　　　　　　簡易 　　　判決・和解調書・調停調書・調停に変わる決定・仮執行宣言付支払督促・ 　　　その他（　　　　　　　　　　　　　　　　　　　　　　　　　） ☑　　○○地方法務局所属公証人○○○○作成平成○年第○○○号執行証書
請求金額　　　○○円（内訳は別紙のとおり）

添付書類	1　執行官の立会い　　　　□無　☑有
①　執行力ある債務名義の正本　　1通 ②　送達証明書　　　　　　　　1通 3　資格証明書　　　　　　　　　通 ④　委任状　　　　　　　　　　1通 5　債務者に関する調査票　　　　通 6 7	2　執行の日時　　　　　　○月○日希望 3　執行日時の通知　　　　☑否　□要 4　同時送達の申立て　　　☑無　□有 5　関連事件の事件番号 　　○○地方裁判所平成○年（執） 　　第○○○号

□　執行調査謄本を関係人に交付してください。 ☑　事件終了後、債務名義正本、送達証明書を返還してください。 　　　　　　　　　　　　　　　債権者代理人　○　○　○　○　印

Ⅱ 動産に対する執行

請求金額計算書	
摘　　要	金　額　（円）
元　本（全額、残額、一部請求額） 　債務者は平成○年○月○日に支払うべき割賦金の支払いを怠ったので同日の経過により期限の利益を失ったものである	○○
利息　金　　　　円に対する 　　　・・から・・までの 　　　年　割　分（日歩　銭）の割合による金員	
損害金　金　○○○○円に対する 　　　○・○・○から○・○・○までの 　　　年1割5分（日歩　銭）の割合による金員	○○
支払督促手続費用	
仮執行宣言手続費用	
執行準備費用	○○
☑申立書作成及び提出費用	○○
☑執行文交付費用	○○
☑送達証明書交付費用	○○
☐資格証明書交付費用	
☐	
☐	
☐	
合　計　金	○○
備　考	

第5章　債権・動産・その他の財産権等執行

　　エ　差押えの方法

　動産執行における差押えは、執行官が債務者の占有する動産若しくは債権者又は第三者が任意に提出する動産の占有を取り上げて、執行官の占有に移すことにより行われる（民執123Ⅰ・124）。執行官は、債務者の占有する動産の差押えをするに際し、債務者の住居その他債務者の占有する場所に立ち入りその場所において又は債務者の占有する金庫その他の容器について目的物を捜索することができ、必要がある場合には、金庫等を開くために必要な処分をすることができるとされている（民執123Ⅱ）。

　執行官は、相当と認めるときは、差し押えた動産について、それまで占有していた債務者又は債権者、動産の提出を拒まなかった第三者に保管させることができるが、この場合は、差し押えた動産に封印その他の方法で差押えの表示をしたときに限り差押えの効力が生じる（民執123Ⅲ・124）。

　また、執行官は、相当であると認めるときは、差し押えた動産を、（動産を占有していなかった）差押債権者又は第三者に保管させることができる（民執規104Ⅰ）。

　なお、人の住居に立ち入って差押えを行う場合に、住居主、その代理人又は同居の親族若しくは使用人その他の従業員で相当のわきまえがある者に出会わないときは、執行官は、市町村の職員、警察官その他証人として相当と認められる者1名を立ち会わせなければならない（民執7）とされている。

　また、差し押えるべき動産の選択については、執行官は、債権者の利益を害しない限り、債務者の利益を考慮しなければならない（民執規100）とされているので、通常の場合、換価が容易であると考えられる動産から差押えが行われることになる。

　　オ　差押えの制限

　　　a　超過差押えの禁止

　差押債権者の債権及び執行費用の弁済に必要な限度を超える差押えは許されず（民執128Ⅰ）、差押え後に超過差押えが判明した場合には、執行官はその超過部分の差押えを取り消さなければならないことになる（民執128Ⅱ）。

b 無剰余差押えの禁止

差押えを行うべき動産の価値が低く、その売得金で手続費用を弁済すると剰余が生じる見込みがないような場合には、執行官は差押えをしてはならないとされている（民執129Ⅰ）。

カ 差押えの効力

差押えがなされると、債務者は執行の目的物である動産の収益及び処分を禁止されることになる。

ただし、執行官が差押物を債務者に保管させた場合には、封印その他の方法により事実上使用が不可能な場合を除き、債務者がこれを通常の用法に従って使用することは妨げない。

また、債務者が、差押えの効力が発生した後に、差し押えられた動産を譲渡する等の処分行為を行った場合、当該動産執行手続との関係においては対抗力を有しないことになる。

ただし、差押えの表示（民執規104Ⅱ）が剥離するなどの理由により、処分の相手方である第三者が即時取得（民192）の要件を具備する場合には、当該第三者は権利取得を対抗できる。

キ 引渡命令

第三者が差押物を占有するに至ったとき、執行裁判所は、差押債権者の申立てにより、その第三者に対して、差押物を執行官に引き渡すよう命ずる命令を発することができる（民執127）。

この引渡命令は、差押時点の占有状態に復することを目的とする制度であるので、第三者が差押物を占有するに至った経緯・理由とは関係なく発令されることになる。

ク 債権者の競合

a 二重差押えの禁止

執行官は、差押えがなされた動産に対しては、更に差し押えることはできないとされている（民執125Ⅰ）。

そして、執行官は、同一の場所について、二重執行の申立てがなされたと

きには、その場所にまだ差し押えられていない動産がある場合にはそれを差押え、差し押えるべき動産がない場合にはその旨を明らかにして、後行の動産執行事件と先行の動産執行事件とを併合しなければならないとされている。

執行官が、先行事件と後行事件を併合した場合、後行事件で差し押えられた動産は先行事件で差し押えられたものとみなされ、後行事件の申立ては、先行事件について配当要求の効力を生じる（民執125ⅡⅢ）。

　　　b　配当要求

民事執行法上、動産執行において配当要求が認められている債権者は、先取特権者と質権者に限られ（民執133）、執行力のある債務名義を有するだけの債権者は除外されている（債務名義を有するだけの債権者は、二重執行の申立てを行い事件併合を経ない限り、配当を受けることができない。）。

　　ケ　売却の方法

差押物の売却の方法としては、入札（民執規120）、競り売り（民執規114ないし119）の他に、執行官による特別の方法による売却（民執規121）や執行官以外の者に売却の実施を委託する方法による売却（民執規122）が認められている（民執134）。

ただし、実務上は、競り売りの方法によることがほとんどである。

　　コ　配当等

　　　a　配当等の実行

執行官が金銭を差し押えたとき、差押物の換価によりその売得金の交付を受けたとき又は手形等の提示によりその支払いを受けたときには、弁済金の交付又は配当の手続が実行されることになる。

　　　b　配当等を受けるべき債権者の範囲

民事執行法上、配当等を受けることができる債権者は次のとおりである（民執140）。

①差押債権者

②売得金については執行官がその交付を受けるまで、差押金銭については執行官がその差押えをするまで、手形等の支払金についてはその支払を

受けるまでに配当要求をした者。なお、事件の併合がなされた申立債権者（民執125ⅢⅣ）については、申立てについて配当要求の効力が認められている。

　　c　執行官による配当等の実施

債権者が1人である場合又は売得金で各債権者の債権及び執行費用の全額が弁済できる場合若しくはそれ以外の場合で全債権者間で協議が成立したときには、執行官が配当等の手続を実施する（民執139ⅠⅡⅣ）。

　　d　執行裁判所による配当等の実施

執行官から配当について債権者間の協議が整わない旨の事情届けがあった場合（民執139Ⅲ）又は執行停止文書等の提出により執行官が供託をして事情届けを提出した場合（民執141Ⅰ）については、執行裁判所が配当等を実施する（民執142Ⅰ）。

なお、この場合の配当等の手続は、不動産の強制執行における配当等の手続が準用されている（民執142Ⅱ）。

3　動産担保権実行

　ア　動産競売は、先取特権者、質権者、抵当権者等の動産上に担保権を有する者が申立てを行うことができる。動産競売については、動産執行の規定が準用されている（民執192）。

　イ　開始要件として、次のいずれかの場合でなければならない。

　　a　債権者が執行官に対し、当該動産を提出した場合（民執190Ⅰ①）

　　b　債権者が執行官に対し、当該動産の占有者が差押えを承諾することを証する文書を提出した場合（民執190Ⅰ②）

　　c　担保権の存在を証する文書を債権者が提出してなされた申立てに対し、執行裁判所により動産競売の開始が許可され、その許可決定書の謄本を債権者が執行官に対し提出し、かつ民事執行法192条で準用する同法123条2項の捜索に先立ち又は同時に同決定が債務者に送達された場合（民執190Ⅰ③Ⅱ）

平成15年度改正前においては、債務者が占有していたが任意に引渡さない

第5章 債権・動産・その他の財産権等執行

又は差押えの承諾をしていない動産については競売手続が開始できなかった。そこで、予め、仮差押えの執行をして占有を執行官に移した上で（民保49）動産競売の申立てをする、という方法がとられていた。

しかし、平成15年度改正により、民事執行法192条が同法123条2項を準用し、執行官が差押えに際し、債務者の占有する場所（住居等）への立入や、容器（金庫等）の開錠が可能となり、債務者が占有するが任意に引渡さない動産への競売開始も可能となった（上記 c の場合。民執190Ⅰ③・192・123Ⅱ）。

なお、債務者ではない第三者が、その占有する動産を任意に引渡さない場合は、この方法によることはできない。

　ウ　差押目的物

動産競売は、原則として担保権設定契約という合意に基づいて為されるものなので、強制競売の場合の、超過差押禁止（民執128）や差押禁止動産（民執131・132）の規定は準用されていない（民執192）。

しかし、一般先取特権は、合意によらない法定担保物権であり、また、債務者の一般財産を目的とするものなので、強制競売の場合の超過差押禁止や差押禁止動産の規定が準用されている。

　エ　申立方法（書式5－21：動産競売開始申立書（動産売買先取特権））

動産担保権実行は、競売の目的動産の所在地の執行官に対して、所定の事項を記載した書面を提出して申し立てる（民執192・122、民執規1・178・170Ⅰ）。

民事執行法190条2項による競売開始許可の申立ては執行裁判所（民執3）に対して行う。なお、当該動産が債務者の占有する場所等にあることは許可要件ではなく、その場所等に無いことが債務者の不服申立事由になる（民執190Ⅱ但書・Ⅳ）ので、その点の主張・立証は不要である。

差し押えるべき動産目録の記載は、一般先取特権に基づく申立ての場合は、差し押えるべき動産が所在する場所の記載及び「債務者の占有に属する一切の動産」のような包括的な記載で足りるが、動産売買先取特権に基づく申立ての場合は、伝票番号・商品番号・納入日など詳細に記載し特定する必要がある。

書式5－21　動産競売開始許可申立書（動産売買先取特権）

動産競売開始許可申立書（動産売買先取特権）

○○地方裁判所民事部　御中

平成○年○月○日

債　権　者　　○○商事株式会社
代表者代表取締役　○　○　○　○
上記債権者代理人弁護士　　○○○○　印
電　話　○○○－○○○－○○○○
ＦＡＸ　○○○－○○○－○○○○

当　事　者	
担保権・被担保債権・請求債権	別紙目録記載のとおり
動　　産	

　債権者は、債務者に対し、別紙担保権目録記載の動産売買の先取特権を有しているので、別紙動産目録記載の動産の競売開始許可を求める。

添　付　書　類

1　書　　証　　　　　　各○通
　　売買基本契約書（甲1）、注文書（甲2）、請求書（甲3）、配送伝票（甲4）、納品書（甲5）、受領書（甲6）、破産宣告通知書（甲7）
2　証拠説明書　　　　　○通
3　取引関係図　　　　　○通
4　書証対照表　　　　　○通
5　資格証明書　　　　　○通
6　破産管財人選任証明書　○通
7　委任状　　　　　　　○通

第5章 債権・動産・その他の財産権等執行

当事者目録

〒〇〇〇―〇〇〇〇
〇〇県〇〇市〇〇町〇丁目〇番〇号
　　　債　権　者　　　　　　〇〇商事株式会社
　　　代表者代表取締役　　　　〇　〇　〇　〇
（送達場所）
〒〇〇〇―〇〇〇〇　〇〇県〇〇市〇〇町〇丁目〇番〇号
　　〇〇法律事務所
　　　債権者代理人弁護士　〇　〇　〇　〇

〒〇〇〇―〇〇〇〇
〇〇県〇〇市〇〇町〇丁目〇番〇号　　〇〇法律事務所
　（破産者の住所　　〇〇県〇〇市〇〇町〇丁目〇番〇号）
　　　債　務　者　　　　　　破産者株式会社〇〇商事
　　　破産管財人　　　　　　　　　〇〇〇〇

担保権・被担保債権目録・請求債権目録

1　担保権
　　下記2記載の売買契約に基づく動産売買の先取特権

2　被担保債権及び請求債権
　　債権者が平成〇年〇月〇日から平成〇年〇月〇日までの間、債務者に対し売却した別紙動産目録記載の各商品についての各売買代金債権（消費税を含む。）
　　なお、債務者は、平成〇年〇月〇日午後〇時東京地方裁判所の破産宣告を受け、民法第137条1号により、期限の利益を喪失したものである。

（別紙）

Ⅲ　自動車に対する執行

動産目録

物件番号	注文日	伝票番号	商品名	数量	単価	売買代金※	納入場所	所在する場所
1	○.○.○	○○○○	○○○	○	○○	○,○○○	○工場	○○県○○市○○町○丁目○番所在の債務者占有の○工場。本件商品は、伝票番号の表示されたシールが貼付された段ボールに梱包されている。
2	○.○.○	○○○○	○○○	○	○○	○,○○○	○工場	○○県○○市○○町○丁目○番所在の債務者占有の○工場。本件商品は、伝票番号の表示されたシールが貼付された段ボールに梱包されている。

※各納入場所、請求債権、消費税含む

Ⅲ　自動車に対する執行

1　自動車執行・自動車競売とは

　自動車に対する執行には、自動車執行と自動車競売がある。自動車執行は、自動車（自動車抵当2但書に定める大型特殊自動車を除く道路運送車両13Ⅰに規定する登録自動車）に対する強制執行であり（民執規86ないし97）、自動車競売は、自動車を目的とする担保権の実行としての競売である（民執規176）。

2　自動車執行の手続

ア　自動車執行の対象

　自動車とは、原動機により陸上を移動させることを目的として製作した用

第5章 債権・動産・その他の財産権等執行

具で、軌条又は架線を用いないものであって、原動機付自転車以外のものである（道路運送車両2Ⅱ）。

民法上自動車は動産であるが（民86Ⅱ）、道路運送車両法は、軽自動車、小型特殊自動車及び二輪の小型自動車を除いた自動車については、自動車登録ファイルに登録を受けたものでなければ運行の用に供してはならず（道路運送車両4）、登録を受けた自動車の所有権の得喪は、登録を受けなければ第三者に対抗できないとして登録制を採用するとともに（道路運送車両5Ⅰ）、登録自動車に対する強制執行に関して必要な事項は最高裁判所規則で定めることとされた（道路運送車両97Ⅱ）。そして、民事執行法規則86条ないし97条においては、登録自動車に対する強制執行を自動車執行として、その手続を定めている。

したがって、自動車執行の対象となる自動車は、登録自動車（自動車のうち、軽自動車、小型特殊自動車及び二輪の小型自動車を除いた自動車）である。ただし、登録自動車から、自動車抵当法2条ただし書に規定する大型特殊自動車は除くものとされている（道路運送車両97Ⅳ）。

なお、軽自動車、小型特殊自動車及び二輪の小型自動車に対する強制執行は、動産執行の手続により行われ（民執122以下）、自動車抵当法2条ただし書に規定する大型特殊自動車に対する強制執行は建設機械に対する強制執行の方法により行われる（建設機械抵当26、民執規98）。

　イ　申立手続
　　a　自動車執行申立書

自動車執行の申立ては、債権者が、差し押えるべき自動車の自動車登録ファイルに登録された使用の本拠の位置を管轄する地方裁判所に対して行う（民執87Ⅰ。書式5－22：自動車強制競売申立書）。

自動車執行の申立書には、①債権者及び債務者並びに代理人の表示、②債務名義の表示、③目的自動車の表示及び自動車執行を求める旨、④金銭の支払を命ずる債務名義に係る請求権の一部について強制執行を求めるときは、その旨及びその範囲、⑤自動車登録ファイルに登録された使用の本拠を記載

Ⅲ 自動車に対する執行

書式5－22 自動車強制競売申立書

自動車強制競売申立書

平成○年○月○日

○○地方裁判所民事部　御中

　　　　　　　　　　　債　権　者　　○○自動車株式会社
　　　　　　　　　　　代表者代表取締役　　　○○○○
　　　　　　　　　　　上記債権者代理人弁護士　　○○○○　印
　　　　　　　　　　　電　話　○○○－○○○－○○○○
　　　　　　　　　　　ＦＡＸ　○○○－○○○－○○○○

　　　　当事者
　　　　請求債権　｝別紙目録のとおり
　　　　目的自動車

　債権者は、債務者に対し、別紙請求債権目録記載の執行力のある判決の正本に表示された上記請求債権を有するが、債務者がその支払をしないので、債務者所有の別紙自動車目録記載の自動車に対する強制競売手続の開始を求める。

添付書類

1　執行力のある判決の正本　　　　1　通
2　判決正本送達証明書　　　　　　1　通
3　自動車登録事項等証明書　　　　1　通
4　資格証明書　　　　　　　　　　2　通
5　委任状　　　　　　　　　　　　1　通

当事者目録

〒○○○－○○○○
○○県○○市○○町○丁目○番○号
　　　債　権　者　　　　　　○○自動車株式会社

第5章　債権・動産・その他の財産権等執行

　　　　　　　代表者代表取締役　　　　○　○　○　○
（送達場所）
〒○○○―○○○○　○○県○○市○○町○丁目○番○号
　　　○○法律事務所
　　　　債権者代理人弁護士　○　○　○　○

〒○○○―○○○○
○○県○○市○○町○丁目○番○号
　　　債　務　者　　　　株式会社○○商事
　　　代表者代表取締役　　　　○　○　○　○

請求債権目録

　○○地方裁判所平成○○年（ワ）第○○○○○号売掛代金請求事件の執行力のある判決の正本に表示の下記金員

(1)　元　　金　　○○円
(2)　損害金　　上記元金に対する平成○年○月○日から支払済まで、約定の約
　　○％の割合による損害金

自動車目録

登　録　番　号　　○○○○ム○○○○
種　　　　　別　　普　　通
用　　　　　途　　○　○
自家用・事業用の別　　事　業　用
車　　　　　名　　○○○
型　　　　　式　　○○○○○○
車　台　番　号　　○○○○○○－○○○○○○○
原　動　機　の　型　式　　○○○○
使用の本拠の位置　　○○市○○町○丁目○番○号
所　有　者　の　氏　名　　株式会社○○商事

する（民執規88・21）。

　　　b　貼用印紙
　債権執行の申立書に債務名義1通につき収入印紙4,000円を貼付する。

　　　c　添付書類
①執行力のある債務名義の正本
②債務名義送達証明書
③委任状（債権者が法人の場合は資格証明書）
④債務者の資格証明書
⑤自動車登録事項等証明書

　　　d　目録・予納金・予納郵券
　これらについては執行裁判所又は裁判所書記官の定めに従う。

　　ウ　強制競売開始決定
　　　a　自動車引渡命令
　自動車執行の申立てがあり、執行裁判所が申立てを適法であると認めた場合、債権者のために自動車を差し押える旨を宣言するとともに、債務者に対して、自動車を執行官に引き渡す旨を命ずる（民執規89Ⅰ）。

　ただし、開始決定における自動車の引渡命令は、債務者に対してのみ発することができるので、差押えの効力が発生する前から第三者が自動車を占有している場合は、当該第三者が開始決定の発せられた日から1か月以内に、執行官に対して任意に自動車を提出しない場合には、自動車執行の手続は取り消さなければならないこととなっている（民執規97、民執120）。

　債権者は、自動車を債務者が占有している場合は、引渡命令に基づき、執行官に対して、自動車引渡執行の申立てを行うことになる。

　　　b　強制競売開始決定の送達
　開始決定は、債務者に送達しなければならない（民執規97、民執45Ⅱ）。実務上は、執行官による引渡命令の執行が完了した後に、執行裁判所から債務者に対して開始決定が送達されることになっている。

第 5 章　債権・動産・その他の財産権等執行

　　　c　差押えの登録

開始決定がなされた場合、裁判所書記官は、直ちに都道府県の陸運局に対して、差押えの登録の嘱託をしなければならない（民執規97、民執48Ⅰ）。

　　　d　差押えの効力発生時期

自動車に対する差押えの効力は、開始決定が債務者に送達されるか、差押えの登録がなされるか（民執規97、民執46Ⅰ）、執行官が自動車の引渡しを受けるか（民執規89Ⅱ）のいずれか一番早い時期に発生する。

　　エ　自動車執行申立て前の引渡命令

自動車執行の申立て前に自動車を取り上げなければ自動車執行が著しく困難となるおそれがある場合には、自動車の所在地を管轄する裁判所は、申立てにより、債務者に対して、自動車を執行官に引き渡すよう命ずることができる（民執規97、民執115Ⅰ）。申立書には手数料として500円の印紙を貼付する（書式 5 - 23：自動車執行申立て前の自動車引渡命令申立書）。

ただし、執行官は、自動車の引渡を受けた日から10日以内に、債権者が自動車執行の申立てをしたことを証する文書を提出しない場合には、当該自動車を債務者に返還しなければならない（民執規97、民執115Ⅳ）。

また、この引渡命令が申立人に告知された日から 2 週間を経過したときは、執行してはならないとされている（民執規97、民執115Ⅶ・55Ⅷ）。

　　オ　自動車を第三者が占有する場合

差押えの効力発生前から、自動車を第三者が占有していた場合、第三者が執行官に対して自動車を任意提出しなければ、自動車執行が取り消されることは既に述べた。

これに対して、差押えの効力が生じた時に債務者が占有していた自動車を第三者が占有するに至った場合、執行裁判所は、差押債権者の申立てにより、当該第三者に対して自動車の引渡命令を発することができる（民執規97、民執127Ⅰ）。なお、自動車引渡命令の申立書には手数料として500円の印紙を貼付する。

ただし、差押債権者の申立ては、自動車を第三者が占有していることを

Ⅲ 自動車に対する執行

書式5－23 自動車執行申立て前の自動車引渡命令申立書

自動車執行申立て前の自動車引渡命令申立書

平成○年○月○日

○○地方裁判所民事部　御中

　　　　　　　　　　　　　債　権　者　　○○○○株式会社
　　　　　　　　　　　　　代表者代表取締役　　○○○○
　　　　　　　　　　　　　上記債権者代理人弁護士　○○○○　印
　　　　　　　　　　　　　電　話　○○○―○○○―○○○○
　　　　　　　　　　　　　ＦＡＸ　○○○―○○○―○○○○

　　　当事者　｝別紙目録のとおり
　　　目的自動車

申立ての趣旨

　債務者は、債権者の申立てを受けた執行官に別紙目録記載の自動車を引き渡せ。

申立ての理由

　債権者は、債務者に対し、別紙○○地方裁判所昭和○年（ワ）第○○○○○号売掛代金請求事件の執行力のある判決の正本に表示の債権を有する。
　債務者は、平成○年○月○日に不渡手形を出し事実上倒産した。そこで、債権者は、債務者に対しその所有に係る上記自動車に対する強制競売の申立てをすべく準備中であるが、執行裁判所は○○地方裁判所であるので、なお期間を要するところ、債務者は、平成○年○月○日以来シャッターを下ろして代表者も所在がわからない状態にあるので、今のうちに自動車を捕捉しておかなければ、上記自動車強制競売が著しく困難となるおそれがある。
　よって、申立ての趣旨記載の裁判を求める。

第5章　債権・動産・その他の財産権等執行

	添付書類		
1	執行力のある債務名義の正本	1	通
2	自動車登録事項等証明書	1	通
3	資格証明書	2	通
4	委 任 状	1	通
5	報 告 書	1	通

知った日から1週間以内にしなければならない（民執規97、民執127Ⅱ）。

　　カ　自動車の保管

　自動車の保管場所及び方法は、執行官の裁量によることになる。執行官は相当と認めるときは、引渡しを受けた自動車を、差押債権者、債務者その他適当と認められる者に保管させることができる（民執規91Ⅰ前段）。実務上は、差押債権者側で事前に保管場所を確保するのが通例となっている。

　また、執行官が引渡しを受けた自動車については、原則として運行禁止の措置がとられることになる（民執規91Ⅰ後段）。

　　キ　売却の方法

　執行裁判所は、相当と認めるときは、執行官に対し入札又は競り売り以外の方法により自動車の売却をすることを命じ（特別売却）又は差押債権者の買受けの申出によりその者に対する自動車の売却の許可をすることができる（自動車譲渡命令・民執規96Ⅰ）。

　実務上は、入札又は競り売りの方法をいったん経ることなく、特別売却等の方法により売却がなされている（民執規96Ⅱ・51）。

　　3　自動車競売

　自動車抵当法において、道路運送車両法による登録自動車（ただし、自動車抵当2但書に規定する大型特殊自動車は除く）について、抵当権の目的とすることができるとされ（自動車抵当3）、自動車の抵当権の得喪及び変更は、道路運送車両法に規定する自動車登録ファイルに登録を受けなければ、第三者に対抗できない旨が規定されている（自動車抵当5Ⅰ）。

　なお、自動車抵当法の対象となる自動車については、質権の目的とするこ

とができないとされている（自動車抵当20）。

　自動車抵当法に基づく担保権の実行の手続については、申立書に、①債権者、債務者及び所有者並びに代理人の表示、②担保権及び被担保債権の表示、③担保権実行又は行使に係る自動車の表示及び自動車競売を求める旨、④被担保債権の一部について担保権の実行又は行使をするときは、その旨及びその範囲、⑤自動車の本拠を記載するほかは、自動車執行の規定をそのまま準用している（民執規176Ⅰ）。

　ただし、自動車売買にあたっての担保の形式としては、所有権留保が一般的に利用されていることなどから、自動車抵当の利用は少ないのが現状である。

Ⅳ　船舶に対する執行

1　船舶執行・船舶競売とは

　船舶に対する執行には、船舶執行と船舶競売がある。船舶執行とは、船舶（民執112に規定する船舶）に対する強制執行であり（民執112ないし121）、船舶競売は、船舶を目的とする担保権の実行としての競売である（民執189）。

　船舶は本来動産ではあるが、動産としては高価であり、また、所有権保存・移転等の登記をすることもできるので、権利関係が複雑となることが多いといった理由から、船舶に対する執行については不動産に対する強制執行に準じた執行手続がとられている。

2　船舶執行の手続

ア　船舶執行の対象

　船舶執行の対象となる船舶とは、総トン数20トン以上の船舶であり、端舟その他ろかい又は主としてろかいをもって運転する舟は除かれている（民執112）。端舟その他ろかい又は主としてろかいをもって運転する舟は船舶登記の対象とならないので、動産執行の手続によることになる。

　これに該当する船舶であれば、未登記の船舶も対象となる。また、船舶執行は所在地主義を採用していることから（民執113）、船舶の国籍は問わない。

第5章　債権・動産・その他の財産権等執行

　また、船舶執行は、債務者が船舶所有者として当該船舶を占有している場合に限り行うことができる。ただし、第三者が占有をしている場合にでも、船舶国籍証書等を任意に提出する場合には船舶執行が可能である。

　更に、商法においては、発航の準備を終えた船舶については、原則として差し押えることができないとされている（商689）。

　　イ　申立手続
　　　　a　船舶執行申立書
　船舶執行の申立ては、債権者が、強制競売開始時の船舶の所在地を管轄する地方裁判所に対して書面で行う（民執規1、民執113。書式5－24：船舶強制競売申立書）。

　申立書には、①債権者及び債務者並びに代理人の表示、②債務名義の表示、③強制執行の目的とする船舶の表示及び船舶執行を求める旨、④一部執行を求める場合には、その旨及びその範囲、⑤船舶の所在する場所、⑥船長の氏名及び現在する場所を記載する（民執規74・21）。なお、申立時に⑥が不明の場合にはその旨を記載すれば足りることとされている。

　　　　b　貼用印紙
　債権執行の申立書に債務名義1通につき収入印紙4,000円を貼付する。

　　　　c　添付書類
①執行力のある債務名義の正本
②債務名義送達証明書
③委任状（債権者が法人の場合は資格証明書）
④債務者の資格証明書
⑤船舶が執行裁判所の管轄区域内に所在していることを証する書面（上申書でも可）
⑥船舶が発航の準備を終えていないことを証する文書（上申書でも可）
⑦船舶執行の申立て前に、船舶国籍証書等の引渡命令の申立てをして、その引渡命令の執行により執行官が当該船舶の船舶国籍証書等を保管中の場合は、引渡執行調書の謄本

書式5－24　船舶強制競売申立書

強制競売申立書

平成○年○月○日

○○地方裁判所民事部　　御　中

債　権　者　　株式会社○○銀行
代表者代表取締役　○　○　○　○
上記債権者代理人弁護士　　○○○○　印
電　話　○○○－○○○－○○○○
ＦＡＸ　○○○－○○○－○○○○

　　　　　　　　当事者
　　　　　　　　請求債権　別紙目録のとおり
　　　　　　　　目的船舶

　船舶の所在場所　　　○○港検疫錨地
　船長の氏名及び現在する場所　　○○○○　　上記船内に現在

　債権者は、債務者に対し、別紙請求債権目録記載の執行力のある判決の正本に表示された上記請求債権を有しているが、債務者がその支払をしないので、債務者所有の上記船舶に対する強制競売手続の開始を求める。

　なお、上記船舶の船舶国籍証書等は、○○地方裁判所○○支部平成○○年（モ）第○○○号事件の船舶執行の申立て前の船舶国籍証書等引渡命令に基づき御庁執行官が保管中である。

添付書類

1　執行力のある判決の正本　　　　　　1　通
2　同送達証明書　　　　　　　　　　　1　通

第5章　債権・動産・その他の財産権等執行

```
3  船舶登記簿謄本              1 通
4  船舶国籍証書等の引渡執行調書謄本  1 通
5  資格証明書                  2 通
6  委任状                     1 通
```

当事者目録

〒○○○—○○○○
○○県○○市○○町○丁目○番○号
　　　債　権　者　　　　株式会社○○銀行
　　　代表者代表取締役　　○　○　○　○

〒○○○—○○○○
○○県○○市○○町○丁目○番○号
　　　債　務　者　　　　○○汽船株式会社
　　　代表者代表取締役　　○　○　○　○

請求債権目録

　○○地方裁判所平成○○年（ワ）第○○○○○号貸金請求事件の執行力のある判決の正本に表示の下記金員

(1)　元　　　金　　　　○○円
(2)　利　息　金　　　　○○円
　　　上記(1)に対する平成○年○月○日から同年○月○日まで年8.9%の割合による利息金
(3)　上記(1)に対する平成○○年○○月○○日から完済まで年14.5%（年に満たない端数期間については1日0.04%）の割合による遅延損害金

船舶目録

Ⅳ 船舶に対する執行

```
船舶の種類及び名称     汽船第○○○○丸
船  籍  港        ○○市
船     質        鋼
総  噸  数        ○○○○噸○○
純  噸  数        ○○○噸○○
機関の種類及び数      発動機壱個
推進器の種類及び数     ら旋推進器壱個
進 水 の 年 月     昭和○年○月
```

更に差し押える船舶が日本船舶の場合は、①ないし⑦に加えて、

⑧（登記がなされている場合には）船舶の登記簿謄本（民執規74①）

⑨（未登記の場合には）船舶登記令13条1項4号イからホまでに掲げる情報を記載した書面、同令別表1の7の項添付情報欄ロ及びハに掲げる情報を記載した書面及び当該船舶が債務者の所有に属することを証する書面（民執規74②）

を添付する。

また、差押える船舶が日本船舶以外の場合、①ないし⑦に加えて、

⑩強制執行の目的である船舶が船舶執行の対象となる船舶であること及びその船舶が債務者の所有に属することを証する文書（民執規74③）

を添付する。なお、⑩については、実務上専門業者が発行する船名録の写し等を提出する取扱いとされている。

  d　目録・予納金・予納郵券

これらについては執行裁判所の定めに従う。

  e　登録免許税

差押え登記のために請求債権額の1,000分の4相当額の納付が必要となる。

第5章　債権・動産・その他の財産権等執行

　　ウ　強制競売開始決定
　　　a　開始決定の内容
(1)　差押宣言

　船舶執行の申立てがあり、執行裁判所が申立てを適法であると認めた場合、債権者のために船舶を差し押える旨を宣言しなければならない（民執114Ⅱ）。

(2)　船舶国籍証書等の取上提出命令

　執行裁判所は、開始決定において、執行官に対して、船舶の国籍を証する文書その他船舶の航行のために必要な文書を取上げて執行裁判所に提出すべきことを命じなければならない（民執114Ⅰ）。具体的には、船舶国籍証書や仮船舶国籍証書、船籍票、航行許可書等が取上げの対象となる文書である。

(3)　船舶の出航禁止命令

　執行裁判所は、開始決定において、債務者に対して船舶の出航を禁止する命令を発しなければならない（民執114Ⅱ）。

　　　b　強制競売開始決定の送達

　開始決定は、債務者に送達しなければならない（民執121・45Ⅱ）。

　　　c　差押えの登録

　開始決定がなされた場合、裁判所書記官は、直ちに管轄登記所に対して、差押えの登記の嘱託をしなければならない（民執121・48Ⅰ）。

　　　d　差押えの効力発生時期

　船舶に対する差押えの効力は、開始決定が債務者に送達されるか、差押えの登記がなされるか（民執121・46Ⅰ）、執行官が船舶国籍証書等取り上げるか（民執114Ⅲ）のいずれか一番早い時期に発生する。

　　エ　船舶国籍証書等の取上げができない場合

　執行官が、強制競売の開始決定の発せられた日から2週間以内に、船舶国籍証書等を取上げることができない場合には、執行裁判所は強制競売の手続を取り消さなければならないことになっている（民執120）。

　　オ　船舶執行申立て前の船舶国籍証書等の引渡命令

　船舶執行は船舶の所在地を管轄する地方裁判所が執行裁判所となるが、実

Ⅳ 船舶に対する執行

際には、債権者が船舶の所在地を確認後、船舶執行の手続を行ったとしても、その間に当該船舶が出航してしまう等開始決定を得て船舶国籍証書等の取上げを行うことが困難になる場合が多い。

したがって、船舶執行の申立て前に船舶国籍証書等を取上げなければ船舶執行が著しく困難となるおそれがある場合には、船舶の船籍の所在地(船籍がない船舶にあっては最高裁判所の指定する地・民執規77)を管轄する裁判所は、申立てにより、債務者に対して、船舶国籍証書等を執行官に引き渡すよう命ずることができる(民執115Ⅰ。書式5-25:船舶執行の申立て前の船舶国籍証書等引渡命令申立書)。

ただし、執行官は、船舶国籍証書等の引渡しを受けた日から5日以内に、債権者が船舶執行の申立てをしたことを証する文書を提出しない場合には、当該船舶国籍証書等を債務者に返還しなければならない(民執115Ⅳ)。

また、この引渡命令が申立人に告知された日から2週間を経過したときは、執行してはならないとされている(民執115Ⅶ・55Ⅷ)。

　カ　保証提供による船舶執行手続の取消し

差押債権者の債権について、請求異議の訴えに伴う執行停止の裁判の正本等の文書(民執39Ⅰ⑦⑧)が提出されている場合において、債務者が差押債権者の債権及び保証の提供の時までに(配当要求の終期後に保証が提供された場合には配当要求の終期まで)配当要求した債権者の債権及び執行費用の総額に相当する保証を売却手続における買受けの申出前に提供した場合、執行裁判所は、申立てにより、配当等の手続を除いて、強制競売の手続を取り消さなければならないとされている(民執117Ⅰ)。

　キ　売却・配当手続

船舶執行の売却・配当手続については、売却方法の選択・売却実施の手続(民執規83・34・50・51)や、配当等の実施(民執121・84)の規定等の不動産強制競売にかかわる規定が準用されている。

第5章 債権・動産・その他の財産権等執行

書式5-25 船舶執行の申立て前の船舶国籍証書等引渡命令申立書

船舶執行の申立て前の船舶国籍証書等引渡命令申立書

平成○年○月○日

○○地方裁判所民事部　御中

　　　　　　　　　　　　　債　権　者　株式会社○○銀行
　　　　　　　　　　　　　代表者代表取締役　　○○○○
　　　　　　　　　　　　　上記債権者代理人弁護士　○○○○　印
　　　　　　　　　　　　　電　話　○○○―○○○―○○○○
　　　　　　　　　　　　　ＦＡＸ　○○○―○○○―○○○○

　　　　　　当事者 ｝別紙目録のとおり
　　　　　　目的船舶

債務名義
　　○○地方裁判所平成○年（ワ）第○○○○○号の執行力のある判決の正本

申立ての趣旨

「債務者は、債権者の申立てを受けた執行官に対し、船舶国籍証書その他の船舶の航行のために必要な文書を引き渡せ。」との裁判を求める。

申立ての理由

　債権者は、債務者に対する上記執行力のある債務名義の正本を有しているので、近く債務者所有の上記船舶に対する強制執行を申し立てるつもりである。
　上記船舶は、○○県から○○を運搬して近日中に○○港に入港するが、入港の日に積荷を全部陸揚げして、直ちに○○方面に向け出港する予定である。

Ⅳ　船舶に対する執行

　したがって、上記船舶が○○港に入港する前に船舶国籍証書等の引渡命令を得ておかなければ、強制執行の実施が著しく困難となるおそれがある。

添付書類

1	執行力のある判決の正本の写し	1	通
2	船舶登記簿謄本	1	通
3	事情報告書	1	通
4	資格証明書	2	通
5	委　任　状	1	通

当事者目録

〒○○○―○○○○
○○県○○市○○町○丁目○番○号
　　　　債　権　者　　　株式会社○○銀行
　　　　代表者代表取締役　　○　○　○　○
（送達場所）
〒○○○―○○○○　○○県○○市○○町○丁目○番○号
　　　○○法律事務所
　　　　債権者代理人弁護士　○　○　○　○

〒○○○―○○○○
○○県○○市○○町○丁目○番○号
　　　　債　務　者　　　○○汽船株式会社
　　　　代表者代表取締役　　○　○　○　○

船舶目録

船舶の種類及び名称　　　汽船第○○○○丸
船　　籍　　港　　　　　○○市
船　　　　質　　　　　　鋼

第5章　債権・動産・その他の財産権等執行

総　　噸　　数	○○○○噸○○
純　　噸　　数	○○○噸○○
機関の種類及び数	発動機壱個
推進器の種類及び数	ら旋推進器壱個
進水の年月	昭和○年○月

事情報告書

平成○年○月○日

弁護士　　○　○　○　○　　殿

○○県○○市○○町○丁目○番○号
株式会社○○銀行　管理部次長
　　　　○　○　○　○　　印

　私は申立債権者の本店管理部において、不良債権の回収、整理の事務を担当しておりますが、当行取引先○○市所在○○汽船株式会社に対する債権回収に関し、同社所有の汽船第○○○○丸の運行状況について調査した結果を報告します。

1　当会社と本件船舶所有者○○汽船株式会社との間の取引約定締結時の資料から、本件船舶は専ら○○港から○○港まで各種工業製品の運搬及び○○港から○○港までの○○を運搬する用に供していることが明らかであった。
2　申立債権者会社○○支店と取引のある通関業務等海運代理を業とする○○海運株式会社の担当員に対して照会したところ、同船は○○港○○埠頭において荷役しているが、あの程度の船の荷役は○～○時間くらいで全部終了するのが普通であるとのことであった。
3　そこで当管理部の職員○○○○をして○○埠頭事務所に本件船舶の入港予定を調査させたところ、同船は○月○日午前○時入港の予定である旨の回答を得た。

Ⅳ 船舶に対する執行

3 船舶競売
ア 総論
船舶抵当権（商848）、一般の先取特権（民306）、船舶先取特権（商842）、船舶の引渡請求権を目的とする質権（民366Ⅳ）に基づく船舶を目的とする担保権の実行（船舶競売）の手続については、船舶執行及び不動産に対する担保権の実行の手続が準用されている（民執189）。

イ 申立手続
船舶競売の申立ては、債権者が、担保権実行の開始決定時の船舶の所在地を管轄する地方裁判所に対して書面で行う（民執規1、民執189・113。書式5－26：船舶競売申立書）。

申立書には、①債権者、債務者及び所有者並びに代理人の表示、②担保権及び被担保債権の表示、③担保権実行又は行使に係る船舶の表示及び船舶競売を求める旨、④被担保債権の一部について担保権の実行をする場合には、その旨及びその範囲、⑤船舶の所在する場所、⑥船長の氏名及び現存する場所を記載する（民執規174Ⅰ・170Ⅰ）。

また、申立書には、担保権の存在を証する文書を添付しなければならない（民執189・181）が、その他の添付書類については船舶執行の際の添付書類が準用されている（民執規174Ⅴ・74）。

ウ 所有者以外の占有者に対する船舶国籍証書等の引渡命令
船舶執行においては、債務者以外の第三者が船舶を占有している場合には、当該第三者が任意に船舶国籍証書等を提出しなければ手続を実施することができないが、船舶競売の場合には、執行裁判所は、競売の申立人の申立てにより、当該申立人に対抗できる権原を有しない船舶の占有者に対し、船舶国籍証書等の引渡命令を発することができるとされている（民執規174Ⅱ）。したがって、船舶競売を申立てた抵当権者に遅れる賃借権により占有する賃借人等に対しては、船舶国籍証書等引渡命令を発することができる。

エ 売却・配当手続
船舶競売の売却・配当手続については、不動産強制競売に関わる規定が準

第5章 債権・動産・その他の財産権等執行

書式5－26　船舶競売申立書

船舶競売申立書

平成○年○月○日

○○地方裁判所民事部　御中

債　権　者　　株式会社○○銀行
代表者代表取締役　　○　○　○　○
上記債権者代理人弁護士　○○○○　印
電　話　○○○－○○○－○○○○
ＦＡＸ　○○○－○○○－○○○○

当　事　者
担　保　権
被担保債権　｝別紙目録のとおり
請　求　債　権
目　的　船　舶

　　船舶の所在場所　　　○○港検疫錨地
　　船長の氏名及び現在する場所　　○○○○　上記船舶内に現在

　債権者は、債務者に対し、別紙請求債権目録記載の債権を有するが債務者がその弁済をしないので、別紙担保目録記載の抵当権にもとづき、別紙目録記載の船舶の競売を求める。

添付書類

1　船舶登記簿謄本　　　　　1通
2　資格証明書　　　　　　　2通
3　委任状　　　　　　　　　1通

V 小型船舶に対する執行

用されている（民執189・121）。

V 小型船舶に対する執行

1 小型船舶執行・小型船舶競売とは

小型船舶に対する執行には、小型船舶執行と小型船舶競売がある。小型船舶執行は、小型船舶登録法3条に定める登録がされた小型船舶（以下、「小型船舶」という。）のうち、同法9条1項に規定する登録小型船舶に対する強制執行であり（民執規98の2）、小型船舶競売は、登録小型船舶を目的とする先取特権の実行としての競売である（民執規177の2）。

船舶執行は不動産執行の規定が準用されているのに対し（民執121）、小型船舶執行は、自動車執行の規定が準用されている（民執規98の2）。

2 小型船舶執行の手続

登録小型船舶に対する強制執行に関し必要な事項は、最高裁判所規則で定めるとされ（小型船舶27Ⅱ）、これに基づき、民事執行規則98条の2で、自動車執行の規定が準用されているので、以下、自動車執行との相違点を中心に述べる。

なお、未登録の小型船舶に対する執行は動産執行の方法で行われる。

ア 小型船舶執行の対象

小型船舶とは、総トン数20トン未満の日本船舶等であって、漁船、ろかいをもって運転する舟、係留船等の船舶以外のものをいう（小型船舶2）。

小型船舶については、小型船舶登録原簿に登録を受けたものでなければ、これを航行の用に供してはならず（小型船舶3）、登録小型船舶の所有権の得喪は、登録を受けなければ、第三者に対抗することができない（小型船舶4）。

イ 申立手続

登録小型船舶執行は、差し押えるべき登録小型船舶の小型船舶登録原簿に登録された船籍港を管轄する地方裁判所を執行裁判所として（民執規98の2・87）、書面により申し立てる（民執規1。書式5－27：小型船舶強制競売申立書）。

第5章 債権・動産・その他の財産権等執行

書式5－27 小型船舶強制競売申立書

小型船舶強制競売申立書

平成○年○月○日

○○地方裁判所民事部　御中
※小型船舶登録原簿に登録された船籍港を管轄する地方裁判所が執行裁判所となる（民事執行規則第98条の2・87条）

　　　　　　　　　　　債　権　者　　株式会社○○マリーン
　　　　　　　　　　　代表者代表取締役　　　○　○　○　○
　　　　　　　　　　　上記債権者代理人弁護士　○○○○　印
　　　　　　　　　　　　　電　話　　○○○—○○○—○○○○
　　　　　　　　　　　　　ＦＡＸ　　○○○—○○○—○○○○

　　　当事者
　　　請求債権　｝別紙目録のとおり
　　　目的小型船舶

　債権者は、債務者に対し、別紙請求債権目録記載の執行力のある判決の正本に表示された上記債権を有しているが、債務者がその支払をしないので、債務者所有の別紙小型船舶目録記載の小型船舶に対する強制競売手続の開始を求める。

添付書類

1　執行力のある判決の正本　　1　通
2　同正本送達証明書　　　　　1　通
3　全部事項証明書　　　　　　1　通
4　資格証明書　　　　　　　　1　通

当事者目録

Ⅴ 小型船舶に対する執行

〒○○○―○○○○
○○県○○市○○町○丁目○番○号
　　　債　権　者　　　　株式会社○○マリーン
　　　代表者代表取締役　　○　○　○　○

（送達場所）
〒○○○―○○○○　○○県○○市○○町○丁目○番○号
　　　○○法律事務所
　　　　債権者代理人弁護士　○　○　○　○

〒○○○―○○○○
○○県○○市○○町○丁目○番○号
　　　債　務　者　　　　　　○　○　○　○

請求債権目録

　○○地方裁判所平成○○年（ワ）第○○○○○号売掛代金請求事件の執行力のある判決の正本に表示された下記金員

記

⑴　元　金　　　○○円
⑵　損害金　　　上記元金に対する平成○年○月○日から支払済みまで、年○○パーセントの割合による損害金

小型船舶目録

船体識別番号　　　　　　　　　　　　　○○○○
船舶番号を有するときは、当該船舶番号　○○○○
船籍港　　　　　　　　　　　　　　　　○○○○
債務者の氏名　　　　　　　　　　　　　○○○○

第 5 章　債権・動産・その他の財産権等執行

　小型船舶執行の申立書には、①債権者及び債務者並びに代理人の表示、②債務名義の表示、③強制執行の目的とする小型船舶の財産の表示及び小型船舶執行を求める旨、④一部執行を求める場合には、その旨及びその範囲、⑤当該小型船舶の小型船舶登録原簿に登録された船籍港を記載することを要し、登録事項等証明書を添付する（民執規98の 2・88・21）。

　　ウ　強制競売開始決定
　　　a　引渡命令
　小型船舶執行の申立てがあり、執行裁判所が申立てを適法であると認めた場合、強制競売の開始決定をし、その開始決定において、債権者のために小型船舶を差し押える旨を宣言するとともに、債務者に対して、小型船舶を執行官に引き渡す旨を命ずる（民執規98の 2・89Ⅰ）。

　なお、（小型ではない）船舶所有者は船舶国籍証明書を受けることが義務付けられ（商686）、船舶執行の開始決定において船舶国籍証明書の提出が命ぜられるが（民執114）、小型船舶の場合、国際航海に従事しない限り船舶国籍証明書を受けることは必要とされていないので（小型船舶25）、この提出は決定には含まれない。

　　　b　差押えの登録
　開始決定がなされた場合、裁判所書記官は、直ちに、日本小型船舶検査機構に対して、差押えの登録の嘱託をしなければならない（民執規98の 2・97、民執48Ⅰ）。

　　　c　開始決定による引渡しの執行
　執行官は、開始決定により登録小型船舶の引渡しを受けた場合には、その旨並びに登録小型船舶の保険場所及び保管方法を執行裁判所に届け出なければならない（民執規98の 2・90Ⅰ）。

　また、執行官は、相当と認めるときは、差押債権者や債務者等に保管させ、また、利害関係者の申立てにより、裁判所の許可を受けてその運行を許可することができることとされている（民執規98の 2・91）。

d　申立て前の引渡命令

　小型船舶執行申立ての前に登録小型船舶を取り上げなければ小型船舶執行が著しく困難となるおそれがある場合については、船舶執行における申立て前の引渡命令の規定が準用されていることから、引渡命令の申立てが可能である（民執規98の2・97、民執115Ⅰ）。

　　　e　売却手続

　売却方法としては、期日入札又は競り売りの方法以外にも、執行裁判所が相当と認める場合には特別売却又は譲渡命令の方法によることができる（民執規98の2・96）。

　3　小型船舶競売

　登録小型船舶は、抵当権の対象ではなく、質権の目的とすることもできない（小型船舶26）。従って、登録小型船舶に対する担保権の実行としての競売は、先取特権に基づくものに限られる。

　登録小型船舶の競売の申立書には、①債権者、債務者及び所有者並びに代理人の表示、②担保権及び被担保債権の表示、③担保権実行又は行使に係る小型船舶の表示及び小型船舶競売を求める旨、④被担保債権の一部について担保権の実行又は行使をするときは、その旨及びその範囲、⑤小型船舶の小型船舶登録原簿に登録された船舶港を記載する（民執規177の2・176Ⅰ・170Ⅰ）。

　また、その他の手続についても、自動車競売の規定が準用されている（民執規177の2・176Ⅱ）。

Ⅵ　航空機に対する執行

　1　航空機執行・航空機競売とは

　航空機に対する執行には、航空機執行と航空機競売がある。航空機執行とは、航空法5条に規定する新規登録がされた飛行機及び回転翼航空機（以下、「航空機」という。）に対する強制執行であり（民執規84）、航空機競売は、航空機を目的とする担保権の実行としての競売である（民執規175）。

第5章　債権・動産・その他の財産権等執行

航空機は本来動産ではあるが、登録飛行機等の所有権及び抵当権の得喪及び変更は、登録が第三者対抗要件とされている（航空3の3、航空機抵当5）。

   2　航空機執行の手続

航空機執行には、船舶執行の規定が準用されている（航空8の4Ⅱ、民執規84）ので、以下、船舶執行との相違点を中心に述べる。

　　ア　航空機執行の対象

航空機執行の対象となる航空機は、航空法5条の登録がされていることが必要である（船舶執行とは異なる。民執112、民執規74②参照）。未登録の航空機及び航空法による新規登録の対象外である外国の航空機は、動産執行の手続によることになる。

　　イ　申立手続

航空機執行の申立ては、債権者が、強制競売開始時の航空機の所在地を管轄する地方裁判所に対して書面で行う（航空8の4、民執規84、民執113）。

申立書には、①債権者及び債務者並びに代理人の表示、②債務名義の表示、③目的航空機の表示及び航空機執行を求める旨、④一部執行を求める場合には、その旨及びその範囲、⑤定置場の所在を記載する（民執規84・74・21）。なお、航空機執行において準用している船舶執行の申立書の記載事項のうち、「船長の氏名と現在する場所」は不要である（民執規84後段）。航空機には、船舶における船長のような包括的代理権（商713）を有する者がいないためである。

　　ウ　開始決定

開始決定において、執行裁判所は、執行官に対し、航空機登録証明書その他航空機の航空のために必要な文書を取り上げて執行裁判所に提出すべきことを命ずる（民執規84後段、民執114Ⅰ）。「航空のために必要な文書」とは、航空機登録証明書・耐空証明書・航空日誌・その他国土交通省令で定める航空の安全のために必要な書類であり、航空機にこれらの書類を備え付けなければ、これを航空の用に供してはならないものである（航空59）。

執行官は、航空機登録証明書等を取り上げ又はその引渡しを受けたときは、

直ちに、債務者及び国土交通大臣に対し、その旨を通知しなければならない（民執規84・75）。航空機登録原簿の登録を主管するのは国土交通大臣だからである（航空3）。

航空機の差押宣言・出航禁止命令（民執114Ⅱ）、航空機執行申立て前の航空機登録証明書等の引渡命令（民執115）等は、船舶執行と同様である。

エ　売却手続等

航空機執行における売却手続及び配当手続についても、基本的に船舶執行の手続が準用されている。

ただし、船舶執行と異なり、航空機執行にあっては現況調査（民執57）は行われず、物件明細書（民執62）も作成されず、従って物件明細書・現況調査報告書の備置き（民執規31）もされない点が異なる（民執規84による準用除外）。そのかわり執行裁判所は、売却の実施の日の一週間前までに評価書の写しを備え置かなければならないこととされている（民執規85Ⅰ）。

3　航空機競売

航空機には抵当権・根抵当権を設定することができる（航空機抵当3・22の2）。先取特権の目的ともなる（航空機抵当11）が、質権の目的とすることはできない（航空機抵当23）。

航空機競売の申立書には、①債権者、債務者及び所有者並びに代理人の表示、②担保権及び被担保債権の表示、③担保権実行又は行使に係る航空機の表示及び航空機競売を求める旨、④被担保債権の一部について担保権の実行をする場合には、その旨及びその範囲、⑤航空機の所在する場所を記載する（航空8の4Ⅲ、民執規175・174Ⅰ・170Ⅰ）。

また、船舶執行と同様、競売申立人に対抗することができる権原を有しない航空機の占有者に対し、航空機登録証明書等を執行官に引き渡すべき旨を執行裁判所が命ずるよう、競売の申立人が申立てることができる（民執規175・174Ⅱ）。

その他の手続については、航空機執行の規定（民執規2章2節3款、ただし、申立書記載事項と、債務名義に関する部分は除く）、不動産競売の要件（民執

第5章　債権・動産・その他の財産権等執行

181)、執行異議（民執182)、手続停止（民執183)、代金納付の効果（民執184)、船舶競売の規定（民執規174）がそれぞれ準用されている（民執規175)。

Ⅶ　建設機械に対する執行

1　建設機械執行・建設機械競売とは

建設機械に対する執行には、建設機械執行と建設機械競売がある。建設機械執行は、建設機械抵当法3条1項の登記がされた建設機械（以下、「建設機械」という。）に対する強制執行であり（民執規98)、建設機械競売は、建設機械を目的とする担保権の実行としての競売である（民執規177)。

2　建設機械執行

ア　建設機械執行の対象

建設機械とは、建設業法2条1項に規定する建設工事の用に供される機械類をいい、この機械類の範囲は、建設機械抵当法施行令1条で定められている（建設機械抵当2)。

民法上建設機械は動産であるが（民86Ⅱ)、打刻又は検認を受けた建設機械については、建設業者で、その建設機械につき第三者に対抗することのできる所有権を有する者の申請により、所有権保存の登記をすることができるとされ（建設機械抵当3)、既登記の建設機械の所有権及び抵当権の得喪及び変更は、建設機械登記簿に登記をしなければ、第三者に対抗できないとされている（建設機械抵当7)。なお、未登記の建設機械は、動産執行の対象となる。

イ　建設機械執行の手続

既登記の建設機械に対する強制執行については、地方裁判所が執行裁判所としてこれを管轄し、執行に関し必要な事項は最高裁判所規則で定めるとされている（建設機械抵当26)。そして、民事執行規則98条において、登記された建設機械に対する強制執行を建設機械執行としてその手続を定め、自動車執行の規定を準用している。

建設機械執行については、その建設機械の登記の地を管轄する地方裁判所

Ⅶ　建設機械に対する執行

が執行裁判所として管轄する（民執規98・87）。

　建設機械の登記については、建設機械抵当法施行令8条1項の規定により打刻された記号によって表示される都道府県の区域内に置かれている法務局又は地方法務局（北海道にあっては、札幌法務局）が、管轄登記所としてその事務をつかさどるとされ（建設機械登記令1）、この管轄登記所が「登記の地」となる。

　建設機械執行の申立書には、①債権者及び債務者並びに代理人の表示、②債務名義の表示、③目的建設機械の表示及び建設機械執行を求める旨、④金銭の支払いを命ずる債務名義に係る請求権の一部について強制執行を求めるときは、その旨及びその範囲、⑤建設機械の登記の地を記載する（民執規98・88・21）。

　その他の手続については、全て自動車執行の手続が準用されている（民執規98）。

3　建設機械競売

　既登記の建設機械は、抵当権・根抵当権の目的とすることができ（建設機械抵当5・24の2）、また、先取特権の対象ともなる（建設機械抵当15）。しかし、既登記の建設機械は、質権の目的とすることができない（建設機械抵当25）。

　建設機械競売の申立書には、①債権者、債務者及び所有者並びに代理人の表示、②担保権及び被担保債権の表示、③担保権実行又は行使に係る建設機械の表示及び建設機械競売を求める旨、④被担保債権の一部について担保権の実行又は行使をするときは、その旨及びその範囲、⑤建設機械の登録の地を記載する（建設機械抵当26Ⅲ、民執規177）。

　その他の手続については、自動車競売の規定（民執規176）、不動産競売の要件（民執181）、執行異議（民執182）、手続停止（民執183）、代金納付の効果（民執184）、自動車執行の規定（民執規2章2節4款、ただし、申立書記載事項と、債務名義に関する部分は除く）、船舶競売の規定（民執規174ⅡないしⅣ）が準用されている。

第5章　債権・動産・その他の財産権等執行

　Ⅷ　その他の財産権に対する執行
　1　意　義
　その他の財産権とは、不動産、船舶、動産、債権と、航空機、自動車、建設機械、小型船舶以外の財産権であり、具体的には、電話加入権、賃借権、無体財産権及び社員の持分権等であるが、これらの財産権に対する強制執行は、特別の定めがあるものを除き、債権執行の例によるものとされている（民執167Ⅰ）。その他財産権担保権の実行は、その他財産権を担保権の目的とする担保権の実行又は物上代位権の行使である（民執193）。
　2　特許権に対する強制執行
　　ア　総　論
　特許権は、専用実施権を設定・登録した場合を除いて、業として特許発明を独占して実施できる権利であり（特許68）、専用実施権は、設定行為で定められた範囲内で、業として特許発明を独占的に実施することができる権利である（特許77Ⅱ）。また、通常実施権は、特許法又は設定行為で定められた範囲内で、業として特許発明を実施できる権利である（特許78Ⅱ）。
　特許権及びその専用実施権の移転については登録が効力要件とされ（特許98Ⅰ①②）、特許権の通常実施権の移転については登録が対抗要件とされている（特許99Ⅲ）。
　　イ　申立手続
　　　a　管　轄
　特許権執行の申立ては、債権者が、債務者の普通裁判籍の所在地を管轄する地方裁判所又はこれがないときは特許権の登録がされた地を管轄する地方裁判所に対して書面で行う（民執規1、民執167Ⅱ。書式5－28：特許権差押命令申立書）。
　　　b　特許権執行申立書
　特許権執行申立書には、①債権者及び債務者並びに代理人の表示、②債務名義の表示、③対象とする特許権を特定するに足る事項の表示及び特許権執

Ⅷ その他の財産権に対する執行

書式5－28　特許権差押命令申立書

特許権差押命令申立書

平成○年○月○日

○○地方裁判所民事部　御中

　　　　　　　　　　　債　権　者　　○○商事株式会社
　　　　　　　　　　　代表者代表取締役　○　○　○　○
　　　　　　　　　　　上記債権者代理人弁護士　○○○○　印
　　　　　　　　　　　電　話　○○○－○○○－○○○○
　　　　　　　　　　　ＦＡＸ　○○○－○○○－○○○○

　　　　　当　事　者　｜
　　　　　請　求　債　権　｜別紙目録記載のとおり
　　　　　特　許　権　｜

　債権者は、債務者に対し、別紙請求債権目録記載の執行力のある債務名義の正本に表示された上記請求債権を有しているが、債務者がその支払をしないので、債務者が有する別紙特許権目録記載の特許権の差押命令を求める。

添付書類

1　執行力ある債務名義の正本　　　1通
2　債務名義の送達証明書　　　　　1通
3　特許登録原簿謄本　　　　　　　1通
4　資格証明書　　　　　　　　　　3通
5　委任状　　　　　　　　　　　　1通

当　事　者　目　録

〒○○○－○○○○
○○県○○市○○町○丁目○番○号
債　権　者　　　　○○商事株式会社

第5章 債権・動産・その他の財産権等執行

代表者代表取締役　〇〇〇〇
（送達場所）
〒〇〇〇—〇〇〇〇　〇〇県〇〇市〇〇町〇丁目〇番〇号
　　〇〇法律事務所
　　　債権者代理人弁護士　〇　〇　〇　〇

〒〇〇〇—〇〇〇〇
〇〇県〇〇市〇〇町〇丁目〇番〇号
債　務　者　　　株式会社〇〇〇〇
代表者代表取締役　〇〇〇〇

請　求　債　権　目　録

　〇〇地方裁判所平成〇年（ワ）第〇〇〇〇〇号貸金請求事件の執行力のある判決の正本に表示された下記債権

記

1　元金　金〇〇円
　　平成〇年〇月〇日の金銭消費貸借契約に基づく貸付金
2　利息金　金〇〇円
　　上記1に対する平成〇年〇月〇日から平成〇年〇月〇日まで年5％の割合による利息金（1年を365日とする日割計算）
3　遅延損害金
　　上記1に対する平成〇年〇月〇日から完済まで年10％の割合による遅延損害金（1年を365日とする日割計算）

特　許　権　目　録

1　特許登録番号　　第〇〇〇〇〇号
　　出願年月日　　　平成〇年〇月〇号

Ⅷ　その他の財産権に対する執行

出願番号	○○―○○○○
出願公告年月日	平成○年○月○号
出願公告番号	○○―○○○○
査定年月日	平成○年○月○日
発明の数	1
発明の名称	○○○○○
登録年月日	平成○年○月○日

行を求める旨、④金銭の支払いを命ずる債務名義に係る請求権の一部について強制執行を求めるときは、その旨及びその範囲を記載する。なお、特許権については第三債務者が存在しないが、専用実施権又は通常実施権の場合には、これに準じる者として特許権者を記載すべき者とされている。また、③については、特許権の登録番号、出願年月日、出願番号、出願公告年月日、出願公告番号、査定年月日、発明の数、発明の名称、登録年月日等を記載する。

　　c　貼用印紙

債権執行の申立書に債務名義1通につき収入印紙4,000円を貼付する。

　　d　添付書類

①執行力のある債務名義の正本

②債務名義送達証明書

③委任状（債権者が法人の場合は資格証明書）

④債務者の資格証明書

⑤特許権登録原簿謄本又は登録証明書

なお、特許権の共有持分については、他の共有者の同意を得なければ譲渡等ができないとされており（特許73Ⅰ）、また、専用実施権及び通常実施権の移転には特許権者の同意が必要な場合があるため（特許77Ⅲ・94Ⅰ）、これらの場合は、それぞれ特許権の共有者や特許権者の同意書を添付する扱いとなっている。

第5章　債権・動産・その他の財産権等執行

　　　　e　目録・予納郵券

　これらについては執行裁判所の定めに従う。

　　　　f　登録免許税

　差押え登録のために請求債権額の1000分の4相当額の納付が必要となる。

　　　ウ　強制競売開始決定

　　　　a　差押命令

　差押債権者より特許権、専用実施権、通常実施権の執行の申立てがあり、執行裁判所が申立てが適法であると認めた場合、債権者のために特許権を差し押える旨を宣言しなければならない（民執167Ⅰ・143）。

　　　　b　登録嘱託

　特許権、専用実施権、通常実施権について差押命令が発せられた場合には、裁判所書記官は職権で特許庁長官に登録嘱託を行う（民執167Ⅴ・48）。

　　　　c　差押えの効力発生時期

　特許権及び専用実施権に対する差押えの効力は、処分制限の効力を第三者に対抗するためには登録原簿に差押えの登録が必要であるので、差押えの登録が差押命令の送達後になされた場合においても、差押えの効力は差押えの登録がされたときに生ずる（民執167Ⅳ）。

　通常実施権の場合は、差押えの登録が対抗要件であるため、第三債務者への送達時または登録時のいずれか早い時点に差押えの効力が生じる。

　　　　d　差押えの効力について

　特許権、専用実施権、通常実施権の差押えが行われると、特許権者等は当該特許権について、譲渡や質入れ又は専用実施権の設定等の処分を禁止されることになる。

　ただし、特許権について差押えがなされても、特許権者自身が特許の実施をすることが妨げられることはない。

　　　エ　売却・配当手続

　特許権の売却・配当手続については、債権執行の例によるが（民執167Ⅰ）、特許権の性質上、債権者による取り立てや転付はなし得ない。

Ⅷ　その他の財産権に対する執行

3　特許権に対する担保権の実行
ア　担保設定の方法

特許権・専用実施権・通常実施権を目的とする質権の設定は、特許庁に備える特許原簿に登録してする（特許27）。登録は、特許権・専用実施権への質権設定では効力要件であり（特許98）、通常実施権では対抗要件である（特許99）。

特許権・専用実施権・通常実施権が共有のときは、他の共有者の同意を得なければ、その持分を目的として質権を設定することができない（特許73Ⅰ・77Ⅴ・94Ⅵ）。

専用実施権者・通常実施権者は、特許権者（専用実施権についての通常実施権にあっては、特許権者及び専用実施権者）の承諾を得た場合に限り、専用実施権・通常実施権に質権を設定できる（特許77Ⅳ・94Ⅱ）。

しかし、特許権等への質権設定登録には、被担保債権額の1000分の4の登録免許税が必要とされていることもあり、質権設定登録の件数は極めて少ない。実際は、特許権の譲渡担保（登録免許税1万5,000円）や、実施者の提供する不動産担保等により保全が行われているようである。

イ　担保権の実行

特許権・専用実施権・通常実施権は民事執行法193条の「その他の財産権」に該当し、民事執行法3章の規定に基づき換価を行う。

特許権・専用実施権・通常実施権を目的とする質権は、質権設定者が受けるべき金銭等に対しても、行うことができる（ただし、払渡前の差押えが必要である。特許96）。

4　ゴルフ会員権に対する強制執行
ア　執行適格

ゴルフ場の経営形態は、主に、①社団法人制、②株主会員制、③預託金制、と分類できる。

①の社団法人制クラブでは、会員の地位には譲渡性は無く、会員の交代があっても、あくまで補充会員を独立して新規加入（入社）させる形態をとる。

したがって、会員の地位には財産的価値は無いので、これを執行の対象とすることはできない。

ただし、定款で社員権の譲渡を認める場合は、その譲渡が可能であるとするのが通説であり、譲渡が認められる場合は執行の対象適格が認められる。

②の株主会員制及び③預託金制のクラブ会員権には譲渡が認められている。これらのゴルフ会員権は、優先的施設利用権、株主権（又は預託金返還請求権）、及び年会費納入義務等からなる債権契約上の地位であり、財産的価値を有するので差押えの対象とされている。

なお、会則で譲渡禁止が規定されている場合についても、私人間の合意で一般債権者の引当てとなるべき責任財産の範囲から、独立かつ特定した金銭的価値のある財産を除外することを認めるのは問題であり、執行を許したとしてもゴルフ場経営会社に不測の損害を与えるものではない等の理由により、その執行適格性が認められている。

イ　執行の対象

　　a　預託金制クラブの場合、預託金返還請求権のみを差押えの対象とできるかについては、既に退会している場合や預入期間を経過している場合（ただし、退会を条件としているクラブなら、退会申請の代位行使も必要となる）等、会員が独立してこの権利を行使できる場合は例外的に可能であると解されるが、原則は、預託金返還請求権も含めて会員権を一体として差押えをするのが通例である。

　　b　株主会員制クラブの場合、厳密には、会員の資格は、株主であることを条件とした、経営会社との債権契約上の地位であり、株主の地位とは異なる。しかし、一方だけを差し押さえても換価が困難なので、有価証券たる株券と会員権を一体として差押えの対象として申し立てるべきである。

ウ　執行手続

　　a　管轄

ゴルフ会員権執行の申立ては、債権者が、債務者の普通裁判籍を管轄する地方裁判所又はこれがないときはゴルフ場の所在地を管轄する地方裁判所に

Ⅷ その他の財産権に対する執行

対して書面で行う（民執規1、民執167Ⅱ）。

　　　b　ゴルフ会員権差押申立書

　ゴルフ会員権差押申立書には、①債権者及び債務者並びに代理人の表示、②債務名義の表示、③対象とするゴルフ会員権を特定するに足る事項の表示及びゴルフ会員権執行を求める旨、④金銭の支払いを命ずる債務名義に係る請求権の一部について強制執行を求めるときは、その旨及びその範囲、⑤第三債務者を記載する。なお、③について預託金制のゴルフ会員権の場合には、ゴルフ場の名称、会員権番号、預託金証書に表示された金額を記載する（書式5-29：ゴルフ会員権差押命令申立書）。

　　　c　差押命令

　差押債権者よりゴルフ会員権執行の申立てがあり、執行裁判所が申立てが適法であると認めた場合、債権者のためにゴルフ会員権を差押える旨を宣言しなければならない（民執167Ⅰ・143）。

　差押命令は、預託金制のゴルフ会員権が対象の場合、債務者に対して会員権の処分及び預託金の取立てを禁止し、第三債務者（ゴルフ場経営会社）に対しては会員権の処分についての承諾、名義書換及び預託金の返還を禁止する内容となる。

　差押の効力は、第三債務者（ゴルフ場経営会社）に送達された時に生じる。

　　　d　換価手続

　換価方法は、譲渡命令又は売却命令によることとなり（民執161Ⅰ）、執行裁判所が評価人を選任し、評価を命じている。

5　ゴルフ会員権に対する担保権の実行

　ゴルフ会員権は年会費支払義務等も含む契約上の地位であり質権の対象としては難しいと考えられ、また、換価の便益の観点からも、譲渡担保の方法により担保手段とされていることがほとんどのようである。この場合、権利実現方法は、譲渡担保契約の定めに従う。

第5章　債権・動産・その他の財産権等執行

書式5－29　ゴルフ会員権差押命令申立書

ゴルフ会員権差押命令申立書

平成○年○月○日

○○地方裁判所民事部　御中

　　　　　　　　　　　債　権　者　　○○○○株式会社
　　　　　　　　　　　代表者代表取締役　　○　○　○　○
　　　　　　　　　　　上記債権者代理人弁護士　○○○○　印
　　　　　　　　　　　電　話　○○○－○○○－○○○○
　　　　　　　　　　　ＦＡＸ　○○○－○○○－○○○○

　　　　当　事　者　｜
　　　　請　求　債　権　｜別紙目録記載のとおり
　　　　ゴルフ会員権　｜

　債権者は、債務者に対し、別紙請求債権目録記載の執行力のある債務名義の正本に記載された請求債権を有しているが、債務者がその支払をしないので、債務者が第三債務者に対して有する別紙ゴルフ会員権目録記載のゴルフ会員権の差押命令を求める。

添付書類

1　執行力ある債務名義の正本　　　　1通
2　債務名義の送達証明書　　　　　　1通
3　資格証明書　　　　　　　　　　　2通
4　委任状　　　　　　　　　　　　　1通

当　事　者　目　録

〒○○○－○○○○
○○県○○市○○町○丁目○番○号
債　権　者　　　　○○○○株式会社

Ⅷ　その他の財産権に対する執行

```
  代表者代表取締役　○　○　○　○
　（送達場所）
〒○○○―○○○○　○○県○○市○○町○丁目○番○号
　　○○法律事務所
　　　　債権者代理人弁護士　○　○　○　○


〒○○○―○○○○
○○県○○市○○町○丁目○番○号
債　務　者　　　　　○　○　○　○


〒○○○―○○○○
○○県○○市○○町○丁目○番○号
第三債務者　　　　株式会社○○○○
代表者代表取締役　○　○　○　○
```

請　求　債　権　目　録

　○○法務局所属公証人○○○○作成の平成○年第○○○号○○契約公正証書の執行力のある正本に表示された下記金員及び執行費用

1　元本金○○円

2　損害金○○円
　　上記1に対する平成○年○月○日から平成○年○月○日まで年5％の割合による損害金（1年を365日とする日割計算）
3　執行費用　金○○円
　　（内訳）
　　　本申立手数料　　　　　　　　金4,000円
　　　本申立書作成及び提出費用　　金1,000円
　　　差押命令正本送達費用　　　　金 ○○円
　　　資格証明交付手数料　　　　　金 ○○円

第5章　債権・動産・その他の財産権等執行

　　　送達証明書申請手数料　　　　金 ○○円
　　　執行文付与申立手数料　　　　金 ○○円
合　計　　金○○円

ゴルフ会員権目録

　債務者が第三債務者に対して有する下記ゴルフ会員権
（下記ゴルフ場及び付属施設の利用権並びに下記金額の会員資格保証金として預託金の返還請求権）

記

名　　　称　　　　○○観光株式会社（○○カントリークラブ）
会　員　番　号　　○○―○○○○
預託金証書記載金額　　金○○円

（基本型）

平成○年（ル）第○○○号

ゴルフ会員権差押命令

　　当　事　者　　別紙当事者目録記載のとおり
　　請　求　債　権　別紙請求債権目録記載のとおり

1　債権者の申立てにより、上記請求債権の弁済に充てるため、別紙請求債権目録記載の執行力ある債務名義の正本に基づき、債務者が第三債務者に対して有する別紙ゴルフ会員権目録記載のゴルフ会員権を差し押さえる。

2　債務者は、前項により差し押さえられたゴルフ会員権について、退会、売買、譲渡、名義書換、質入れ、預託金の取立てその他の一切の処分をしては

Ⅷ その他の財産権に対する執行

ならない。

3 第三債務者は、第1項により差し押さえられたゴルフ会員権について、預託金の払渡し、名義書換等の譲渡を承諾する手続をしてはならない。

平成○年○月○日
　　○○地方裁判所民事部
　　　　　　　　裁　判　官　　○　○　○　○　　印

（株主会員制ゴルフ会員権）

平成○年（ル）第○○○号

ゴルフ会員権差押命令

　　当　事　者　　別紙当事者目録記載のとおり
　　請　求　債　権　別紙請求債権目録記載のとおり

1 債権者の申立てにより、上記請求債権の弁済に充てるため、別紙請求債権目録記載の執行力ある債務名義の正本に基づき、債務者が第三債務者に対して有する別紙ゴルフ会員権目録記載のゴルフ会員権（株式を含む。以下同じ。）を差し押さえる。

2 債務者は、前項により差し押さえられたゴルフ会員権について、退会、売買、譲渡、名義書換、質入れ、預託金の取立て、株式に係る利益配当等の請求権の行使、その他の一切の処分をしてはならない。

3 第三債務者は、第1項により差し押さえられたゴルフ会員権について、名義書換等の譲渡手続及び株式に係る利益配当等をしてはならない。

平成○年○月○日

第5章　債権・動産・その他の財産権等執行

〇〇地方裁判所民事部
　　　　裁　判　官　　〇　〇　〇　〇　　　印

平成〇年（ヲ）第〇〇〇号

審尋書

債務者　〇　〇　〇　〇　　殿

　　　　当事者の表示　　別紙当事者目録記載のとおり

　平成〇年〇月〇日付けゴルフ会員権差押命令により差し押さえた別紙ゴルフ会員権目録記載のゴルフ会員権を売却、譲渡命令の方法によって換価することについて意見があれば、この書面到達の日から10日以内に書面をもって意見を述べられたい。

　平成〇年〇月〇日
　　　〇〇地方裁判所民事部
　　　　　　裁　判　官　　〇　〇　〇　〇　　　印

平成〇年（ヲ）第〇〇〇号

評価命令

〇　〇　〇　〇

　上記の者を評価人に選任する。
　評価人に対し、別紙ゴルフ会員権目録記載のゴルフ会員権の評価を命ずる。
　評価書の提出期限を平成〇年〇月〇日と定める。

Ⅷ　その他の財産権に対する執行

　なお、同会員権の名義書換が停止中の場合は、その理由及び停止が解除される時期、可能性についても調査されたい。
　　　平成○年○月○日
　　　　　○○地方裁判所民事部
　　　　　　　　裁　判　官　　○　○　○　○　　　印

平成○年（ヲ）第○○○号

売却命令

　　　当事者の表示　　　別紙当事者目録記載のとおり

　差押債権者の申立てにより、○○地方裁判所執行官に対し、上記当事者間の平成○年（ル）第○○○号ゴルフ会員権差押命令により差し押さえられた別紙ゴルフ会員権目録記載のゴルフ会員権を動産売却の手続により売却することを命ずる。

　　　平成○年○月○日
　　　　　○○地方裁判所民事部
　　　　　　　　裁　判　官　　○　○　○　○　　　印

平成○年（ヲ）第○○○号

譲渡命令

　　　当事者の表示　　　別紙当事者目録記載のとおり

　差押債権者の申立てにより、上記当事者間の平成○年（ル）第○○○号ゴルフ会員権差押命令により差し押さえられた別紙○○○目録記載のゴルフ会員権

第5章　債権・動産・その他の財産権等執行

を、支払に代えて金○○○○円で差押債権者に譲渡する。

　　　平成○年○月○日
　　　　　○○地方裁判所民事部
　　　　　　　　裁　判　官　　○　○　○　○　　印

　　　　　　　　　　　　　照会書

第三債務者
　　　　　　　殿

　　　　　　　　　　　　　平成○年○月○日

　　　　　　　　　　　　　　　　○○地方裁判所民事部債権受付係
　　　　　　　　　　　　　　　　　　　裁判所書記官
　　　　　　　　　　　　　　電話　○○○―○○○―○○○○
　　　　　　　　　　　　　　　　　　内線　○○○○

　　　　　　債　権　者　○　○　○　○
　　　　　　債　務　者　○　○　○　○
　　　　　　第三債務者　○　○　○　○

　　上記当事者間の平成○年（ル）第○○○号ゴルフ会員権差押命令申立事件について、本照会のあった日（譲渡命令正本を受領した日）までの間に、上記事件以外の差押え等があったか否かを別紙「回答書」に記入の上、本書面の送付を受けた日から7日以内に当職に返送してください。
　　なお、本照会のあった日（譲渡命令正本を受領した日）までの間に上記事件以外の差押え等があった場合、譲渡命令はその効力を生じません。

平成○年（ル）第○○○号

回答書

担当　○○○○

平成○年○月○日
第三債務者
　　　　　○　○　○　○　印
次のとおり回答します（ただし、○印のもの）。
1　照会のあった日（平成○年○月○日）までに、差押え、仮差押え、配当要求等はありません。
2　照会のあった日（平成○年○月○日）までに、他の差押え等が下記のとおりありました。（書ききれない場合は適宜別紙にお願いします。）

記

(1)　(ア)　他の差押え（滞納処分による差押えを含む）
　　(イ)　仮差押え
　　(ウ)　仮処分
　　(エ)　配当要求
(2)　執行裁判所等
(3)　事件番号　　平成○年（○）第○○○号
(4)　債権者の住所
　　　　氏名
(5)　差押え等の送達日　　平成○年○月○日
(6)　差押え等の執行された範囲（金額）

第 5 章　債権・動産・その他の財産権等執行

6　出資持分に対する執行

ア　総　論

合名会社・合資会社・合同会社（以下、「持分会社」と総称する。）の出資持分権は、出資払込義務・議決権・利益配当請求権・残余財産分配請求権等の権利義務の総体としての地位（社員権）であるが、これらも、財産的価値を持つものとして執行の対象となる。

信用金庫の会員の持分権、協同組合の組合員の持分権及び民法上の組合の組合員の持分権についても、同様に執行適格が認められている。

イ　差押申立手続

その他の財産権に対する執行（民執167）の手続による（書式 5 - 30：出資持分差押命令申立書）。社員持分権目録に額面額・口数等を記載して、差押え対象を特定する。

差押えの効力は、将来の利益配当及び持分払戻請求権（会社611・621）や残余財産分配請求権に及ぶ。

ウ　換価方法

　　a　利益配当請求権・持分払戻請求権・残余財産分配請求権が具体的な権利として発生したときは、債権者が自ら取り立てたり（民執167Ⅰ・155）、転付命令を得ることができる（民執167Ⅰ・159）。

　　b　持分会社の社員持分の差押債権者は、会社及び社員に対し 6 月前に予告をした上で営業年度の終わりに社員を強制的に退社させ（会社609）、発生した持分払戻請求権を取立て又は転付命令を受けることができる。

　　c　社員持分権自体を換価する方法としては、売却命令・譲渡命令による（民執167Ⅰ・161）。

持分会社の社員の持分権の譲渡には総社員の承諾が必要とされているので（会社585Ⅰ）換価命令の申立てには承諾書の添付が必要である。

新会社法の施行時に既に設立されている有限会社は、会社法上の株式会社として存続するが（会社法の施行に伴う関係法律の整備等に関する法律 2 条 1 項）有限会社法に特有の規制については会社法の特則として整備法に置く

書式5－30　出資持分差押命令申立書

出資持分差押命令申立書

平成〇年〇月〇日

〇〇地方裁判所民事部　御中

債　権　者　　〇〇商事株式会社
代表者代表取締役　　〇　〇　〇　〇
上記債権者代理人弁護士　　〇〇〇〇　印
電　話　〇〇〇—〇〇〇—〇〇〇〇
ＦＡＸ　〇〇〇—〇〇〇—〇〇〇〇

当事者
請求債権　｝別紙目録記載のとおり
出資持分

　債権者は、債務者に対し、別紙請求債権目録記載の執行力のある債務名義の正本に表示された上記請求債権を有しているが、債務者がその支払をしないので、債務者が有する別紙出資持分目録記載の出資持分の差押命令を求める。

添付書類

1　執行力ある債務名義の正本　　　1通
2　債務名義の送達証明書　　　　　1通
3　〇〇信用金庫定款　　　　　　　1通
4　資格証明書　　　　　　　　　　2通
5　委任状　　　　　　　　　　　　1通

当　事　者　目　録

〒〇〇〇—〇〇〇〇
〇〇県〇〇市〇〇町〇丁目〇番〇号

第5章　債権・動産・その他の財産権等執行

　債　権　者　　　〇〇商事株式会社
　代表者代表取締役　〇〇〇〇
　（送達場所）
　〒〇〇〇―〇〇〇〇　〇〇県〇〇市〇〇町〇丁目〇番〇号
　　　〇〇法律事務所
　　　　債権者代理人弁護士　〇　〇　〇　〇

　〒〇〇〇―〇〇〇〇
　〇〇県〇〇市〇〇町〇丁目〇番〇号
　債　務　者　　　株式会社〇〇〇〇
　代表者代表取締役　〇〇〇〇

　〒〇〇〇―〇〇〇〇
　〇〇県〇〇市〇〇町〇丁目〇番〇号
　第三債務者　　　〇〇信用金庫
　代表取締役　　　〇〇〇〇

請　求　債　権　目　録

〇〇地方裁判所平成〇年（ワ）第〇〇〇〇〇号貸金請求事件の執行力のある判決の正本に表示された下記債権

記

1　元金　金〇〇円
　　平成〇年〇月〇日の金銭消費貸借契約に基づく貸付金
2　利息金　金〇〇円
　　上記1に対する平成〇年〇月〇日から平成〇年〇月〇日まで年5％の割合による利息金（1年を365日とする日割計算）
3　遅延損害金
　　上記1に対する平成〇年〇月〇日から完済まで年10％の割合による遅延損害金（1年を365日とする日割計算）

> ### 出資持分目録
>
> 　債務者（会員）が第三債務者（信用金庫）に対して有する一口〇〇円、〇〇〇口の出資分

こととし（同法2条ないし44条）会社法施行後も旧有限会社法の規律が維持されている。このような特則の適用がある旧有限会社を特例有限会社というところ、特例有限会社の社員の持分権を社員でない者に譲渡するには社員総会の承認が必要とされている（旧有19Ⅱ）ので、申立書には社員の買取書や会社の持分権譲渡承諾書等を添付するのが望ましい。譲渡承認を受けられない場合は、買取人の指定を求めることとなる（旧有19Ⅴ）。

第6章　財産開示手続

I　概　　要

　平成15年度の民事執行法の改正により、債務者の財産に関する情報を債務者本人から取得する手続として、財産開示手続が創設された（民執196ないし203）。
　この制度が創設された背景には、金銭債権について強制執行による権利実現の実効性を確保する狙いがある。すなわち、例えば、債権者が、金銭債権について訴訟を提起して勝訴判決を得ても、債務者が任意に履行を行わない場合には、債権の回収のために強制競売や債権執行、動産執行等の強制執行を行わなければならないが、民事執行においては、原則として債務者の所有する財産を特定してこれを行う必要があるため、債務者の所有する財産について十分な情報がない場合には、勝訴はしたものの、実際には権利を実現することができないといった問題が生じることになる。
　こうした問題を解決するため、法制審議会担保・執行法制部会において、債務者の財産を把握するための方策として、諸外国の制度を参考に、債務者本人から財産の情報を取得する方法と第三者に対して債務者の財産に関する情報を照会する方法が検討された。後者の方法をとった場合には、第三者として、税務署等の公的機関や銀行等の民間金融機関が想定されるが、これらの第三者が債権者の照会に応じて債務者の財産に関する情報を開示することには、プライバシーの問題や守秘義務の問題等があることから、結局、債務者本人から財産の情報を取得する制度が創設されることとなった。
　我が国において、このような財産開示手続が創設されたことは、金銭債権の強制執行による権利実現の実効性を高めるための画期的な意義を有する試みであるが、他方で債務者のプライバシー保護の問題もからみ、本制度により、債権者が実際に債務者の財産についての有益な情報を取得できるかどう

II　財産開示手続の内容

かについては、開示について手続上どの程度の強制力を働かせるのかという執行裁判所の運用に委ねられている面があることも否めないところである。

II　財産開示手続の内容

1　管轄

債務者の普通裁判籍の所在地を管轄する地方裁判所が、執行裁判所として管轄する（民執196）。通常は、債務者の住所又は主たる事務所の所在地を管轄する地方裁判所となる（民訴4 II・IV）。

2　申立権者

財産開示手続を申し立てることができる債権者は、

① 　執行力のある債務名義の正本（仮執行宣言付判決、同宣言付支払督促、執行証書及び確定判決と同一の効力を有する支払督促を除く。）を有する金銭債権の債権者（民執197 I ）と、

② 　債務者の財産について一般の先取特権を有することを証する文書を提出した債権者（民執197 II）

である。

上記①のとおり、財産開示手続においては、一部の債務名義を有する金銭債権の債権者が申立権者から除外されている。これは、本手続が、金銭債権の強制執行による権利実現の実効性を確保する制度である以上、基本的には、債務名義を有する金銭債権の債権者を申立権者とするが、他方で、本手続がプライバシー情報を開示する手続であって、いったん開示した場合には開示前の状態に復旧することができないことも考慮し、仮の効力が付されているに過ぎない債務名義や請求異議が比較的頻繁に提出される債務名義については、これを除外することが適当と考えられたためである。

また、②の一般の先取特権を有する債権者が申立権者とされたのは、このような債権者についても、債務者の財産について十分な情報が得られない場合には権利の実現ができないことは、債務名義を有する金銭債権の債権者の場合と同様であることや、労働債権の保護といった社会政策的要請を考慮し

第6章　財産開示手続

たことによるものである。

3　開始要件

ア　一般的開始要件

執行裁判所は、財産開示手続の申立権者（債務名義を有する金銭債権の債権者においては、強制執行の一般的な開始要件を具備した者に限る）が、

① 強制執行又は担保権の実行における配当等の手続（申立ての日より6か月以上前に終了したものを除く。）において、申立人が当該金銭債権（又は当該先取特権の被担保債権）の完全なる弁済を得ることができなかったとき、又は、

② 知れている財産に対する強制執行を実施しても、申立人が当該金銭債権（又は当該先取特権の被担保債権）の完全な弁済を得られないことの疎明があったとき

には、財産開示手続を実施する旨の決定を行うこととされている（民執197ⅠⅡ）。

このように、財産開示手続においては、本手続により債務者が被る不利益を考慮し、手続の濫用を防止するため、上記のような開始要件を定めて、債権者に手続を利用する必要性が認められる場合に限って手続を開始することとしている。

なお、財産開示手続開始の申立日の過去6か月以内に債権執行を行ったものの、見込み違いで被差押債権が存在しなかったために配当等の手続が行われなかったという場合には、上記①の要件に該当しないと考えられる。ただし、動産執行において執行不能で終了した場合や不動産執行において無剰余の理由で取り消された場合、不動産執行で滅失・売却困難等の理由により手続が取り消された場合には、債権者側において財産開示手続を利用する必要性が存在すると考えられるので、上記①の要件を満たすものと考えられる。

イ　開始要件阻却事由とその例外

執行裁判所は、債務者（債務者に法定代理人がある場合にあっては当該法定代理人、債務者が法人である場合にあってはその代表者）が、財産開示手続の申

立てがなされた日前の3年以内に財産開示期日においてその財産について陳述していた場合には、上記アの開始要件を満たしている場合でも、財産開示手続を実施する旨の決定をすることができない（民執197Ⅲ本文）。

ただし、
① 債務者が当該財産開示手続期日において一部の財産を開示しなかったとき
② 債務者が当該財産開示手続期日の後に新たに財産を所得したとき
③ 当該財産開示手続期日の後に債務者と使用者との雇用契約が終了したとき

のいずれかに該当する場合には、この限りではないとされている（民執197Ⅲ但書）。

なお、③は②に該当する事由があることが定型的に確認されるものとして、債権者の立証の負担軽減の観点から独立の要件とされたものである。

このように、財産開示手続において債務者が被る不利益と債権者の得る利益との比較考量によって、開始要件阻却事由とその例外が定められている。

4 具体的手続

ア 財産開示手続の申立書

財産開示手続の申立書には、①当事者の氏名又は名称及び住所、②代理人の氏名及び住所、③申立ての理由を記載し、③については、申立てを理由付ける具体的な事実と、要証事実ごとに証拠を記載する（民執規182。書式6－1：財産開示手続申立書）。なお、過去3年内に債務者が全部の財産を開示しなかったことという開始要件阻却事由の不存在に関しては、債権者にそこまでの事前調査をさせることは酷であるため、申立て段階では、その主張・立証は要しない扱いとされている。

また、申立手数料として2,000円の収入印紙を貼付し、相当額の郵券を予納する。

添付書類は、全ての申立てに共通のものとして、①当事者が法人の場合、商業登記事項証明書又は代表者事項証明書等（申立債権者は2か月以内、債務

第6章　財産開示手続

書式6－1　財産開示手続申立書

財 産 開 示 手 続 申 立 書

平成○年○月○日

○○地方裁判所民事部　御中

　　　　　　　　　　　申立人代理人　弁護士　　○　○　○　○　　印
　　　　　　　　　　　　　　　　　　電　話　○○○―○○○―○○○○
　　　　　　　　　　　　　　　　　　FAX　　○○○―○○○―○○○○

　　　　　　当　事　者　　別紙目録記載のとおり
　　　　　　担　保　権　　別紙目録記載のとおり
　　　　　　被担保債権　　別紙目録記載のとおり
　　　　　　請　求　債　権　　別紙目録記載のとおり

　申立人は、債務者に対し、別紙請求債権目録記載の債権を有するが、債務者がその支払をせず、下記の要件に該当するので、別紙担保権目録記載の一般先取特権（給料債権）に基づき、債務者について財産開示手続の実施を求める。

記

1　民事執行法197条2項の要件
　　□　強制執行又は担保権の実行における配当等の手続（本件申立ての日より6月以上前に終了したものを除く。）において、被担保債権の完全な弁済を得ることができなかった（1号）。
　　□　知れている財産に対する担保権の実行を実施しても、被担保債権の完全な弁済を得られない（2号）。

Ⅱ　財産開示手続の内容

2　民事執行法197条3項の要件

債務者が、本件申立ての日前3年以内に財産開示期日においてその財産について陳述したことを

　□　知らない。
　□　知っている。

（「知っている。」にチェックした場合は、次のいずれかにチェックする。）

　　□　債務者が当該財産開示期日において、一部の財産を開示しなかった（1号）。
　　□　債務者が当該財産開示期日の後に新たに財産を取得した（2号）。
　　　（取得した財産　　　　　　　　　　　　　　　　　）
　　□　当該財産開示期日の後に債務者と使用者との雇用関係が終了した（3号）。

（添付書類）

　□　資格証明書　　　　　　　　　　　通
　□　住民票　　　　　　　　　　　　　通
　□　　　　　　　　　　　　　　　　　通
　□　　　　　　　　　　　　　　　　　通

（証拠書類）

1　担保権を有することの立証資料

　「財産開示手続を申し立てる方へ」の別紙を参照し、甲号証として提出してください。

2　民事執行法197条2項1号の要件立証資料

　　□　配当表謄本　　　　　　　乙第　　号証
　　□　弁済金交付計算書謄本　　乙第　　号証
　　□　不動産競売開始決定正本　乙第　　号証
　　□　債権差押命令正本　　　　乙第　　号証

第6章 財産開示手続

  ☐ 配当期日呼出状   乙第 号証
  ☐   乙第 号証
  ☐   乙第 号証

3 民事執行法197条2項2号の要件立証資料
  ☐ 財産調査結果報告書 乙第 号証
  ☐ 不動産登記事項証明書 乙第 号証
  ☐   乙第 号証
  ☐   乙第 号証

4 民事執行法197条3項の要件立証資料
  ☐ 財産開示期日調書謄本 丙第 号証
  ☐ 財産調査結果報告書 丙第 号証
  ☐ 退職証明書   丙第 号証
  ☐   丙第 号証
  ☐   丙第 号証

当 事 者 目 録

〒○○○—○○○○ ○○県○○市○○町○○丁目○番○号
        申　立　人 ○　○　○　○

〒○○○—○○○○ ○○県○○市○○町○○丁目○番○号
              ○○○○○ビル
       ○○○○法律事務所
       申立人代理人弁護士 ○　○　○　○

〒○○○—○○○○ ○○県○○市○○町○○丁目○番○号
       債　務　者 ○　○　○　○

Ⅱ　財産開示手続の内容

担保権・被担保債権・請求債権目録

1　担保権
　申立人と債務者間の雇用契約に基づく申立人の債務者に対する給料債権の一般先取特権（民法第306条2号）

2　被担保債権及び請求債権
　(1)　未払給料債権の合計　　　金○○万○○○○円
　　　申立人の債務者に対して有する給料債権にして、平成○年○月から平成○年○月までの未払給料債権（毎月○日締切り、翌月○日払い）
　(2)　未払退職金　　　金○○万○○○○円
　　　申立人の債務者に対して有する就業規則第○条に基づく退職金債権（退職日平成○年○月○日、勤続○年○月）
　(3)　未払解雇予告手当　　　金○○万○○○○円
　　　申立人の債務者に対して有する解雇予告手当金債権

財　産　調　査　結　果　報　告　書（記　載　例）

　　　　　　　　　　　　　　　　　　　　　　　　平成○年○月○日
○○地方裁判所民事部　御中

　　　　　　　　　　　　申立人代理人　弁護士　　○　○　○　○　　印

　債務者○○商事株式会社の財産を調査した結果（調査方法を含む。）は、下記のとおりです。
　　　　　　　　　　　　　　　記
1　不動産
　(1)　債務者の居住地・所在地（本店・支店）の不動産

第 6 章　財産開示手続

　(2)　その他の場所の不動産

2　債権

3　動産

者は 1 か月以内に発行されたもの）が、②代理人による申立ての場合、(i)弁護士であれば委任状、(ii)許可代理人であれば代理人許可申立書、委任状及び代理人と本人との関係を証する書面（社員証明書等）が、③申立債権者又は債務者の債務名義上の氏名又は名称及び住所について変更又は移転がある場合、それが(i)個人であれば住民票又は戸籍の附票等、(ii)法人であれば履歴事項証明書又は閉鎖商業登記事項証明書等が必要となる。

　そして、民事執行法197条 1 項による申立ての場合、執行力のある債務名義の正本（仮執行宣言付判決、支払督促、執行証書を除く）を、判決であれば確定証明書、送達証明書も添付する。民事執行法197条 2 項による申立ての場合、先取特権の存在を証する文書を添付する。

　また、民事執行法197条 1 項 1 号及び 2 項 1 号の要件（強制執行等で完全な弁済を得ることができなかったこと）に該当することの証明資料として、配当表又は弁済金交付計算書の謄本、開始決定正本又は差押命令正本及び配当期日呼出状等が、同法197条 1 項 2 号及び 2 項 2 号の要件（知れている財産に対する強制執行により完全な弁済が得られないこと）に該当することの疎明資料として、「知れている財産」が、①不動産の場合には、不動産登記事項証明書（全部事項証明書）、ブルーマップの写し及び調査結果報告書が、②債権の場合には、(i)債務者が個人であれば調査結果報告書及び第三者の陳述書・聴

取書、(ⅱ)債務者が法人であればさらに商業登記事項証明書が、③動産の場合には、調査結果報告書が必要となる。

　イ　申立て及び開示手続を実施する旨の決定等

　執行裁判所は、財産開示手続における申立権者の申立てが開始要件を満たす場合には、財産開示手続を実施する旨の決定を行い、当該決定（一般先取特権を有する債権者の申立ての場合には、当該決定と一般の先取特権を有することを証する文書の写し）を債務者に送達する（民執197Ⅳ）。この実施決定は、送達の日から1週間の不変期間内に執行公告がなされないことにより確定し、その効力を生じる（民執197Ⅴ・10Ⅱ、197Ⅵ）。

　ウ　財産開示期日の指定等

　執行裁判所は、財産開示手続を実施する旨の決定が確定した場合には、財産開示期日を指定し、申立人と債務者（債務者に法定代理人がある場合にあっては当該法定代理人、債務者が法人である場合にあってはその代表者）を呼び出す（民執198ⅠⅡ）。

　エ　財産目録の提出

　執行裁判所は、財産開示期日を指定するとき、それ以前の日を財産目録の提出期限として定め、債務者（債務者に法定代理人がある場合にあっては当該法定代理人、債務者が法人である場合にあってはその代表者。以下、併せて「開示義務者」という。）は、同期限までに債務者の財産目録を提出しなければならない（民執規183ⅠⅢ）。財産目録に記載すべき事項は、財産開示期日における陳述の対象となる債務者の財産である（民執規183Ⅱ）。

　提出された財産目録は、「記録中財産開示期日に関する部分」（民執201）に該当し、債権者は、財産開示期日実施前であっても、これを閲覧することができるものと解される。

　なお、東京地裁では、実施決定確定の日から約1か月後に期日指定し、当該期日の約10日前を財産目録提出期限として定める運用がされている。

　オ　開示義務者の財産開示期日における陳述等

　開示期日は非公開で行われ（民執199Ⅵ）、開示義務者は、財産開示期日に

第6章　財産開示手続

出頭し、宣誓をした上で（民執199Ⅶ・民訴201Ⅰ）、債務者の財産について陳述する義務を負う（民執199Ⅰ）。通常は、「債務者の財産は、財産目録記載の通りである。」旨を陳述することになろう（開示義務者が宣誓の上でかかる陳述をすることによって、財産目録の真実性が担保されることになる。）。

なお、開示義務者は、自ら出頭して、宣誓の上で陳述しなければならず、これを法定代理人以外の代理人や従業員等に代替させることは許されていない。

　　カ　執行裁判所の行う質問等

執行裁判所は、財産開示期日において、開示義務者に対し質問を発することができ（民執199Ⅲ）、申立人は、債務者の財産の状況を明らかにするために、執行裁判所の許可を得て、開示義務者に対して質問を発することができる（民執199Ⅳ）。

　　キ　調書の作成

裁判所書記官は、期日に立ち会って、財産開示期日の調書を作成する。調書の記載事項は、訴訟手続の調書に準じ、期日開催に関する事項や手続の要領を記載し、また、財産目録を添付することになる。

　　ク　財産開示事件の記録の閲覧等

財産開示期日については、裁判所書記官が弁論の要領等を記載した調書を作成することになるが（民執規12Ⅰ Ⅱ、民訴規67Ⅰ）、財産開示事件の記録中財産開示期日に関する部分（財産目録を含む）についての、閲覧若しくは謄写、その正本、謄本若しくは抄本の交付又は事件に関する証明書の交付の請求は、

① 　申立人
② 　財産開示手続の申立権者
③ 　債務者又は開示義務者

に限定されている（民執201）。

　5　開示義務の範囲
　　ア　原　　則

Ⅱ　財産開示手続の内容

　開示義務者は、財産開示期日現在で有する積極財産について財産目録に記載し、陳述しなければならない（民執199Ⅰ、民執規183Ⅱ）。
　財産目録への記載及び陳述にあたっては、執行の対象とすべき財産ごとに、金銭債権に基づく強制執行又は担保権の実行の申立てをするのに必要となる事項（一般の動産については、その所在場所ごとに、主要な品目、数量及び価格（他から購入した動産にあっては購入時期及び購入価格を含む））を明示しなければならないこととされている（民執199Ⅱ、民執規183Ⅱ後段、184）。東京・大阪の両地方裁判所の執行部において、法の要請、開示義務者の記載の容易さ、裁判所その他関係者にとっての一覧性等を考慮して財産目録書式が作成されている（書式6-2：財産目録）。
　ただし、
　① 債務者の生活に欠くことができない衣服、寝具、家具、台所用品、畳及び建具（民執199Ⅰ・131①）、
　② 債務者の1か月間の生活に必要な食料及び燃料（民執199Ⅰ・131②）
については除外される。
　このように、開示義務者の開示すべき財産の範囲は、基本的には債務者が財産開示期日現在で有する財産に限られるが、少なくとも、申立人が、債務者の過去の時点における財産の存在を認識している場合には、「債務者の財産の状況を明らかにするため」という目的に関連性を有する限度において、執行裁判所の許可を得て、当該財産が現存しない理由や譲渡していた場合にはその対価の処理等、現在の債務者の財産と関連付けた内容の質問を行って、過去の財産の移転を明らかにすることは可能であると考えられる。
　申立人が、質問を通じて得た債務者の財産の移転に関する情報に基づき、詐害行為取消権（民424）の行使を行うことについては、情報の目的外利用の制限（後記6イ）との関係で問題となるので後述する。

　　イ　開示義務の一部免除
　財産開示期日において債務者の財産の一部を開示した開示義務者は、
　① 申立人の同意がある場合、又は、

第6章　財産開示手続

書式6－2　財産目録

地方裁判所　　　　　　　　　　　　　　　　　　　　　　　平成　　年（　）第　　　号	

財産目録（一覧）

項目	有無	詳細	No.
給与・俸給・役員報酬・退職金	□ない　□ある	ある場合にはその詳細について同封の右記番号の書面に記入してください	1
預金・貯金・現金	□ない　□ある	ある場合にはその詳細について同封の右記番号の書面に記入してください	2
生命保険・損害保険	□ない　□ある	ある場合にはその詳細について同封の右記番号の書面に記入してください	3
売掛金・請負代金・貸付金	□ない　□ある	ある場合にはその詳細について同封の右記番号の書面に記入してください	4
不動産所有権・不動産賃借権	□ない　□ある	ある場合にはその詳細について同封の右記番号の書面に記入してください	5
自動車・電話加入権・ゴルフクラブ会員権	□ない　□ある	ある場合にはその詳細について同封の右記番号の書面に記入してください	6
株式・債券・出資持分・手形小切手・主要動産	□ない　□ある	ある場合にはその詳細について同封の右記番号の書面に記入してください	7
その他の財産	□ない　□ある	ある場合にはその詳細について同封の右記番号の書面に記入してください	8

【開示義務者】　資格　□債務者本人　□法定代理人（下欄も記載）
　　　　　　　　　　　□会社代表者（下欄も記載）
　住　所
　電話番号
　作成日　平成　　年　　月　　日　　氏名　　　　　　　　　　　印

【債務者】
　住　所
　電話番号
　　　　　　　　　　　　　　　　　氏名

Ⅱ　財産開示手続の内容

1　給与・俸給・役員報酬・退職金目録

従業員・役員の別		
勤務先	勤務先名	
	本店所在地	
	勤務場所	
金額（税込）		
賞与	支払時期	
	金額（税込）	
退職の有無及び年月日		
退職一時金の額		

341

第6章　財産開示手続

2　預貯金・現金目録
1　預貯金

金融機関名及び支店名	
金額	

金融機関名及び支店名	
金額	

金融機関名及び支店名	
金額	

2　現金

保管場所	
金額	

保管場所	
金額	

Ⅱ 財産開示手続の内容

3 生命保険契約・損害保険契約目録

保険会社	経営会社名	
	本店所在地	
保険証券番号		
保険契約者の名称		
保険金受取人の名称		
被保険者の名称 又は保険の目的物		
保険事故の有無及び時期		

保険会社	経営会社名	
	本店所在地	
保険証券番号		
保険契約者の名称		
保険金受取人の名称		
被保険者の名称 又は保険の目的物		
保険事故の有無及び時期		

第6章 財産開示手続

4 売掛金・請負代金・貸付金目録

契約の種別	
契約の相手方	名称	
	所在地	
契約の金額	
代金等の支払方法	
契約の対象	

契約の種別	
契約の相手方	名称	
	所在地	
契約の金額	
代金等の支払方法	
契約の対象	

Ⅱ　財産開示手続の内容

5　所有不動産・不動産賃借権目録
1　所有不動産

所在	
不動産の種別	

所在	
不動産の種別	

2　不動産賃借権

目的不動産	種別	
	所在地	
賃料・使用料		
契約期間		
特約・敷金等		

345

第6章 財産開示手続

6 自動車・電話加入権・ゴルフ会員権目録
1 登録自動車

登録番号	
車名・型式	
車台番号	
保管場所	

2 電話加入権

電話の種別	
電話番号	
設置場所	

3 ゴルフ会員権

会員権発行者	名称	
	本店所在地	
	会員番号	
	会員権番号	
	退会の有無及び時期	

Ⅱ　財産開示手続の内容

7　株式・債券・出資持分権・手形小切手・主要動産目録

1　株式・債券・出資持分権

株式・社債等の種類		
権利の相手	名称	
	本店等所在地	
発券の有無・預託等の別		
預託振替制度	口座機関名	
	本店所在地	

2　手形・小切手

手形・小切手の別		
振出人	名称	
	所在地	
券面額		

3　主要な動産

所在場所	
動産の種類	
数量	
購入時期・購入価額	
動産の種類	
数量	
購入時期・購入価額	

第6章　財産開示手続

8　その他の財産目録

② 当該開示によって、金銭債権又は一般の先取特権の被担保債権が完全な弁済を受けることに支障がないことが明らかとなった場合

で、執行裁判所の許可を得たときには、その余の財産の開示をする必要がない（民執200Ⅰ）。

ただし、この場合には、債務者が財産開示期日において一部の財産を開示しなかったとき（民執197Ⅲ①）に該当するため、再度、3年以内に財産開示手続が申し立てられた場合であっても、開始要件阻却事由（上記3イ）にはあたらないため、財産開示手続が開始されることとなる。

6 罰則

ア 不出頭・虚偽陳述等

開示義務者が、正当な理由なく開示期日に出頭しない場合又は開示期日において宣誓を拒んだ場合並びに執行裁判所又は執行裁判所の許可を得た申立人に質問を受けた場合等における陳述すべき事項について、正当な理由なく陳述しない場合や虚偽の陳述をした場合には、30万円以下の過料に処せられる（民執206Ⅱ）。

財産開示手続を通じて、申立人が実際に債務者の財産についての情報を取得できるよう、このような過料の制裁を背景として財産開示制度の実効性が図られている。なお、開示義務者が詐欺破産罪（破265）に該当するおそれがあるとして陳述を行わなかった場合には、「正当な理由」があると認められる場合があるとされている（憲38Ⅰ、自己負罪拒否特権）。

イ 情報の目的外利用の制限

財産開示手続及びその記録の閲覧によって得られた債務者の財産又は債務に関する情報については、債務者のプライバシー保護の観点から、当該債務者に対する債権をその本旨に従って行使する目的以外の目的のために利用し、又は提供してはならないとされ（民執202ⅠⅡ）、これに違反した者は30万円以下の過料に処せられる（民執206Ⅱ）。

申立人が、質問を通じて得た債務者の財産の移転に関する情報に基づき、詐害行為取消権（民424）の行使を行うことについては、詐害行為取消権は

第6章　財産開示手続

強制執行の準備手続となり、あるいは事実上の優先弁済を受けることにより債権回収という目的が達成されること、これを認めない場合には財産開示手続開始後に財産の処分が行われて本手続の意義が失われるおそれがあることから、どの程度まで質問権の行使が認められるかという問題はあるものの、質問権の行使等によって得た債務者の財産の情報に基づき、詐害行為取消権を行使すること自体は許されると解すべきである。

Ⅲ　その他の手続との関係

1　破　産
ア　債務名義を有する破産債権及び一般の先取特権を有する債権に基づく財産開示手続

債務者につき破産手続開始の決定があった場合には、破産債権に基づく強制執行が禁じられており（破42Ⅰ Ⅱ本文）、また、一般の先取特権は優先的破産債権に該当し（破98Ⅰ）、破産手続によらなければ行使できないこととされているので（破100Ⅰ）、破産手続開始の決定後に、債務名義を有する破産債権及び一般の先取特権を有する債権に基づいて財産開示手続の申立てはすることができず、既にされている財産開示手続は失効する（破24Ⅵ）。

また、債務者の経済生活の再生の機会を確保するため、債務者から破産免責許可の申立てがあり、かつ、破産法216条第1項の規定による破産手続廃止の決定、同法217条第1項の規定による破産手続廃止の決定の確定又は同法220条第1項の規定による破産手続終結の決定があったときは、当該申立てについての裁判が確定するまでの間は、破産債権に基づく財産開示手続の申立てはできず、既にされている破産債権に基づく財産開示手続は中止し（破249Ⅰ）、免責許可の決定が確定したときは破産債権に基づく財産開示手続は失効する（破249Ⅱ）。

イ　債務名義を有する財団債権に基づく財産開示手続

債務者につき破産手続開始の決定があった場合には、財団債権（破産手続によらないで破産財団から随時弁済を受けることができる債権）に基づく強制執

Ⅲ その他の手続との関係

行が禁じられているから（破42ⅠⅡ本文）、破産手続開始の決定後に、債務名義を有する財団債権に基づいて財産開示手続の申立てはすることができず、既にされている財産開示手続は失効する（破42Ⅵ）。

しかし、財団債権については、免責許可の決定が確定しても、免責の効果は及ばないので（破253Ⅰ参照）、破産手続が終了すれば、免責手続中であっても財団債権に基づく財産開示手続の申立ては、禁止されておらず、認められると解される。

2 民事再生

ア 債務名義を有する再生債権に基づく財産開示手続

債務者につき再生手続開始の決定があった場合には、再生債権に基づく強制執行が禁じられていることから、再生債権に基づく財産開示手続の申立てはすることができず、既にされている再生債権に基づく財産開示手続は中止する（民再39Ⅰ）。

イ 債務名義を有する開始後債権に基づく財産開示手続

開始後債権（再生手続開始後の原因に基づいて生じた財産上の請求権で、共益債権、一般優先債権又は再生債権であるものを除いた債権）は、再生手続の開始時から再生計画で定められた弁済期間の満了時等までの間は弁済を受けること等が禁じられていることから（民再123Ⅱ）、開始後債権に基づく財産開示手続の申立てについても、当該期間はすることができない（民再123Ⅲ）。

ウ 一般の先取特権を有する債権に基づく財産開示手続

一般の先取特権を有する債権は、一般優先債権として再生手続によらないで随時弁済されることから（民再122ⅠⅡ）、一般の先取特権に基づく財産開示手続の申立ては、再生手続の開始後もすることができる。

3 会社更生

ア 債務名義を有する更生債権及び一般の先取特権を有する債権に基づく財産開示手続

債務者につき更生手続開始の決定があった場合には、更生債権に基づく強制執行が禁じられており、また、一般の先取特権を有する債権は共益債権で

第6章　財産開示手続

はなく、優先的更生債権に該当するので（会更168Ⅰ②）、更生開始手続の決定後は、債務名義を有する更生債権及び一般の先取特権を有する債権に基づいて、財産開示手続の申立はすることができず、既にされている財産開示手続は中止する（会更50Ⅰ）。

　　イ　債務名義を有する開始後債権に基づく財産開示手続

　開始後債権（更生手続開始後の原因に基づいて生じた財産上の請求権で、共益債権、更生債権等であるものを除いた債権）は、更生手続の開始時から更生計画で定められた弁済期間の満了時等までの間は弁済を受けること等が禁じられていることから（会更134Ⅱ）、債務名義を有する開始後債権に基づく財産開示手続の申立てについても、当該期間はすることができない（会更134Ⅲ）。

　4　特別清算

　　ア　債務名義を有する債権に基づく財産開示手続

　債務者に特別清算開始の命令があった場合には、開始命令前の原因から生じた債権による強制執行が禁じられていることから、債務名義を有する債権に基づく財産開示手続の申立てはすることができず、既にされている債務名義を有する債権に基づく財産開示手続は中止する（会社515Ⅰ）。

　　イ　一般の先取特権を有する債権に基づく財産開示手続

　一般の先取特権に基づく担保権の実行は、特別清算開始命令によって当然には禁止・中止されないので、一般の先取特権に基づく財産開示手続の申立ては、特別清算開始命令後もすることができる（会社515Ⅰ但書）。

　5　相　続

　財産開示手続が係属中に債務者が死亡した場合には、当該債務者に対する財産開示手続は終了すると解されている。財産開示手続の開始要件については、債務者について属人的に判断すべきものであるからである。したがって、債権者は、相続人又は相続財産法人に対して、改めて財産開示手続開始の申立てを行う必要がある。

第7章 非金銭執行等及び扶養義務等に係る金銭債権についての強制執行の特例

Ⅰ 物の引渡債務の強制執行

　物の引渡債務、すなわち不動産等の引渡し又は明渡し及び動産の引渡しの執行については、従来、常に直接強制の方法によらなければならず、一定の金銭の支払を命じて債務者に心理的な強制を加えることにより債権の内容を実現させる間接強制の方法によることはできないとされていた。

　しかしながら、物の引渡執行についても、事案によっては間接強制の方法による方が迅速かつ効率的に執行の目的を達成することができる場合があると考えられる。そこで、平成15年改正により、物の引渡債務についても間接強制の方法によることが認められこととなった（民執173Ⅰ）。

1 不動産の引渡し又は明渡しの直接強制の方法による執行

ア 総論

　不動産の引渡し又は明渡しの直接強制の方法による執行は、執行官が債務者の目的物に対する占有を解いて債権者にその占有を取得させる方法によって行われる（民執168Ⅰ）。

　ここで、引渡しとは、不動産の直接支配を債権者に移転することをいい、明渡しとは、引渡しの一態様で、不動産に債務者が居住し、又は物品を置いて占有している場合に、中の物品を取り除き、居住者を立ち退かせて、債権者に目的不動産の完全な直接支配を与えることをいう。

イ 申立て

a 申立手続

　不動産明渡執行の申立ては、管轄裁判所の執行官に対し、所定の事項を記載した申立書（書式7-1：強制仮差押・仮処分執行申立書）を、各種添付書類とともに提出して、これを行う（民執2・29、執行官4、民執規1・21）。

第7章　非金銭執行等及び扶養義務等に係る金銭債権についての強制執行の特例

書式7-1　強制仮差押・仮処分執行申立書

（民事執行）

b　添付書類

　申立ての際に申立書以外に必要になる添付書類は、基本的には、①執行文の付された債務名義の正本、②送達証明書であり、その他場合により、③当事者の資格証明書や、④委任状等が必要となる。

　債務名義、執行文、及び送達証明書の説明についてはいずれも第1章を参照されたい。

　ここでは、不動産の引渡し又は明渡しの強制執行において、若干の注意が必要となる事項を記載する。

① 執行証書

　第1章にみた各種債務名義の中で、執行証書とは、一定額の金銭の支払又はその他の代替物若しくは有価証券の一定の数量の給付を目的とする請求について作成された公正証書のうち、債務者が直ちに強制執行に服する旨の陳述の記載のあるものをいう（民執22⑤）。したがって、特定物の給付を目的とする請求たる不動産明渡請求については、公正証書を作成することはできるが、執行証書とはならない。

② 建物収去土地明渡の強制執行

　債務者が建物を所有してその敷地を占有している場合、土地と建物は別個の不動産であるから、土地の引渡し又は明渡しを命ずる債務名義のみでは、債務者がその土地上に所有する建物を収去する強制執行は許されない。この場合、債権者は、建物収去の債務名義を得て、建物収去命令の申立てをなし授権決定を得た上で建物収去土地明渡執行の申立てをするか、建物収去の債務名義に基づき間接強制の方法により建物を収去した上で（債務者がなお土地の占有を継続していると認められる場合）土地明渡しの執行をする。建物所有者以外の第三者がその建物の全部又は一部を占有している場合には、その占有者を立ち退かせた上でないと建物収去の執行ができないので、建物占有者に対する建物退去の債務名義をも得ておく必要がある。

③ 引換給付条項付の債務名義

　債務名義に引換給付条項が付されている場合（例えば、保証金返還義務の履

第7章　非金銭執行等及び扶養義務等に係る金銭債権についての強制執行の特例

行と引換えに家屋明渡しを命ずる債務名義がある場合）、引換給付としての反対給付を履行したことは執行開始の要件とされているので（民執31Ⅰ）、強制執行の開始の際に反対給付を履行あるいは提供したことを証明する必要がある。この場合、執行官は、その反対給付の履行あるいは提供がなされたことを確認してから執行に着手することになるのであって、この点は解釈として先履行的な意味を有することになる。明渡しが完了した段階で債権者から反対給付の提供をさせる取扱いは、民事執行法31条の解釈上許されない。なお、債権者の行うべき反対給付が第三者によって差し押さえられていた場合には、債権者は、第三者への給付義務を履行し、第三者作成にかかる受領書を執行官に提出することによって家屋明渡しの執行を求め、あるいは、供託をし、供託書正本を執行官に提出して家屋明渡し執行を求めることになる。

　　　c　予納金

　申立人は、執行官の手数料及び職務執行に要する費用の概算額として予納金を納める（執行官15Ⅰ）。予納金の額は、平成16年2月現在の東京地方裁判所執行官室の取扱いでは、金6万5000円である（債務者1名、物件1個増すごとに金2万5000円が加算される。）。執行手続の手数料等の費用は原則として予納金で賄われ、執行手続の完了により精算される。

　収入印紙の貼付や、郵便切手の予納等は要求されていない。

　　　d　管　轄

　申立ては、目的不動産の所在地を管轄する地方裁判所の執行官に対して行う。

　なお、目的不動産が執行官の所属する地方裁判所の管轄区域の内外にまたがって存在する場合は、執行官の職務執行区域を拡大し、執行官はその管轄区域外でも引渡し又は明渡しの強制執行を行うことができる（民執規152）。

　　ウ　事前打ち合わせ

　申立てをした債権者は、明渡執行実施日以前に執行官と打合せをし、当日の明渡執行が迅速的確に実施されるよう配慮されていることが実務上多い。

　東京地方裁判所執行官室の場合は、申立債権者は、申立受理時に渡される

Ⅰ　物の引渡債務の強制執行

面接票を持って、申立日の翌日以降の朝9時から9時20分までの間に執行官と面接をする（事前の予約は特段必要ない）。その際、債務者の在宅の有無や、暴力団構成員による占有の有無、高齢者や知的障害者の有無等々について、執行官と打合せをする。それによって、警察の援助が必要か否か、解錠技術者や立会人の選任が必要か否かを検討するのである。

東京以外の他の庁においても、面接を実施している庁もある。また電話による打合せをしている庁もある。

　エ　執行方法

不動産の引渡し又は明渡しの直接強制の方法による執行は、執行官が債務者の目的物に対する占有を解いて債権者にその占有を取得させる方法によって行われる（民執168Ⅰ）。

　　a　実務慣行としての明渡しの催告

従来、執行官は、第1回執行期日には、債権者が直ちに断行するよう求めている場合は格別、まず債務者に対して任意の履行を促し、明渡しを催告するにとどめ、当事者の事情を考慮して明渡しの猶予期間の趣旨で次回期日を定め、それでも債務者が任意の明渡しをしない場合に、明渡しの断行を行うこととすることが多かった。

　　b　平成15年改正による明渡しの催告の制度化

しかし、催告を行ったことにより、債務者が占有を他に移転させた場合、当該占有者が債務者の占有補助者と認められない限り、その後の明渡執行は執行不能となってしまうため、債権者においては承継執行文の付与を受けた上で最初から明渡執行の手続をやり直さなければならないという不都合が生じることがあった。

そこで改正法は、実務慣行の安定性を確保するため、不動産の任意の明渡しを促すための実務慣行であった明渡しの催告に対して法的効果を付与し、明渡しの催告が行われた場合は、執行官による公示を条件として当事者恒定効を生ぜしめ、催告後に占有者の入れ替わりがあったとしても、承継執行文を要しないで、そのまま明渡執行をすることができることとした（民執168

第7章　非金銭執行等及び扶養義務等に係る金銭債権についての強制執行の特例

の2Ⅵ)。

(1)　明渡しの催告をするための要件

　明渡しの催告をするためには、不動産の引渡し又は明渡しの強制執行をすることができること及び債務者が不動産を占有していること、すなわち、執行官が直ちに明渡執行に着手することができる状態にあることが必要である。

(2)　催告の内容

　執行官は、引渡し期限を定めて、明渡しの催告をすることができる(民執168の2)。引渡し期限は、原則として、明渡しの催告の日から1月を経過する日とされているが、執行官は、執行裁判所の許可を得て、当該日以降の日を引渡し期限とすることができる。また、執行官は、引渡し期限が経過するまでの間は、執行裁判所の許可を得て、これを延長することができる(民執168の2ⅡⅣ)。

(3)　催告の効果

　債務者は、不動産を債権者に引き渡す以外、不動産の占有を移転してはならない義務を負い(民執168の2Ⅴ)、催告後引渡し期間が経過するまでの間に占有を取得した者に対しては、承継執行文を要しないで当初の債務名義に基づく強制執行を行うことができ(民執168の2Ⅵ)、また、催告後の占有者は、催告のあったことを知って占有したものと推定される(民執168の2Ⅷ)。

　執行官は、明渡しの催告をした場合には、その旨、引渡し期限及び債務者が不動産の占有移転を禁止されている旨を公示しなければならないこととされる(民執168の2Ⅲ)。改正法は、この、債務者に対する不作為命令及びその旨の公示を根拠として、民事保全法上の占有移転禁止の仮処分命令における当事者恒定効(民保62)と同様の趣旨から、債務名義の執行力を拡張することとしたものである。

(4)　不服申立て

　明渡しの催告後に不動産の占有を取得した者は、催告があったことにつき善意で、かつ、債務者の占有の承継人でないときは、債権者に対し、執行の不許を求める訴えを提起することができ(民執168の2Ⅶ)、また、明渡しの

催告後に不動産を占有した者に対して明渡し執行がなされたときは、その占有者は、債権者に対抗することができる権原により当該不動産を占有していること、又は明渡しの催告があったことにつき善意で、かつ、債務者の占有の承継人でないことを理由として、執行異議の申立てをすることができる（民執168の2Ⅸ）。

オ　執行官の権限

執行官は執行をするに際し、債務者が占有する不動産（外観から債務者が占有していないことが明らかな場合はこの限りでない）に立ち入ることができるし、必要があれば施錠を解くこともできる（民執168Ⅳ）。債務者の占有を排除するためには、執行官は、債務者の同居の家族、使用人らを立ち退かせ、抵抗を受けるときは実力を用い、あるいは警察上の援助を求めることができる（民執6Ⅰ）。なお、この場合には市町村の職員、警察官その他証人として相当と認められるものを立ち会わせなければならない（民執7）。

　　a　暴力団構成員がいる場合の執行

執行官は警察に援助を要請し、警察と同行の上、執行に臨むこととなる。

　　b　高齢者がいる場合の執行

最寄りの民生員や、市役所に相談し、また福祉厚生の関係者にも相談して、老人ホームの無料施設に入れるよう配慮して、執行するのが望ましい。

　　c　知的障害者がいる場合の執行

警察などに協力を要請し、警官らと執行官が一緒に福祉事務所等に行き、事情を話した上で、福祉事務所等の関係者に執行現場に立ち会ってもらう等の協力を仰ぐのが望ましい。

カ　出頭及び立会いを要する者

　　a　債権者又はその代理人の出頭

不動産等の明渡執行は、執行官が債務者の目的物に対する占有を解いて、債権者にその占有を取得させることを目的とするものであるから、債務者の占有を解くだけの退去執行では不十分であり、債権者に占有を取得させることによって初めて本来の目的を達する。したがって、債権者又はその代理人

第7章　非金銭執行等及び扶養義務等に係る金銭債権についての強制執行の特例

が執行の場所に出頭した場合に限って行うことができ（民執168Ⅲ）、執行期日に債権者又はその代理人が執行目的物の受け取りのために執行場所に出頭しないときは、執行は延期される。

　　b　目的物を第三者に引き渡すべき場合

　債権者代位権の行使等によって、当事者以外の第三者に占有を引き渡せ、との債務名義があり、それに基づいて執行申立てが為された場合には、占有を受けるべき第三者又はその代理人が出頭した場合に限り執行することができる。

　　c　債務者宅が全戸不在の場合の立会人

　家屋明渡し執行にあたり、債務名義表示の債務者が占有する家屋であることが判明したものの、債務者宅が全戸不在の場合には、執行官は債務者の代理人又は同居の親族もしくは使用人その他の従業員で相当のわきまえのある者に立ち会わせ、それも叶わないときには、市町村の職員、警察官その他証人として相当と認められる者を立ち会わせて執行する（民執7）。

　　キ　執行補助者

　建物の明渡し又は建物収去土地明渡執行の場合には、執行官は、執行補助者の立会いを認めている。この執行補助者は、トラックや、クレーン車などを運搬する業者（立会業者）の場合が多く、家財道具等の運搬とか、建物の取り壊しなどに従事するものであって、建物明渡し等においては必要不可欠の存在である。また、解錠技術者が立ち会う場合も多く、執行官に解錠の権原があっても、実際に解錠する技術は持ち合わせていないため解錠技術者が立ち会う必要があるのである。

　これらは原則として全て債権者側で手配し、執行場所へ同行し、その費用をも負担する。執行をスムーズに実施するためには、債権者はこれらの手配を怠ってはならない。実際にかかる費用は不動産の規模や内部に残置する動産の量等によって大きく変化するが、一般的な不動産1室の明渡執行の場合には概ね50万円から100万円程度の費用で足りる場合が多いようである。債権者が適当な立会業者の手配先を知らない場合には、執行官に相談するのが

Ⅰ　物の引渡債務の強制執行

良いであろう。相談された執行官は、執行官室に登録している立会業者の紹介、又は執行官において立会業者を選任してくれる。執行官において立会業者が選任された場合、その費用の一部は執行費用として予納費用から支払われることになる。

ところで、この立会業者は、一方で執行官の執行補助者として執行に際し労力を要する作業に従事する仕事をしているものではあるが、他方で民事執行法7条が要求する立会人（前記オ、カ参照）として執行現場に臨む仕事も行い、また、他方では債権者の代理人として執行現場に行き執行に関与する仕事をもしているものである。立会業者は、事件に応じてこの3種の側面のうちの1側面を担うものである。

　ク　執行対象物

強制執行の対象物としての不動産は、土地、建物のほか登記のある立木（立木1・2）に限られ、土地の定着物（民86Ⅰ）、不動産と同視される権利（共有持分、地上権、永小作権）はここにいう不動産ではない。不動産であれば、1個の場合はもちろん、1個の不動産の一部についても執行できる。

　　　a　目的不動産の一部に対する執行

目的不動産の一部分に対して執行を行う場合には、その引渡し又は明渡し部分が物理的構造上他の部分と区別でき、かつ、それ自体独立して使用できる場合でなければならない。

　　　b　債務名義の主文によっても土地の範囲が特定できない場合

当事者間に引き渡すべき土地の範囲の一部に争いがある場合には、債務名義の主文が図面を引用して土地の範囲を特定している場合には、その図面により範囲を決し、そうでない場合は、執行官は、引き渡すべき土地の範囲について公図と地積測量図で、一応執行官として、ここの範囲だというような当たりをつけ、さらに隣地所有者、目的土地の所有者、現在の占有者等から事情を聞き、諸般の事情を考慮して、執行官としての判断をし、その範囲を引き渡すこととなる。この執行官の判断に不服のある者は、執行異議の申立てができる。

第7章　非金銭執行等及び扶養義務等に係る金銭債権についての強制執行の特例

　　　c　不動産の表示と住居表示
　債務名義の主文に不動産の表示しか記載されておらず、その不動産の表示と住居表示が異なる場合には、執行官が実際に執行をする場面において、戸惑う場合がある。そのため、庁によっては、申立書に、不動産の表示の他に、住居表示を併記するよう求めるところもある。
　　ケ　目的外動産の処理
　　　a　従来の処理方法
　執行対象不動産の中にある動産は不動産の明渡し又は引渡しの強制執行の目的外であるので、執行官は、従物（畳・建具等）以外の動産を取り除いて、これを債務者、その代理人又は同居の親族もしくは使用人らで相当のわきまえのある者に引き渡さなければならない（民執168Ⅴ）。
　それができない場合、従来は、執行官がその動産を保管し、債務者らがこれを受け取ろうとせず、あるいは所在不明で引き渡すことができないときに初めて、執行官は、動産執行の売却手続により売却することができた。しかし、この目的外動産の競り売り期日においては買い手が誰も現れず、債権者が非常に安い価格でこれを買い取って、その後これを廃棄することが多く、運搬費用、保管費用をかけた上で結局は廃棄するという、極めて無駄の多い手続きを踏まざるを得なかった。
　　　b　即時売却制度の創設
　そこで平成15年改正法は、執行官が目的外動産を即時に売却することができることとし、不動産明渡し強制執行の円滑化を図った（民執168Ⅴ後段）。この即時売却制度により、運搬及び保管費用が節減され、権利実現の実行性が高まることが期待されている。
(1)　明渡催告時に断行日における売却を決定する場合
　執行官は、明渡しの催告（民執168の2）実施の際、断行日に目的外動産が残っていた場合には、それらをその場で売却する旨の決定をすることができることとされた（民執規154の2Ⅱ）。なお、この方法による場合、執行官は、動産の表示を公告する必要はない。

I 物の引渡債務の強制執行

(2) 明渡催告時には即時売却の決定をしていなかった場合

執行官は、不動産明渡執行を行った日（断行日）において、残置動産を債務者に引き渡すことができる見込みがない場合、即日又は断行日から1週間未満の日を指定して、高価な動産を除く残置動産を売却することができることとされた（民執規154の2ⅢⅣ）。この場合、執行官は、競り売りに係る公告をすることを要しない。

(3) 上記(1)及び(2)により売却することができない場合は、従来通り、執行官が一定期間保管し、債務者等による引取りがなければ、動産執行の規程に従い処分することになる。

　　c　処理に注意を要する場面
(1) 登録自動車

登録自動車が執行対象不動産に遺留されていた場合、明渡しの断行日までに鑑定書が出て、遺留自動車が無価値であることが判明していれば、債務者がこれを引取らない限り廃棄処分することとなる。一方、明渡しの断行日までに鑑定書が出ていなければ、執行官がこれを保管し、保管期間を定めて催告し、その間に鑑定をして、無価値であれば、保管期間経過後これを廃棄することとなり、有価値であれば、売却処分に付することとなる。

ところで、自動車の査定協会に鑑定を頼むと、最低5,000円くらいの価値は付くようであり、全く無価値との鑑定書が出る場合は少ない。しかし、普通自動車を1台廃車するのには1万5,000円から3万円程度の費用を要するため、換価価値が5,000円程度しかない自動車は実質的に見ると無価値であると言える。そのため、査定に基準を設けて一定額以下の評価のものは、無価値物として廃棄している庁もある。

(2) 預金通帳

預金通帳が執行対象不動産に遺留されていた場合には、事件記録の後ろにこれを綴り、事件記録と保存を一緒にして、記録と廃棄するのを同時にするという取扱いが為されている。しかし、預金通帳は再発行が可能であることから、記録の後ろに綴ることをせず、債権者や執行官がある程度の期間保管

第7章　非金銭執行等及び扶養義務等に係る金銭債権についての強制執行の特例

して廃棄してしまうとの取り扱いをする執行官もいる。

(3) ペット

ペットや植木等については、明渡しの催告時に、断行時には廃棄処分にするかもしれないということを債務者に告知しておき、断行時までに債務者に任意に引取らせることが望ましいが、断行時にペット等が執行対象不動産に遺留されていることもある。この場合、執行官が生き物を保管することには困難が伴うので、直ちに債権者に対して売却するという緊急換価の方法がとられることが多いが、他にも、ペット業者や動物病院に連絡をして保管を委託する方法がとられることもある。

(4) 外国通貨

外国通貨が執行対象不動産に遺留されている場合には、執行官がこれを保管し、保管期間を定めて催告し、保管期間経過後も債務者が引取らない場合には、日本円に換金できるものなら換金して、他の目的外動産とともに売却及び保管費用を差し引きし、残余が出れば供託することとなる。

(5) リース物件

執行官は、本来、目的外動産につき第三者が占有権原を証明した場合でも、債務者の同意がない限り当該第三者に対してこれを引渡すことはできない。そのため、執行対象不動産に遺留された物がリース物件である場合でも、債務者の同意なしにはリース会社への引渡しはできないのが原則である。もっとも、実務上、リース契約書等により当該動産がリース物件であることが明確に確認できる場合には、執行官がリース会社に対して引取りの催告を行い、リース会社がこれを引取る例もあるようである。債権者としては、執行対象不動産にリース物件が遺留されている場合には、事前に執行官に相談して、その判断に従うのがよいであろう。

　　　d　金銭執行としての動産執行の併用

不動産の引渡し又は明渡しとともに、賃料相当損害金等の支払が命ぜられている債務名義がある場合には、債権者は、不動産明渡執行を申し立てるとともに、金銭執行としての動産執行の申立て（民執122）をして、不動産明

渡しの断行日に、動産の売却も併せて実施することもある。もっとも、動産としての換価価値が無く、結局債権者が買取るような動産しかない場合には、債権者はあえて動産執行の申立てはせず、目的外動産として不動産明渡執行の中で処理されることが多い。

  e 目的外動産の現場保管、居抜き執行

 平成15年改正法により目的外動産の即時売却が可能とされたが（民執168Ⅴ後段）、それまでも東京などの一部の庁で、目的外動産の現場保管という処理方法や、居抜き執行という処理方法を採用し、執行費用の軽減に配慮する運用がされていた。

 現場保管とは、目的建物を債権者に引渡した上、その引渡した建物の中で目的外動産の保管をすることである。居抜き執行とは、無価値物とみなされる家具類が放置されていたときや、債務者が主要な家財道具を搬出して、残置物について所有権を放棄する意思を有すると推認できたときに行う執行方法である。

 前述のとおり平成15年改正法で可能とされた目的外動産の即時売却制度は目的外動産の処理の迅速化・効率的に行われることが期待される。

  f 所有権放棄の和解条項等がある場合

 目的外動産の処理について、和解条項の中に、目的外動産の所有権を放棄するという和解条項等がある場合であっても、これは単なる確認条項でしかなく、またかかる和解条項は任意に退去した場合を想定したものであることから、別途所有権放棄書等を取らない限り、直ちに放棄した物として扱うという取扱いはされていない。

  g 差押え又は仮差押え、仮処分の執行にかかる動産の処理

 目的不動産等の中に、差押え又は仮差押え、仮処分の執行にかかる動産があった場合は、執行官はその旨及びその動産について採った措置（保管場所の変更等）を、これらの執行をした執行官に通知しなければならない（民執規151）。

  コ 目的不動産の確認と占有の認定

第7章　非金銭執行等及び扶養義務等に係る金銭債権についての強制執行の特例

　不動産の引渡し又は明渡しの強制執行においては、目的不動産の確認と占有の認定は、執行の着手に欠くことのできない要件である。その認定基準時は、執行時現在が原則である。執行官は、目的不動産が、債務名義記載のものと、現場におけるそれとが一致しているかを確認し、かつ、債務名義に表示された債務者がこれを占有しているか、或いは何人の占有にあるかを調査する職務上の義務を負う。執行官は、その知識と経験に基づいて、債権者や債務者の主張といった主観的な徴表だけでなく、家財道具の有無等の建物の中の状況や生活状況を見たり、目的不動産の使用状況などを調べ、場合によっては立会人その他の関係者又は管理人・管理会社や近隣に訪ねるなどし、さらには、玄関の表札、門表、名札、看板、郵便受けの表示、郵便物の存否、新聞購読の有無、電話・電気・水道・ガスの継続使用の有無、これら公共料金の領収書等の郵便物の宛名等の客観的な徴表を探して、適正な判断をする。

　なお、民事執行法168条9項・57条5項は、執行官に対し、現況調査と同じように、占有関係を調査する上で、ライフラインの調査（電気、ガス又は水道水の供給等公益事業を営む法人に対して必要な事項の報告を求めること）をすることができる旨規定しているが、これについては、積極的に利用している庁と、ほとんど利用していない庁とがある。

　さらに、占有者の認定を妨げる執行妨害に対処するため、改正法は、執行官が、執行対象不動産に在る者に対して、質問をし、又は文書の提出を求めることができることとし（民執168Ⅱ）、また、その実効性を確保するため、この執行官の質問又は文書の提出の要求を正当な理由なく拒み又は虚偽の陳述等を行った者に対しては、6月以下の懲役又は50万円以下の罰金が課されることとされた（民執205Ⅰ③）。

　なお、債権者においても、執行当日、占有の特定等において疑義が生じないようにするため、事前に現地を調査することが有用である。

　　　a　会社の占有と会社代表者の占有
　会社の代表者が会社の代表機関として会社所有の土地、建物を占有している場合は、会社を債務者として執行することが可能である。この場合代表者

は会社の占有補助者に過ぎない。

　しかし、会社代表者が個人の資産を会社に提供し、会社がこれを会社組織として使用している場合で、債務名義は会社代表者個人に対してのものであるときには、会社代表者個人に対する執行が不能となる場合もある。

　また、事務所の1室に複数の会社が入っている場合などには、占有補助者ではなく、共同占有として認定される場合もある。

　　　b　駐車場使用地の土地明渡執行

　執行対象土地の上に、賃貸借契約に基づいて自動車を駐車している者がいる場合には、土地の占有は自動車の持ち主と駐車場主との共同占有と見るべきであり、債務者（駐車場主）の有する共同占有を債権者に取得させるには、他方占有者（自動車の持ち主）の承諾が必要である。ただし、自動車の駐車が一時使用に基づく場合には、駐車場主の単独占有と見るべきである（自動車の持ち主の承諾は不要）。

　　　c　共同占有に対する執行

　共同占有者に対する執行において、単に債務名義記載の占有者を退去させれば足りる場合であれば執行はそれをもって完了するが、債権者が他方占有者と共同占有しなければ執行の目的を達しないのであれば、執行官は他方占有者の同意を得て目的住居内に立ち入ることになり、また他方占有者の同意がない限り、債務者の共同占有を債権者に取得させることまではできない。

　　　d　債務者の家族や雇人その他の同居人がいる場合

　債務者の家族や雇人その他の同居者で債務者に付随して居住している者は、債務者の占有補助者にすぎないから、債務者とともに立ち退かせることができる。しかし、借家人、不動産の一部の賃借人や間借人のように独立の地位を持って占有する者については、これらの者に対する債務名義がなければ退去を強制することはできない。また、債務者の家族が執行対象不動産に居住している場合であっても、部屋割りを完全に区別して実質的に2世帯住宅を形成している場合等の特別な事情があれば、占有補助者として認定されないこともある。

第7章　非金銭執行等及び扶養義務等に係る金銭債権についての強制執行の特例

　サ　占有名義の移転に対する措置

　債務名義の効力は、原則として債務名義に表示されている当事者以外の者に対しては及ばないから（民執23、民訴115Ⅰ）、占有者が占有名義を転々と移転させると、不動産明渡執行による債権者の権利実現は困難にさらされることとなる。また、前記のように、占有者の認定に困難を伴うことも多い。そこで、このような不都合を回避するために、いくつかの措置が講じられている。

　　　a　占有移転禁止の仮処分

　まず、不動産の明渡し又は引渡しの債務名義を取得する前に、占有移転禁止の仮処分を得ておくことがある。

　占有移転禁止の仮処分とは、債務者（占有者）を相手に、当該物件の占有を他人に移し、又は占有名義を変更してはならないとの仮処分決定を裁判所に求める手続きであり、この決定により、占有者が恒定し（当事者恒定効）、転々とする占有者変更の防御ができることとなるものである。

　そして、この占有移転禁止の仮処分が執行されると、これを知って当該係争物を占有した者、又はこれを知らないで当該係争物について債務者の占有を承継した者に対して、本案の債務名義に基づいて不動産の明渡執行を行うことができることとなり（民保62Ⅰ）、さらに、証明の負担を軽減してその実効性を確保するため、占有移転禁止の仮処分の執行後に当該係争物を占有した者は、その執行がされたことを知って占有したものと推定される（民保62Ⅱ）。

　占有移転禁止の仮処分命令を申し立てるにあたっては、本来、相手方（占有者）を特定してする必要があるが、債権者においては、不動産の占有者との人的関係を有せず、これを特定するに足りる情報を有しないことも多い。そこで、平成15年改正法において、占有者を特定することを困難とする特別の事情がある場合で係争物が不動産である場合には、債務者を特定しないで仮処分命令を発することが許容されることとなった（民保25の2Ⅰ）。この仮処分命令の執行がなされた場合には、占有を解かれた者が仮処分命令の債務

者とされる（民保25の2Ⅱ）。

　　b　承継執行文付与に際しての債務者の特定性の緩和
　また、債務名義に表示されていない者を当事者として強制執行をするには、あらかじめ執行文付与機関から承継執行文の付与を受ける必要がある（第1章参照）が、平成15年改正法は、占有名義が転々と移転することに迅速かつ効率的に対処するための措置として、承継執行文付与の手続きにおいて、債務者の特定性を緩和した。
　具体的には、民事執行法27条3項各号に掲げる一定の事由のいずれかを充足する債務名義について、当該債務名義に基づく強制執行をする前に当該不動産を占有する者を特定することを困難とする特別の事情がある場合には、債権者がこれを証する文書を提出したときに限り、債務者を特定しないで執行文の付与ができることとした（民執27ⅢないしⅤ）。

　　c　明渡しの催告後の占有の移転に対する措置
　さらに、平成15年改正法は、明渡しの催告（民執168の2Ⅰ）後に行われる占有者の入れ替わりに対しても、承継執行文を要しないで、そのまま明渡執行をすることができることとした（民執168の2Ⅵ）。詳細については本章Ⅰ．1．エ．bを参照されたい。

　　シ　執行の停止及び終了
　不動産の引渡し又は明渡し執行は、当該不動産について債権者又はその代理人に現実の占有を取得させたときに終了する。債務者又は第三者は、執行終了時までに執行停止の書面（民執39）を執行機関に提出して、執行の停止を求めることができる。
　不動産の引渡し又は明渡し執行が終了したときは、執行官は、債務者に対しその旨を通知しなければならない（民執規154）。ただし、債務者が執行に立ち会っていたときは、口頭で通知すれば足りる（民執規3Ⅰ・民訴規4）。
　また、執行官は、調書を作成する（民執規13）。

　2　動産の引渡しの直接強制の方法による執行
　　ア　総　論

第7章　非金銭執行等及び扶養義務等に係る金銭債権についての強制執行の特例

　債務者が占有している動産の引渡しの強制執行は、執行官が債務者からこれを取り上げて債権者に引き渡す方法により行われる（民執169Ⅰ）。

　ここで、引渡しとは、目的動産に対する直接支配を債権者に移転させることをいう。したがって、占有改定（民183）や指図による占有移転（民184）を目的とする場合には、動産引渡執行ではなく、意思表示を命ずる債務名義に基づく強制執行によることになる。

イ　執行目的物

(1)　動産引渡執行の目的となるべき動産は、有価証券を含む民法上の動産をいい、人の居住していない船舶、未登録の自動車等も含まれる。動産引渡しの強制執行は金銭執行ではないから、目的物に財産的価値がなくても執行の対象となり、また、民事執行法131条の差押禁止動産に該当するものであってもよい。

(2)　執行目的物は、債務名義によって現に特定し又は特定されるものであることを要する。特定されているものであれば、1個であると集合物であるとを問わず、特定倉庫内の商品等、一定数量であっても執行の対象となる。

(3)　物そのものの個性が問題にならず、同種、同等、同量の他の物で代替させることができる代替物に対する引渡執行については、執行官において債務名義の表示に該当すると判断した物が執行の対象となる。

ウ　申立て

a　申立手続

　動産引渡執行の申立ては、管轄裁判所の執行官に対し、所定の事項を記載した申立書（前掲書式7－1）を、各種添付書類とともに提出して、これを行う（民執2・29、執行官4、民執規1・21）。

b　添付書類

　添付書類は不動産の明渡執行の場合と同様である（本章Ⅰ．1．イ．b）。

c　管　轄

　申立ては、目的動産の所在地を管轄する地方裁判所の執行官に対して行う。

なお、執行官は、同時に数個の動産を執行の対象とする場合において、その数個の動産の所在地が所属地方裁判所の管轄区域の内外にまたがっているときは、管轄区域外にある動産についても引渡執行をすることができる（民執規155Ⅲ・101）。

　エ　執行方法

動産引渡しの執行は、執行官が、債務者から目的動産を取り上げて、債権者又はこれを受け取るべき第三者に引き渡す方法によって行う（民執169Ⅰ）。

(1) 執行官は、債務者が任意に目的動産を引き渡すときは、債権者のためにこれを受領することができる（民執169Ⅱ・122Ⅱ）。

執行の際、債務者の住居その他債務者の占有する場所に立ち入り、その場所において、又は債務者の占有する金庫その他の容器について目的物を捜索することができ、必要があるときは、閉鎖した戸および金庫その他の容器を開くために必要な処分をすることができる（民執169Ⅱ・123Ⅱ）。抵抗を受けるときは、威力を用い、又は警察上の援助を受けることができる（民執6Ⅰ）。

(2) 動産引渡執行は、不動産明渡執行の場合と異なり、執行の場所に債権者又はその代理人が出頭することは必要ではないが、執行官は、これらの者が出頭しない場合、目的動産の種類、数量等を考慮してやむを得ないと認めるときは、執行の実施を留保することができる（民執規155Ⅰ）。執行を留保しない場合、執行官は、債務者から取り上げた目的動産を債権者又は第三者に引き渡すまで保管しなければならない（民執規155Ⅱ）。

3　物の引渡しの間接強制の方法による執行

前記のとおり、平成15年改正法においては、不動産等の引渡し又は明渡し及び動産の引渡しを目的とする請求権の強制執行について、直接強制の方法以外に、間接強制の方法を用いることができるものとされた（民執173Ⅰ）。

物の引渡しを目的とする債務の場合、従来通り直接強制の方法による方が直截的ではあるが、債務者が強く抵抗する場合や、動産については目的物が隠匿されるなどして、直接強制の方法によっては容易に債権を実現し得ない

第7章　非金銭執行等及び扶養義務等に係る金銭債権についての強制執行の特例

場合には、むしろ間接強制の方法により債務者に自発的履行を促す方が効果的であると考えられる（間接強制については本章Ⅱ．1．イ及び3）。

4　第三者の占有する物の引渡しの強制執行

(1) 執行の対象とすべき目的物（不動産又は動産）を第三者が占有している場合、第三者が債務者の承継人であるときは、債務名義に承継執行文の付与を受けて承継人に対し直接目的物の引渡執行をすることができる（民執27Ⅱ Ⅲ。なお、明渡しの催告後引渡期限経過前の承継人に対しては承継執行文の付与を要せず執行ができることにつき、本章Ⅰ．1．エ．ｂ）。

(2) 目的物を占有する第三者が、債務者の承継人には当たらないが、目的物を債務者に引き渡すべき義務を負うものである場合、債権者は、債務者が第三者に対して有する目的物の引渡請求権を差し押さえ、債権執行の方法により権利を実現することができる（民執170Ⅰ）。

Ⅱ　作為・不作為義務及び扶養義務等に係る金銭債権についての強制執行

1　総　論

作為・不作為を内容とするいわゆる「なす債務」については、その性質上、金銭支払や物の引渡し等を内容とする「与える債務」のように、直接強制による執行をすることができず、専ら代替執行又は間接強制の方法により執行することになる（民執171・172）。

一方、「与える債務」については、従来、常に直接強制の方法によることとされてきたが、平成15年及び平成16年改正法により、後述のとおり、その一部に間接強制の方法による執行が認められることとなった（民執173Ⅰ・167の15及び同16）。

ア　代替執行

代替執行とは、債務者の負う債務の内容が代替性を有する場合、すなわち建物の取壊しや建築を目的とする債務などのように、債務者自身によって履行されようと、債務者以外の者によって履行されようと結果に差異が生じな

Ⅱ 作為・不作為義務及び扶養義務等に係る金銭債権についての強制執行

い場合に、債務者以外の者に債務の目的である行為を行わせ、それに要した費用を債務者に負担させる方法である（民執171Ⅰ）。

　イ　間接強制

　間接強制とは、債務者に対し、債務の履行を確保するために相当と認められる一定の額の金銭を債権者に支払うべきことを命じ、債務者に心理的な強制を加えることによって債権の実現を図る方法である（民執172Ⅰ）。

　間接強制は、従来、債務者の人格尊重の見地から、作為・不作為債務のうち、代替執行ができないものについてのみ認められてきたが、平成15年改正法により、物の引渡債務及び代替的作為・不作為債務についても認められることとなり（民執173Ⅰ）、さらに、平成16年改正法により、扶養義務等に係る金銭債権についてまで適用範囲が拡大された（民執167の15及び同16）。

　2　代替執行

　　ア　申立て

　　　a　申立手続

　代替執行の申立ては、執行裁判所に対し、債務者の費用をもって、債務名義表示の作為・不作為を実現する行為を債務者以外の者にさせることを債権者に授権する決定（授権決定）を求める旨記載した申立書（書式7－2：代替執行の申立書）を提出することによって行う（民執171Ⅰ、民414Ⅱ本文）。

　　　b　管轄裁判所

　債務名義の区分に応じ、それぞれ当該債務名義に係る執行文付与の訴えにつき管轄を有する裁判所が、執行についての管轄裁判所となる（民執171Ⅱ・33Ⅱ）。

　　イ　審理

　代替執行の申立てを受けた裁判所は、執行申立の一般的要件、執行開始の要件及び代替執行の要件（代替性の有無等）の存否を審査するほか、授権決定に先立ち債務者を審尋しなければならない（民執171Ⅲ）。審尋の方式については別段の決まりはなく、実務では一般に書面による審尋が行われている。

　この審尋は、債務者に陳述の機会を与えれば足りるので、呼出しを受けた

第7章　非金銭執行等及び扶養義務等に係る金銭債権についての強制執行の特例

書式7－2　代替執行の申立書

　　　　　　　　　　　建物収去命令申立書　　　　　　　　｜収入印紙｜

　　　　　　　　　　　　　　　　　　　　　　　　平成○年○月○日

○○地方裁判所　　御中

　　　　　　　　　　　　　債権者代理人弁護士　○○○○　印
　　　　　　　　　　　　　電　話　○○○－○○○－○○○○
　　　　　　　　　　　　　ＦＡＸ　○○○－○○○－○○○○

　　　当事者の表示　　　　別紙当事者目録記載の通り

　　　　　　　　　　　　申立ての趣旨

　債権者の申立てを受けた執行官は、別紙物件目録記載の建物を債務者の費用で収去することができる。
との裁判を求める。

　　　　　　　　　　　　申立ての理由

　債務者は、債権者・債務者間の○○地方裁判所平成○年（ワ）第○○○○○号建物収去土地明渡請求事件の執行力ある判決正本に基づき、別紙物件目録記載の建物を収去してその敷地を債権者に明け渡すべき義務があるところ、債務者は右義務を履行しない。
　よって、申立ての趣旨記載の裁判を求める。

　　　　　　　　　　　　　添付書類

１．執行力ある確定判決の正本　　　　　　　　　　　１通
２．判決正本送達証明書　　　　　　　　　　　　　　１通
３．不動産登記事項証明書　　　　　　　　　　　　　１通
４．委任状　　　　　　　　　　　　　　　　　　　　１通

　　　　　　　　　　　　　　　　　　　　　　　　以　　上

Ⅱ　作為・不作為義務及び扶養義務等に係る金銭債権についての強制執行

債務者が審尋期日に出頭しないか、又は書面による陳述もない場合に、債務者の陳述を聞かないまま、債権者の申立てのみによって授権決定をしても違法ではない。

　　ウ　執行方法

　授権決定を得た債権者は、授権決定に特定された行為者（執行官が指定されることが多い）により、又は特定がない場合は、債権者自ら又は第三者に委任して債務名義の内容を実現する。

　　エ　代替執行に要する費用

　執行裁判所は、授権決定に際し、申立てにより（書式7－3：代替執行費用支払の申立書）、代替執行に要する費用をあらかじめ債権者に支払うよう債務者に命じる前払決定をすることができる（民執171Ⅳ）。債権者は、これを債務名義として金銭執行の方法により取り立てることができるし、前払決定がない場合、あるいは前払いを受けた額より多額の費用を要した場合には、執行費用として債務者から取り立てることができる（民執42Ⅳ、22④の2）。

　3　間接強制

　　ア　申立て

　　　a　申立手続

　間接強制の申立ては、執行裁判所に対し、間接強制の決定を求める旨記載した申立書（書式7－4：間接強制申立書）を提出することにより行う。

　　　b　管轄裁判所

　代替執行の場合と同じく、債務名義の区分に応じ、それぞれ当該債務名義についての執行文付与の訴えの管轄裁判所が、執行についての管轄裁判所となる（民執172Ⅵ・171Ⅱ・173Ⅱ・33Ⅱ）。

　　イ　審　理

　間接強制の申立てを受けた裁判所は、執行申立ての一般的要件、執行開始の要件及び間接強制の要件の存否を審査するほか、授権決定に先立ち債務者を審尋しなければならない（民執172Ⅲ）。

　審尋の方式について定めはないこと、債務者に陳述の機会を与えれば足り、

第7章　非金銭執行等及び扶養義務等に係る金銭債権についての強制執行の特例

書式7－3　代替執行費用支払の申立書

代替執行費用支払の申立書

平成○年○月○日

○○地方裁判所　御中

債権者代理人弁護士　　○　○　○　○　印
電　話　○○○―○○○―○○○○
ＦＡＸ　○○○―○○○―○○○○

当事者の表示　　　　別紙当事者目録記載の通り

申立ての趣旨

　債務者は、予め債権者に対し、別紙物件目録記載の建物を収去するための費用として金○○円を支払え
との裁判を求める。

申立ての理由

　債務者は、債権者・債務者間の○○地方裁判所平成○年（ワ）第○○○○○号建物収去土地明渡請求事件の執行力ある判決正本に基づき、別紙物件目録記載の建物を収去してその敷地を債権者に明け渡すべき義務があるところ、債務者は右義務を履行しない。
　そこで、債権者は本日御庁に対し、上記建物の収去命令の申立てをし、御庁平成○年（ヲ）第○号で受理されたが、上記建物を収去するためには、別紙費用見積書記載の通りの費用を要する。
　よって、申立ての趣旨記載の裁判を求める。

添付書類

1．費用見積書　　　　　　　　　　　　　　1通
2．委任状　　　　　　　　　　　　　　　　1通

以　　上

Ⅱ 作為・不作為義務及び扶養義務等に係る金銭債権についての強制執行

書式7－4 間接強制申立書

間接強制申立書

収入印紙

平成○年○月○日

○○地方裁判所　　御中

　　　　　　　　債権者代理人弁護士　　○　○　○　○　印
　　　　　　　　電　話　○○○－○○○－○○○○
　　　　　　　　ＦＡＸ　○○○－○○○－○○○○

　　　当事者の表示　　　別紙当事者目録記載の通り

申立ての趣旨

1　債務者は、間接強制決定送達の日から債権者が別紙物件目録記載の土地を通行することを妨害してはならない
2　債務者がこれを履行しないときは、債権者に対し上記期間経過の翌日からその履行に至るまで1日につき金○○円の割合による金員を支払え
との裁判を求める。

申立ての理由

　債務者は、債権者・債務者間の○○地方裁判所平成○年（ワ）第○○○○○号妨害排除等請求事件の執行力ある判決正本に基づき、債権者に対し別紙物件目録記載の土地の通行を認め妨害しない義務があるにも拘らず、これを履行しないため、債権者は1日につき○○円の損害を被っている。
　よって、申立ての趣旨記載の裁判を求める。

添付書類

　1．執行力ある確定判決の正本　　　　　　　　1通
　2．判決正本送達証明書　　　　　　　　　　　1通
　3．不動産登記事項証明書　　　　　　　　　　1通
　4．損害額見積書　　　　　　　　　　　　　　1通
　5．委任状　　　　　　　　　　　　　　　　　1通

以　上

第7章　非金銭執行等及び扶養義務等に係る金銭債権についての強制執行の特例

債権者の申立てのみによって授権決定をしても違法ではないことは代替執行の場合と同じである。

　　ウ　支払を命じる決定

　執行裁判所は、申立てを認容するときは、債務者のなすべき債務を明示し、その義務の履行期間と、履行を確保するために相当と認める一定の額の金銭を債権者に支払うべき旨を命ずる（民執172Ⅰ）。

　支払を命じる決定は、それ自体で債務名義たる性質を有し（民執22③・172Ⅴ）、間接強制の決定に反して債務者がその義務を履行しないときは、債権者は、執行文の付与を受けて金銭執行の方法により取り立てることができる。債務不履行により債権者が被った実際の損害額が、当該決定に従って支払われた金額を超えるときは、その超える額につき別途損害賠償の請求をすることができる（民執172Ⅳ）。

　なお、不作為を目的とする債務の強制執行として間接強制決定をするには、債権者において、債務者がその不作為義務に違反するおそれがあることを立証すれば足り、債務者が現にその不作為義務に違反していることを立証する必要はない（最二小判平成17年12月9日判タ1200号120頁）。

　　エ　扶養義務等に係る金銭債権についての間接強制の特例

　平成16年改正法により、扶養義務等に係る金銭債権を請求債権とする間接強制が認められることとなった。この間接強制については、間接強制一般の要件及び手続に従う必要があるが、そのほかにも以下の規定が設けられている。

　　　a　間接強制の方法によることが認められない場合

　債務者が支払能力を欠くために当該金銭債権に係る債務を弁済することができないとき、又はその債務を弁済することにより生活が著しく窮迫するときは、間接強制の方法による強制執行は認められない（民執167の15Ⅰ但書）。

　　　b　債務者が支払うべき金銭の額を定めるにあたり考慮される事情

　間接強制の申立てを認容する場合において、執行裁判所は、債務不履行により債権者が受けるべき不利益並びに債務者の資力及び従前の債務の履行態

様を特に考慮して、債務者が債権者に支払うべき金銭の額を定めなければならない（民執167の15Ⅱ）。

　　c　事情の変更があった場合における遡及的取消し

　事情の変更があったときは、執行裁判所は、債務者の申立てにより、その申立てがあった時（その申立てがあった後に事情の変更があったときは、その事情の変更があった時）までさかのぼって、間接強制の方法による旨の決定を取り消すことができる（民執167の15Ⅲ）。

　　d　定期金債権を請求する場合の特例

　扶養義務等に係る定期金債権を請求する場合、確定期限が到来する度に反復して強制執行の申立てをせざるを得ないとすると、債権者に過度の手続的負担を負わせることになるため、期限が到来したのに支払われていない部分があるときは、確定期限到来前の請求債権であっても、当該定期金債権のうち6月以内に確定期限が到来するものについて、間接強制による強制執行を開始することが認められた（民執167の16）。

Ⅲ　意思表示義務の強制執行

　債務者が意思表示をすべき債務は、実際に債務者に意思表示をさせることは必要なく、債権者としては、債務者が意思表示をしたのと同一の法的効果を発生させればその目的を達する。そこで、債務名義の内容が、債務者に意思表示をすべきことを命じるものである場合、その債務名義の確定又は成立したときに債務者が意思表示をしたものとみなし、特段の執行手続を要しないものとされている（民414Ⅱ但書、民執174Ⅰ）。

　ただし、以下の各場合には、債務名義の確定又は成立のみでは足りず、いずれも執行文が付与されたときに意思表示があったものとみなされる（民執174Ⅰ但書、Ⅱ、Ⅲ）。

　①　債務者の意思表示が、債権者の証明すべき事実の到来に係る場合。
　②　債務者の意思表示が、債権者の反対給付と引換えに為されるべき場合。
　③　債務者の意思表示が、債務者の証明すべき事実の不存在に係る場合。

第8章　外国判決の承認・執行

I　総　説

　外国の裁判所による勝訴判決に基づいて、日本国内に所在する財産に対し、強制執行をしたいときはどうすればよいか、この問題が外国判決の承認・執行の問題である。

　我が国では、外国判決が民事訴訟法118条の要件を満たしている場合に、勝訴当事者が、日本の裁判所で執行判決を求め（民執24）、この執行判決に基づいて、強制執行手続をとることになる。

II　外国判決の承認

1　外国判決の承認制度

　外国判決はそのままでは、主権（裁判権）の異なる日本国においては効力を有しない。そこで、国内で承認されるべき外国判決とそうでないものを選別するための要件と手続を定めたものが民事訴訟法118条である。

　すなわち、民事訴訟法118条は、「外国裁判所の確定判決は、次に掲げる要件のすべてを具備する場合に限り、その効力を有する」と規定しており、外国判決は同条の要件を満たせば、承認のための特別の手続を経ることなく、法律により自動的に既判力を有する（自動承認制度）。しかし、執行力は自動承認を受けないので執行判決を得なければ強制執行はできない（民執22⑥）。

2　民事訴訟法118条各号の要件

　民事訴訟法118条各号は以下の承認要件を定めている。

①法令又は条約により外国裁判所の裁判権が認められること（1号）

②敗訴の被告が訴訟の開始に必要な呼出し若しくは命令の送達を受けたこと（公示送達その他これに類する送達を除く）又はこれを受けなかったが応訴したこと（2号）

③判決の内容及び訴訟手続が日本における公の秩序又は善良の風俗に反しないこと（3号）

④相互の保証があること（4号）

Ⅲ 承認の対象となる外国判決

外国裁判所の確定した判決は我が国において承認の対象となる。

1 「外国裁判所」の「判決」

「外国裁判所」とは、判決国法上、裁判権の行使権限を認められている司法機関をいう。名称組織を問わない。

「判決」とは、訴訟の終局的裁判であることを要する。名称にこだわる必要はない。

例えば、オーストラリア連邦クイーンズランド州のサマリー・ジャッジメント（当事者の申立てにより正式な事実審理を経ないで簡易な手続で判決する制度）が「外国裁判所の確定判決」に該当すると判示された例もある（東京地判平成10年2月25日判時1664号78頁）。

2 「確定」

外国判決は、その外国法上確定している必要がある。外国判決が確定していない場合、民事執行法24条3項により執行判決は却下される。

外国判決の確定については、承認を求める当事者が、判決国の裁判所の作成した判決確定証明書等を提出することにより証明する。

Ⅳ 承認の要件

1 外国裁判所の裁判権が認められること（民訴118①）

我が国の国際民事訴訟法の原則から見て、当該外国裁判所の属する国がその事件につき国際裁判管轄（間接的一般管轄）を有すると積極的に認められることをいうものと解されている。

どのような場合に判決国が国際裁判管轄を有するかについては、「これを直接に規定した法令がなく、よるべき条約や明確な国際法上の原則もいまだ

確立されていないことからすれば、当事者間の公平、裁判の適正・迅速を期するという理念により、条理に従って決定するのが相当である」（最三小判平成10年4月28日判時1639号19頁）。

具体的には、基本的に民事訴訟法規定の土地管轄に準拠しつつ、個々の事案における事情に即して、当該外国判決を我が国が承認するのが適当か否かという観点から、条理に照らして判決国に国際裁判管轄が存在するか否かが判断されることになる。

なお、上記最高裁判例は、併合請求の裁判籍が存在することを根拠に香港の裁判所に判決国の国際裁判管轄を認めたものである。

2　訴訟の開始に必要な呼出しの送達または応訴（民訴118②）

訴訟が提起された場合、裁判の被告に対しては、訴状、呼出し状等を送達して訴訟の係属を知らせ、防御の機会を与えなければならないというデュープロセスの要請がある。本号の趣旨も、防御の機会を与えられないことによる不利益を防止することにある。

したがって、「訴訟の開始に必要な呼出し若しくは命令の送達」とは、「我が国の民事訴訟手続に関する法令の規定に従ったものであることは要しないが、被告が現実に訴訟手続の開始を了知することができ、かつ、その防御権の行使に支障のないものでなければならない」し、被告が「応訴したこと」とは、「いわゆる応訴管轄が成立するための応訴とは異なり、被告が、防御の機会を与えられ、かつ、裁判所で防御のための方法をとったことを意味」すると解される（前掲最三小判平成10年4月28日）。

日本人被告に対し、日本語の翻訳文が添付されることなく訴状が送達された場合、判決国法上は適法かつ有効な方式であったとしても、本号の要件は具備したことにはならないとされる（東京高判平成9年9月18日高民集50巻3号319頁）。

また、上記最高裁判決は、訴訟手続の明確と安定を図る見地から、「裁判上の文書の送達につき、判決国と我が国との間に司法共助に関する条約が締結されていて、訴訟手続の開始に必要な文書の送達がその条約の定める方法

によるべきものとされている場合には、条約に定められた方法を遵守しない送達は、同号所定の要件を満たす送達に当たるものではないと解するのが相当である。」と判示し、相手方当事者から私的に依頼を受けた者による直接交付の方法による送達を不適法とした。

3 我が国の公序良俗に反しないこと（民訴118③）

外国裁判所の判決内容だけではなく（実体的公序）、成立手続についても公序良俗に反していないかが問題となる（手続的公序）。

　ア　懲罰的損害賠償

懲罰的損害賠償とは、英米法上、主に不法行為訴訟において加害行為の悪性が高い場合に、加害者に対する懲罰及び一般的抑止効果を目的として填補賠償の他に認められる損害賠償をいう。この懲罰的損害賠償を命じる外国判決が日本で承認・執行されるかという問題がある。

この点につき、最高裁は、「我が国においては・加害者に対して制裁を科し、将来の同様の行為を抑止することは、刑事上又は行政上の制裁にゆだねられている」のであり、「不法行為の当事者間において、被害者が加害者から、実際に生じた損害の賠償に加えて、制裁及び一般予防を目的とする賠償金の支払を受け得るとすることは、右に見た我が国における不法行為に基づく損害賠償制度の基本原則ないし基本理念と相いれないものである」として、「補償的損害賠償及び訴訟費用に加えて、見せしめと制裁のために」「懲罰的損害賠償としての金員の支払を命じた部分は、我が国の公の秩序に反するから、その効力を有しないものとしなければならない。」と判示した（最二小判平成9年7月11日判時1624号90頁・NBL627号19頁）。

　イ　内外判決の抵触

国際的に訴訟が競合して、日本国内の判決と外国判決が矛盾した結論となる場合がある。

この場合につき、下級審判例の中には、「日本の裁判所の確定判決と矛盾抵触する外国判決を承認することは、両判決の確定の前後を問わず、民事訴訟法200条3号（現118③）の『公の秩序』に反し許されない」と判断したも

第8章　外国判決の承認・執行

のがある（大阪地判昭和52年12月22日判タ361号127頁）。

そして、学説においても、内国法秩序の尊重という観点から、抵触が生じる場合には、外国判決の承認は常に公序に反するとする見解がある。

しかし、かかる見解は、外国裁判所で敗訴した当事者が、日本の裁判所に別途訴訟を提起して勝訴判決を得ることにより、外国判決の日本での執行を免れることを可能としてしまう。現実にも、外国判決の執行を免れる意図で訴訟提起される例があった。

他方、内国判決が先に確定している場合にのみ外国判決の承認を公序に反するとする見解もある。この見解では、外国判決が先に確定しているにもかかわらず、内国手続が開始され、内国判決が後に確定したときは、外国判決の承認は妨げられず、内国判決が再審の訴えによって取り消されることになる。

しかし、この見解によれば、内国訴訟が先に係属しているにもかかわらず、内国手続の進行が妨げられるなどして、後に係属した外国手続において先に外国判決が下された場合にまで、内国判決が再審により取り消されるおそれがあるという問題もある。

　　ウ　手続的公序について

手続的公序として、裁判体の中立性、対審構造、手続保障などが要求される。サマリー・ジャッジメントのように、略式手続によるものであったとしても、その手続が対審構造などを備えていれば公序要件に反しないとされる（東京地判平成10年2月25日判時1664号78頁）。

　4　相互の保証があること（民訴118④）

相互の保証があるとは、「当該判決をした外国裁判所の属する国において、右判決と同種類のわが国の裁判所の判決が、本条各号所定の条件と重要な点で異ならない条件のもとに効力を有するものとされていること」をいう（最判昭和58年6月7日民集37巻5号611頁）。相互保証は、あらかじめ条約その他何らかの国家間の合意により確保されている必要はないと解されている。

なお、中華人民共和国最高人民法院が、日本の判決を承認、執行しうるか

否かにつき「我が国と日本は、相互に裁判所の判決、決定を承認、執行するとの国際条約を締結していない。相互の関係も作り上げられていない。民事訴訟法第二六八条の規定に基づき、人民法院は、日本の裁判所の判決を承認、執行しない。」(注：「民事訴訟法第二六八条」とは、中華人民共和国民事訴訟法268条をいう)との司法解釈をしていることを理由に、相互保証の要件を満たさないとして、中華人民共和国人民法院の判決を無効とした下級審判例がある(大阪高判平成15年4月9日判時1841号111頁)。

V 執行判決を求める訴え

日本において、外国裁判所の判決それ自体は債務名義とはならない(民執22)。外国裁判所で勝訴判決を得た当事者が、債務名義を得るためには(民執22⑥)、民事執行法24条に基づいて、執行判決を求める訴え(執行判決請求訴訟)を提起しなければならない。

1 管轄

執行判決請求訴訟は、債務者の普通裁判籍、若しくは、財産所在地を管轄する地方裁判所の管轄となる(民執24Ⅰ)。

2 審理の対象

執行判決請求訴訟においては、審理の対象は、当該外国裁判所の判決が確定しているかどうか、及びその外国判決が民事訴訟法118条各号の要件を具備しているかどうかに限られ、日本の裁判所は当該外国裁判所の判決の実体判断を調査しないで執行判決を下さなければならない(実質再審査の禁止。民執24Ⅱ)。

3 執行判決

執行(認容)判決には、外国判決による強制執行を許す旨を宣言しなければならない(民執24Ⅳ)。

執行判決において強制執行を許す旨を宣言するのは、外国裁判所の判決に記載された内容に限ることが原則である。

もっとも、我が国において外国裁判所の判決の効力を認めるということは、

第 8 章　外国判決の承認・執行

その判決が当該外国において有する効果を認めることである。

　したがって、判決自体に記載がなくても、判決国の法律の規定によって、判決によって支払を命じられる金員に付随して計算上明らかな利息が発生する場合には、これについても執行力を認めるべきである。最高裁も、「外国裁判所の判決に記載がない利息であっても、当該外国の法制上、判決によって支払を命じられた金員に付随して発生し、執行することができるとされている場合には、これを付加して執行判決をすることができる。」と判示している（最二小判平成 9 年 7 月11日判時1624号90頁）。

Ⅵ　国際商事仲裁

1　総説

　近年、国際的要素を含む契約型の民事紛争の場合に、国家の裁判所における裁判よりも仲裁が好んで利用される傾向にある。

　理由は、①法律の専門家である裁判官よりも、事案の専門家である仲裁人の判断の方が妥当な結果が得られやすいこと、②仲裁には上訴がなく手続が 1 回限りであること、③当事者が当事者以外の国籍を有する人を仲裁人に任命でき当事者間の公平が図られること、④仲裁判断は「外国仲裁裁判所の承認及び執行に関する条約」（1958年、「ニューヨーク条約」という。）により、国境を越えて強制執行が可能であること、が挙げられる。

　一方、仲裁のデメリットとしては、①手続が 1 回限りで上訴ができないこと、②仲裁人の報酬等の費用も当事者が負担すること、③当事者間で仲裁合意がなければ仲裁を利用できないこと、が挙げられる。

　仲裁合意を行う場合は、上記の仲裁のメリット・デメリットを十分検討した上で行うべきである。

2　外国仲裁判断の執行

　我が国は、ニューヨーク条約の締結国であり、ニューヨーク条約は国内法に優先して適用される（憲98Ⅱ）。

　そして、ニューヨーク条約はその 3 条で「各締約国は、次の諸条に定める

Ⅵ 国際商事仲裁

条件の下に、仲裁判断を拘束力のあるものとして承認し、その判断が援用される領域の手続規則に従って執行するものとする。」と定めており、ニューヨーク条約を経由して外国仲裁判断の効果がわが国においても承認される。外国仲裁判断の自動承認を定める仲裁法45条は、ニューヨーク条約のような多数国間条約によることのできない場合に適用される。

そして、前記ニューヨーク条約3条により、外国仲裁判断を日本で強制執行するには、仲裁地が内国にある内国仲裁判断の場合と同様に、裁判所に対し、仲裁判断に基づく民事執行を許す旨の決定（執行決定）を求める申立てをしなければならない（仲裁46Ⅰ）。つまり、確定した執行決定のある仲裁判断が債務名義となる（民執22⑥の2）。

申立ての要件としては、執行決定の申立てに際して、申立人は、①仲裁判断書の写し（謄本等）、②当該写しの内容が仲裁判断書と同一であることを証明する文書、及び③仲裁判断書（日本語で作成されたものを除く）の日本語による翻訳文を提出しなければならないこととされている（仲裁46Ⅱ）。

この申立てに対し、裁判所は、上記申立て要件を欠く場合、又は仲裁法46条8項に規定する仲裁判断の執行拒絶事由のいずれかがあると認める場合にはその申立てを却下することができる。執行拒絶事由は以下の通りであり、45条2項各号に掲げる承認拒絶事由と同じである（仲裁46Ⅷ）。

3 **執行拒絶事由**（仲裁46Ⅷ・45Ⅱ各号）

ア 仲裁合意が、当事者の行為能力の制限により、その効力を有しないこと（1号）

イ 仲裁合意が、当事者が合意により仲裁合意に適用すべきものとして指定した法令（当該指定がないときは、仲裁地が属する国の法令）によれば、当事者の行為能力の制限以外の事由により、その効力を有しないこと（2号）

ウ 当事者が、仲裁人の選任手続又は仲裁手続において、仲裁地が属する国の法令の規定（その法令の公の秩序に関しない規定に関する事項について当事者間に合意があるときは、当該合意）により必要とされる通

知を受けなかったこと（3号）

エ　当事者が、仲裁手続において防御することが不可能であったこと（4号）

オ　仲裁判断が、仲裁合意又は仲裁手続における申立ての範囲を超える事項に関する判断を含むものであること（5号）

カ　仲裁廷の構成又は仲裁手続が、仲裁地が属する国の法令の規定（その法令の公の秩序に関しない規定に関する事項について当事者間に合意があるときは、当該合意）に違反するものであったこと（6号）

キ　仲裁地が属する国（仲裁手続に適用された法令が仲裁地が属する国以外の国の法令である場合にあっては、当該国）の法令によれば、仲裁判断が確定していないこと、又は仲裁判断がその国の裁判機関により取り消され、若しくは効力を停止されたこと（7号）

ク　仲裁手続における申立てが、日本の法令によれば、仲裁合意の対象とすることができない紛争に関するものであること（8号）

ケ　仲裁判断の内容が、日本における公の秩序又は善良の風俗に反すること（9号）

4　執行決定とその効力

申立てを却下する裁判及び認容される裁判（執行決定）は決定の方式で告知される。

そして、裁判所は、申立て要件を欠く場合及び執行拒絶事由が存在する場合においては却下決定を下すが、執行拒絶事由が存すると認められる場合にも、裁量により申立てを却下しないことができる（仲裁46Ⅷ）。申立てを却下しない場合には、執行決定をしなければならない（仲裁46Ⅶ）。

執行決定及び却下決定に対しては、即時抗告を申し立てることができる（仲裁46Ⅹ・44Ⅷ）。

執行決定が確定した場合には、当事者はこれを債務名義（民執22⑥の2）として、民事執行法に従って民事執行を開始することができる。

事項別索引

〈あ〉
悪意の推定……………………… 187

〈い〉
意思表示擬制のための執行文……… 21
意思表示義務…………………… 5
　——の強制執行………………… 379
意思表示の擬制………………… 5
一括競売………………………… 48
一括売却………………………… 81
一般債権者との優先関係………… 162
一般承継………………………… 22
一般の先取特権を有する債権…… 351
居抜き執行……………………… 365

〈か〉
買受の申出をした差押債権者の
　ための保全処分………………… 191
外国判決の承認………………… 380
開示義務の一部免除…………… 339
開示義務の範囲………………… 338
会社更生………………………… 351
会社代表者の占有……………… 366
会社の占有……………………… 366
開始要件阻却事由……………… 330
解除権留保……………………… 19
価格減少行為…………………… 173
確定期限の到来又は経過………… 19

管轄裁判所……………………… 173
間接強制………………………… 373
　——の支払いを命じる決定…… 378
　——の審理…………………… 375
　——の申立て………………… 375
管理命令………………………… 237

〈き〉
期間入札………………………… 85
期限の利益……………………… 41
義務供託………………………… 231
義務承継………………………… 23
給付命令等の明示……………… 16
競合手続………………………… 44
強制管理開始決定……………… 129
　——と差押えの効力…………… 129
強制管理………………………… 128
　——の意義…………………… 128
　——の管理人………………… 133
　——の管理人の権限………… 133
　——の管理人の選任………… 133
　——の配当等の実施………… 134
　——の申立手続……………… 128
強制競売………………………… 113
　——開始決定の送達………… 283
　——の売却準備手続………… 123
　——の売却手続……………… 124
　——の配当要求……………… 123

389

事項別索引

強制執行開始後の承継………… 20、25
供託以外の賃料の直接回収……… 163
供託と事情届けの提出…………… 150
共同占有に対する執行…………… 367
極度額……………………………… 154
金銭債権執行……………………… 208
金銭債権担保権実行……………… 253
金銭執行………………………… 1、4
　──としての動産執行………… 364

〈け〉

刑事告訴…………………………… 206
競売の対象物………………………… 34
現況調査命令………………………… 69
建設機械競売……………… 306、307
建設機械執行……………………… 306
　──の対象……………………… 306
権利供託…………………………… 230
権利承継……………………………… 23

〈こ〉

合意による相殺…………………… 157
公課証明書…………………………… 38
航空機競売………………… 303、305
航空機執行………………………… 303
　──の対象……………………… 304
公告…………………………………… 59
公示保全処分……………………… 181
後順位賃借権限定説……………… 164
小型船舶競売……………… 299、303

小型船舶執行……………………… 299
　──の対象……………………… 299
国際商事仲裁……………………… 386
ゴルフ会員権に対する強制執行… 313
ゴルフ会員権に対する担保権…… 315
混合供託…………………………… 232
根抵当権の確定……………………… 61

〈さ〉

債権回収……………………………… 88
債権計算書の提出の催告………… 154
債権差押えの効力の発生時期…… 149
債権差押命令の送達……………… 148
債権差押命令の発生時期………… 219
債権差押命令の発令……………… 147
債権差押命令の効力……………… 219
債権質……………………………… 160
債権執行………………………… 5、208
債権者の競合……………………… 273
債権者の承継………………………… 25
債権者の先給付……………………… 19
債権者の特定及び範囲……………… 15
債権者の引換給付…………………… 19
債権者不出頭供託…………………… 99
債権担保権………………………… 208
債権届出の催告……………………… 59
最高価買受申出人又は買受人の
　ための保全処分………………… 195
財産開示手続……………………… 328
　──の内容……………………… 329

裁判所書記官の処分に対する異
　議……………………………63
裁判所の配当等手続……………162
債務者死亡………………………42
債務者の承継……………………25
債務者の特定及び範囲…………15
債務名義…………………………13
　──（執行証書以外の）………15
　──を有する開始後債権…351、352
　──を有する更生債権………351
　──を有する再生債権………351
　──を有する財団債権………350
　──を有する破産債権………350
作為・不作為義務及び扶養義務
　等に係る金銭執行……………372
差押禁止債権…………………209、254
差押禁止動産……………………268
差押債権者による取立て………226
差押債権の特定…………………212
　──の範囲……………………213
　──の表示……………………141
差押え制限………………………210
差押宣言…………………………292
差押登記…………………………58
差押えの競合と供託手続………161
差押えの効力………………59、133
差押えの手続相対効……………61
差押命令申立取下げ……………170
差押目的物………………………276

〈し〉
敷金返還請求権…………………158
時効の中断………………………60
失権約款…………………………19
執行異議…………………………63
執行官の権限……………………359
執行官保管の保全処分…………177
執行抗告…………………………62
執行裁判所の行う質問…………338
執行受諾文言付きの公正証書……1
執行証書…………………………355
執行停止文書……………………67
執行取消文書……………………66
執行の終了………………………369
執行の停止………………………369
執行判決を求める訴え…………385
執行文……………………………17
　──の再度付与…………………28
　──の数通付与……………27、28
　──付与機関…………………17、26
　──付与の手続………………26
執行妨害等要件説………………164
執行補助者………………………360
執行目的物………………………370
執行予納金………………………40
自動車競売…………………279、286
自動車執行………………………279
　──の対象……………………279
　──申立て前の引渡命令……284
自動車の保管……………………286

事項別索引

自動車引渡命令……………………… 283
自動車を第三者が占有……………… 284
出資持分に対する執行……………… 324
出頭を要する者……………………… 359
少額訴訟債権執行制度……………… 244
商業登記事項証明書………………… 38
承継執行文…………………… 19、27
　　――付与………………………… 20
承継等の事実の証明………………… 20
承継人の範囲………………………… 22
承継の基準…………………………… 20
条件成就執行文……………… 18、27
譲渡禁止特約債権…………………… 210
譲渡命令……………………………… 237
承認の対象となる外国判決………… 381
情報の目的外利用の制限…………… 349
処分禁止効に反する債務者………… 133
所有権放棄の和解条項……………… 365

〈せ〉

請求債権……………………………… 55
　　――の範囲…………………… 208
船舶競売……………………… 287、297
船舶国籍証書等の取上提出命令…… 292
船舶執行……………………………… 287
　　――の対象………………………… 287
船舶の出航禁止命令………………… 292
占有移転禁止の仮処分……………… 368
占有名義の移転……………………… 368

〈そ〉

相続…………………………………… 352
相続登記のない不動産……………… 42
送達…………………………… 58、223
即時売却制度………………………… 362
租税債権者の優先関係……………… 162

〈た〉

代金納付の効果……………………… 125
代金の納付…………………………… 125
代金不納付の効果…………………… 125
第三債務者に対する陳述催告の
　申立て…………………………… 147
第三債務者に対する陳述の催告… 224
第三債務者による供託……………… 230
代替執行……………………………… 372
　　――に要する費用……………… 375
　　――の執行方法………………… 375
　　――の審理……………………… 373
　　――の申立て…………………… 373
立会いを要する者…………………… 359
建物収去土地明渡の強制執行…… 355
単純執行文…………………………… 18
担保権………………………………… 55
　　――実行…………………………… 33
　　――の処遇………………………… 79
担保付債権の差押え………………… 242
担保不動産競売…………………… 4、35
　　――の開始決定前の保全処分… 188
担保不動産収益執行 …………… 4、99

——と物上代位との関係	110
——の管理人	105
——の管理人の義務	106
——の管理人の権限	105
——の管理人の選任	105
——の新設による物上代位制度の位置づけ	137
——のデメリット	111、112
——の取消事由	110
——の配当	106
——の配当受領資格者	107
——の配当方法	108
——のメリット	111

〈ち〉

地代不払い	49
駐車場使用地の土地明渡執行	367
超過差押えの禁止	2、272
調書の作成	338
調整規定	112
懲罰的損害賠償	383
賃借人の反対債権	156
賃貸借の管理費	155
賃貸借の共益費	155
賃料相当損害金に対する物上代位の可否	155
賃料の回収方法	149

〈て〉

| 抵当権に基づく物上代位 | 4 |

抵当権の承継	43
抵当証券	43
手続的公序	384
転貸借と物上代位に基づく債権差押	163
転付命令	232
転抵当権者による申立て	44

〈と〉

動産競売	267
動産執行	5、267
——の対象	267
動産担保権実行	275
動産等引渡請求権執行	264
動産に対する執行	267
動産の引渡しの直接強制の方法	369
動産売買先取特権による債権差押命令	255
当事者恒定効	186
登録免許税	41
特定承継	22
特別清算	352
特別売却	39
特許権に対する強制執行	308
特許権に対する担保権	313
取下げ手続	168
取下げの効果	169
取立権の発生	226
取立訴訟	150、228
取立届	228

事項別索引

取立ての効果……………… 228

〈な〉

内外判決の抵触……………… 383
内覧実施命令………………… 82
内覧制度……………………… 82

〈に〉

二重開始決定………………61、133
　──の意義………………… 61
　──の効果………………… 61
　──の申立手続…………… 61
二重差押えの禁止…………… 273

〈は〉

売却・配当手続…………… 293
売却基準価額の決定………… 73
売却準備手続………………… 69
売却手続……………………… 85
売却のための保全処分…… 171
売却方法の種類……………… 85
売却命令…………………… 237
配当異議…………………… 128
　──の訴え………………… 65
　──の申出………………… 64
配当期日及び弁済金交付日の指
　定………………………… 152
配当期日等の呼出し……… 153
配当期日の呼出……………… 89
配当原資……………………… 93

配当手続……………………… 89
配当等の実施……………… 237
配当表の作成………………… 93
配当要求………………88、225、274
　──の終期………………… 59
配当留保供託………………… 98
配当を受け得る額…………… 94
判決による執行…………… 228

〈ひ〉

引換給付条項付の債務名義…… 355
引渡命令…………………… 199
　──の相手方…………… 125
　──の意義……………… 125
　──の申立手続………… 126
　──の申立人…………… 125
非金銭執行………………3、5、353
評価書の作成………………… 72
評価人の権限………………… 71
評価方法……………………… 71
評価命令……………………… 71

〈ふ〉

不確定期限の到来又は経過……… 19
不出頭・虚偽陳述………… 349
普通裁判籍………………… 139
物件明細書の作成…………… 75
物上代位…………………… 136
　──権の行使…………… 253
　──相互間の優先関係…… 162

——と会社更生法……………… 156
——と債権譲渡との優劣……… 159
——と破産手続……………… 156
——と民事再生法……………… 156
——に基づく賃料差押えの手
　続……………………………… 139
——の終了原因………………… 165
——のデメリット………… 111、137
——のメリット…………… 111、137
不動産強制競売…………………… 4
不動産執行 ……………… 33、113
不動産執行妨害………………… 171
不動産登記事項証明書……… 38、141
不動産の強制管理………………… 5
不動産の引渡し又は明渡しの直
　接強制の方法………………… 353
不動産の表示と住居表示……… 362
扶養義務等に係る金銭債権…… 353
扶養義務等に係る定期金債権… 243

〈へ〉

平成15年改正…………………… 6
平成16年改正…………………… 12
弁済期の到来…………………… 209

〈ほ〉

保証金等の担保………………… 173
保証提供による船舶執行手続… 293
保全処分命令と執行…………… 183

〈み〉

民事再生………………………… 351

〈む〉

無剰余差押えの禁止………… 2、273
無剰余取消制度………………… 74

〈も〉

申立ての始期…………………… 172
申立ての終期…………………… 173
申立ての手続…………………… 138
目的外動産の現場保管………… 365
目的外動産の処理……………… 362
目的不動産の一部に対する執行… 361
物の引渡債務の強制執行……… 353

〈よ〉

用益権…………………………… 76
——等の処遇…………………… 75
予納郵券………………………… 40

```
●飯沼総合法律事務所
 東京都中央区銀座1—8—16
  銀座アスタービル7階
 TEL 03-3567-7319
 FAX 03-3567-0315
  URL：http://www.iinuma.gr.jp/
```

民事執行実務マニュアル

平成20年5月15日　初版発行

編　集　　飯沼総合法律事務所

発　行　　株式会社 **ぎょうせい**

本　社　〒104-0061　東京都中央区銀座7-4-12
本　部　〒167-8088　東京都杉並区荻窪4-30-16

電　話　編集　03-5349-6616
　　　　営業　03-5349-6666
フリーコール　0120-953-431

《検印省略》　　URL：http://www.gyosei.co.jp/

印刷　ぎょうせいデジタル株式会社　　©2008　Printed in Japan
※乱丁、落丁は送料を弊社負担でお取り替え致します。

ISBN978-4-324-06403-0
(5106110-00-000)
〔略号：民事執行〕